Kurt Matheis

PATISSERIE

Kurt Matheis

PATISSERIE

Meisterhafte Patisserie
für Hotel, Konditorei und Restaurant
in Beschreibungen und Rezepten
mit 262 Farbbildern

4. Auflage

Hugo Matthaes Druckerei und Verlag
GmbH & Co. KG

Dieses Fachbuch habe ich zusammengestellt während meiner Tätigkeit als Fachlehrer für Patisserie an der Steigenberger Hotelberufsfachschule Bad Reichenhall. Für diese Möglichkeit bedanke ich mich an dieser Stelle ganz herzlich bei dem Leiter der Schule, Herrn Direktor Jürgen Klaffke.

Weiterer Dank gilt meinem Freund, dem Küchenmeister und Fachbuchautor Karl Brunnengräber, für die fototechnische Beratung, dem Foto-Studio Johannes Wanke, Ruhpolding, für die Aufnahmen und dem Hugo Matthaes Verlag für die Herausgabe dieses Buches.

ISBN 3-87516-280-3

Bilder: Foto-Studio Wanke, Ruhpolding; Umschlag-Foto: Karin Weishaupt, Stuttgart.

Gesamtherstellung: Hugo Matthaes Druckerei und Verlag GmbH & Co. KG, Stuttgart.

Printed in Germany

Inhalt

Anläßlich des von der
Gastronomischen Akademie Deutschlands
veranstalteten
LITERARISCHEN WETTBEWERBS 1991
wurde diesem Buch

DIE GOLDENE FEDER

---

und das Prädikat
„besonders zu empfehlen"
vom Preisgericht zuerkannt.

Zum Geleit

In vielen Begegnungen und Gesprächen mit Fachleuten des In- und Auslandes hörte ich immer wieder Kritik, daß die Patisserie auf Grund zunehmender Industrialisierung mehr und mehr ein Stiefkind unserer Zeit werde. Besonders aber auch bei Gehilfen- und Meisterprüfungen konnte ich häufig die Feststellung machen, daß die Prüfungskandidaten das Gebiet der Süßspeisenherstellung am liebsten ausgeklammert hätten, weil es wegen ungenügender praktischer Ausbildung und effektiver Erfahrungen diesbezüglich fehlte. Dabei lag es keineswegs an mangelndem Interesse oder Begeisterung für die Patisserie, im Gegenteil, nur das „Gewußt-wie" bereitete eben große Schwierigkeiten.

Diese Erkenntnisse haben mich veranlaßt, ein Patisseriebuch zu verfassen. Allen Kolleginnen und Kollegen der weißen Zunft, die Wert auf handwerkliche Herstellung legen, sich also noch nicht oder noch nicht ganz den industriellen Fertig- oder Halbfertig-Produkten verschrieben haben, versuche ich die Summe meiner jahrzehntelangen praktischen Erfahrungen nahezubringen.

Einen Anspruch auf absolute Vollkommenheit kann und will das Buch nicht erheben. Einerseits ist das Gebiet der Patisserie zu umfangreich, um erschöpfend behandelt zu werden, und andererseits soll es der Fantasie jedes einzelnen überlassen bleiben, eigene Ideen zu entwickeln und zu verwirklichen.

Mit dem Fortschreiten der Technik sowie der Erschließung von neuen Hilfs- und Rohstoffen wird es auch im Bereich der Patisserie immer einen Prozeß der Anpassung geben, der sich auf neue Situationen und Marktangebote sowie neue Erkenntnisse der Ernährungswissenschaft einzustellen hat. Alles aber, was auch in Zukunft mit dem Begriff „Kulinaria" in engem Zusammenhang steht, sollte unbedingt Ausdruck genießerischer Lebensfreude sein. Dabei spielen die Appetitlichkeit und die Ästhetik eine große Rolle.

Die Süßspeise ist für mich daher auch nicht nur reine Zweckerfüllung im Sinne des Konsumierens, sondern zugleich ein optischer Genuß ersten Ranges. Die Harmonie zwischen Augenschein und geschmacklichem Inhalt sind primäre Voraussetzungen eines qualitativ hochwertigen Desserts.

Wenn wir schon die Süßspeise zur „Krönung des Menüs" erheben, dann hat sie auch gebührenden Anspruch auf höchste Vollendung.

Da uns heute wie niemals zuvor eine Überfülle von ausgewählten und edelsten Rohstoffen zur Verfügung steht, muß es die vornehmste Aufgabe des Patissiers sein, auch das Beste daraus zu machen.

Neben dem allgemeinen Dessertangebot sollten wir jederzeit in der Lage sein, Extrawünsche des Gastes zu erfüllen. Festlichkeiten und besondere Anlässe gehören praktisch zum Alltag einer Konditorei-Patisserie, nehmen aber trotzdem einen hohen Stellenwert ein. Deshalb habe ich auch die individuelle Garnier-, Back-, Modellier- und Spritztechnik mit praktischen Beispielen ausführlich erklärt.

Einen gewichtigen Platz nimmt auch die Herstellung von Zuckerarbeiten ein. Sie sind Ausdruck schöpferischer Gestaltungsfähigkeit eines Patissiers, angefangen von Kochproben und den verschiedenartigsten Verwendungsmöglichkeiten bis hin zu den unterschiedlichen Techniken bei der Verarbeitung des Zuckers zum dekorativen Schaustück oder Werbeträger für spezielle Angelegenheiten. Dabei werden die einzelnen Arbeitsgänge kontinuierlich erläutert und im Bild dargestellt.

Mit ornamentalen Schmuckelementen aus Brand- und Hippenmasse oder Eiweiß- und Schokoladenspritzglasur, aus Mürbteig, Fondant und Marzipan, aus Karamel, Kuvertüre und Früchten können wir einer süßen Speise symbolischen Ausdruck verleihen, sie beziehungsvoll gestalten und garnieren. Viele in dem Buch beschriebene Erzeugnisse können ohne Geschmacks- und Qualitätsverlust und ohne Beeinträchtigung des Aussehens als Garnierung auf längere Zeit vorrätig gehalten werden. Dabei ist der Materialeinsatz gering, aber die Wirkung groß. Auch wenn es manchmal auf den ersten Blick schwierig erscheint, werden Übung, Geduld und Fleiß zum Erfolg führen.

In diesem Sinne wünsche ich allen Kolleginnen und Kollegen viel Glück, Freude und Erfolg mit diesem Buch.

Kurt Matheis

1. KAPITEL

MEHLSPEISEN

Strudelvariationen

Zutaten für 12 bis 15 Portionen

250 g Mehl
1 Eigelb
5 g Salz
20 g Öl
etwa 1/8 l Wasser

Strudelteig

Mehl auf die Arbeitsplatte sieben, Vertiefung machen, Eigelb, Salz und Öl hineingeben und unter Zugabe von lauwarmem Wasser einen elastischen, glatten Teig kneten. Diesen zur Kugel schleifen, ganz leicht einölen, mit einer Folie abdecken und zur Entspannung etwa 30 Minuten ruhenlassen.

Danach den Teig auf einem etwa 100 × 80 cm großen, mit Mehl bestäubten Tuch soweit wie möglich rechteckig ausrollen und anschließend mit beiden leicht bemehlten Handrücken, von der Mitte der Teigfläche ausgehend, gleichmäßig nach allen Seiten so dünn wie möglich ausziehen.

Wiener Apfelstrudel mit Vanillesauce und Sahne
(Im Bild rechts)

Füllung
Zutaten für 12 bis 14 Portionen

250 g Butter
180 g Semmelbrösel
2000 g Äpfel
200 g Zucker
1 TL Zimt
80 g Rosinen
80 g gehackte Haselnüsse

Semmelbrösel in etwa 100 g Butter hellbraun rösten und abkühlen lassen.

Gesäuberte Äpfel schälen, vierteln, vom Kernhaus befreien, in dünne Scheiben schneiden, mit Zucker, Zimt, Rosinen und Haselnüssen gut vermischen.

Strudelteig auf bemehltem Tuch ausrollen und ausziehen. 2/3 der Teigfläche mit flüssiger Butter bestreichen. Auf 1/3 der Fläche Semmelbrösel geben. Darauf die Apfelfüllung verteilen. Tuch an der Breitseite, wo die Füllung aufgetragen ist, anheben und dadurch den Teig von diesem oberen Ende bis zum unteren Ende langsam und gleichmäßig aufrollen.

Strudel mit der Teignaht nach unten auf ein gebuttertes Backblech oder in eine ausgebutterte Bratpfanne legen, mit flüssiger Butter bestreichen und bei 200 bis 220 °C etwa 30 bis 40 Minuten backen.

Strudel nochmals mit flüssiger Butter bestreichen, portionieren und mit Staubzucker gut überpudern, dann mit Vanillesauce und Schlagsahne anrichten.

Für diesen Strudel müssen hergestellt werden:
Strudelteig Seite 228, Vanillesauce II Seite 124

Kirschstrudel mit Honig-Weinbrand-Sauce

(Im nebenstehenden Bild links vorne)

Füllung
Zutaten für 12 bis 15 Portionen

- 200 g Butter
- 180 g Semmelbrösel
- 1300 g Schattenmorellen
- 250 g Zucker
- 10 g Zimt
- 1/4 l saure Sahne
- 100 g gehackte Walnüsse
- 1/2 l roter Burgunderwein
- 50 g Vanille-Cremepulver

Semmelbrösel in etwa 100 g Butter hellbraun rösten und abkühlen lassen.

Kirschen waschen und entsteinen. Wein, Zucker und Zimt kochen, mit Vanille-Cremepulver abziehen, Kirschen einrühren und diese Füllung auf etwa 35 °C zurücktemperieren.

Strudelteig auf bemehltem Tuch ausrollen und ausziehen. 2/3 der Teigfläche mit flüssiger Butter bestreichen. Auf 1/3 der Fläche die Semmelbrösel geben. Darauf Kirschenfüllung und Sahne verteilen. Walnüsse darüberstreuen. Tuch an der Breitseite, wo die Füllung aufgetragen ist, anheben und dadurch den Teig von diesem oberen Ende bis zum unteren Ende langsam und gleichmäßig aufrollen.

Strudel mit der Teignaht nach unten auf ein mit Butter bestrichenes Backblech legen, mit flüssiger Butter bestreichen und bei 200 °C etwa 30 bis 40 Minuten backen.

Strudel auskühlen lassen, portionieren, mit Staubzucker überpudern und mit Honig-Weinbrand-Sauce anrichten.

Soll Kirschstrudel warm serviert werden, müssen die einzelnen Portionen nochmals kurz angewärmt werden.

Für diesen Strudel müssen hergestellt werden:
Strudelteig Seite 228
Honig-Weinbrand-Sauce Seite 125

Bühler Zwetschgenstrudel mit Vanillesauce

(Ohne Bild)

Füllung
Zutaten für 12 bis 15 Portionen

- 220 g Butter
- 160 g Semmelbrösel
- 1500 g Bühler Zwetschgen
- 180 g Zucker
- 1 TL Zimt
- 100 g gehackte Haselnüsse
- 1/4 l saure Sahne

Semmelbrösel in etwa 100 g Butter hellbraun rösten und abkühlen lassen.

Zwetschgen waschen, entsteinen, in 4 bis 6 Spalten schneiden, mit Zucker und Zimt vermischen.

Strudelteig auf bemehltem Tuch ausrollen und ausziehen. 1/3 der Teigfläche mit flüssiger Butter bestreichen. Auf 2/3 der Fläche die Semmelbrösel geben. Darauf Zwetschgen und Sahne verteilen. Haselnüsse darüberstreuen. Tuch an der Breitseite, wo die Füllung aufgetragen ist, anheben und dadurch den Teig von diesem oberen Ende bis zum unteren Ende langsam und gleichmäßig aufrollen.

Strudel mit der Teignaht nach unten auf ein mit Butter bestrichenes Backblech legen, mit flüssiger Butter bestreichen und bei 180 °C etwa 40 bis 45 Minuten backen.

Strudel portionieren, mit Staubzucker überpudern und dann mit Vanillesauce anrichten.

Für diesen Strudel müssen hergestellt werden:
Strudelteig Seite 228
Vanillesauce II Seite 124

Quarkstrudel mit Aprikosen und Aprikosensauce
(Im Bild vorne links)

Zutaten für 12 bis 15 Portionen

Füllung

140 g Butter
80 g Staubzucker
1 Msp. Salz
Abgeriebenes von
1 unbehandelten Zitrone
Mark von 1 Vanilleschote
6 Eigelb
4 Eiweiß
700 g gut abgetropfter Quark
1/4 l Milch
1/4 l Sahne
120 g Sandzucker
500 g halbe Aprikosen
5 Semmeln

Butter, Staubzucker, Salz, Abgeriebenes und Mark der Vanilleschote schaumig rühren. Eigelb nach und nach dazugeben.

Semmeln entrinden, in Milch einweichen, ausdrücken, passieren, mit Sahne und Quark vermischen und unter die Butter-Eigelb-Masse ziehen. Zuletzt Eiweiß mit Sandzucker zu Schnee schlagen und unter die Masse heben.

Strudelteig auf bemehltem Tuch ausrollen und ausziehen. Die Masse auf die Teigfläche streichen. Aprikosenhälften darauflegen und leicht andrücken. Tuch an der Breitseite anheben und dadurch den Teig von diesem oberen Ende bis zum unteren Ende langsam und gleichmäßig aufrollen.

Strudel mit der Teignaht nach unten auf ein mit Butter bestrichenes Backblech oder in eine ausgebutterte feuerfeste Form legen, mit flüssiger Butter bestreichen und bei 170 °C etwa 40 Minuten backen.

Strudel portionieren, mit Staubzucker überpudern und mit Aprikosensauce, auf Wunsch mit Vanillesauce, anrichten.

Für diesen Strudel müssen hergestellt werden:
Strudelteig Seite 228
Aprikosensauce Seite 122
(Vanillesauce) Seite 124

Milchrahmstrudel mit Mandelsauce *(Im Bild hinten rechts)*

Zutaten für etwa 16 Portionen

Füllung

16 Scheiben Weißbrot
1/4 l Milch
250 g Butter
120 g Staubzucker
10 Eigelb
6 Eiweiß
Mark von 1 Vanilleschote
Abgeriebenes von
2 unbehandelten Zitronen
80 g Biskuitbrösel
120 g geriebene weiße Mandeln
3/8 l Sahne
150 g Sandzucker
50 g Rosinen
1 Msp. Salz

Eiermilch

1/2 l Milch
130 g Zucker
3 Eier

Weißbrot entrinden, in kleine Würfel schneiden und mit Milch anfeuchten. Butter, Staubzucker, Salz, Abgeriebenes und Mark der Vanilleschote schaumig rühren. Eigelb nach und nach zugeben. Brotwürfel, Brösel, Mandeln, Rosinen und Sahne locker einrühren. Eiweiß mit Sandzucker zu Schnee schlagen und diesen vorsichtig unter die Masse heben.

Strudelteig auf bemehltem Tuch ausrollen und ausziehen. 1/4 der Teigfläche mit flüssiger Butter bestreichen. Auf 3/4 der Fläche die Masse verteilen. Tuch an der Breitseite, wo die Füllung aufgetragen ist, anheben und dadurch den Teig von diesem oberen Ende bis zum unteren Ende langsam und gleichmäßig aufrollen.

Strudel mit der Teignaht nach unten in eine ausgebutterte feuerfeste Form legen, mit flüssiger Butter bestreichen und bei 180 °C etwa 45 Minuten backen. Nach der Hälfte der Backzeit Eiermilch über den Strudel gießen und Strudel fertigbacken.

Strudel portionieren und mit Mandelsauce anrichten.

Für diesen Strudel müssen hergestellt werden:
Strudelteig Seite 228
Mandelsauce Seite 125

Dampfnudeln

Dampfnudeln sind wohl in Bayern beheimatet, jedoch in ganz Süddeutschland und Österreich bekannt. Sie werden in der Regel warm mit Vanillesauce angerichtet, aber auch in anderen Kombinationen und mit anderen Beilagen schmecken sie köstlich. Sie sind ohne Zweifel eine Bereicherung des Süßspeisenangebots.

Dampfnudeln sind kleine Kugeln aus gesüßtem Hefeteig, die in einem geschlossenen Topf in einer Butter-Zucker-Vanille-Milch bei mäßiger Hitze, wodurch die Flüssigkeit leicht kocht und schließlich aufgesogen wird, gar gedämpft werden.

Zutaten für etwa 18 Stück à 50 g

500 g Mehl (Type 405)
30 g Hefe
80 g Butter
100 g Zucker
2 Eier
5 g Salz
Abgeriebenes von 1 unbehandelten Zitrone
etwa 1/8 l Milch

Butter-Zucker-Vanille-Milch

1 l Milch
Mark von 1 Vanilleschote
100 g Zucker
100 g Butter

Mohn-Zucker-Mischung

100 g Mohn
40 g Staubzucker
Mohn in der Mohnmühle reiben und mit Staubzucker gut vermischen.

Hefeteig für Dampfnudeln

Aus den Zutaten einen mittelfesten Hefeteig in indirekter Führung herstellen.

Den Teig nach dem ersten Gehen zusammenstoßen und in 50 g schwere Stücke teilen. Diese rund schleifen, auf ein leicht bemehltes Tuch setzen, abdecken und zum zweiten Gehen warm stellen.

Heiße Butter-Zucker-Vanille-Milch in einem verschließbaren Topf mit hohem Rand zubereiten und Hefekugeln nach reichlicher Gare nebeneinander hineinsetzen. Topf mit gut sitzendem Deckel verschließen. Hefekugeln in etwa 20 bis 25 Minuten gar dämpfen.

Damit die Dampfnudeln, die unten knusprig, oben jedoch weiß sind, ihr lockeres Volumen behalten und nicht zusammenfallen, in diese nach Fertigstellung sofort mit einer Spicknadel oder einem dünnen Holzspieß mehrere Male einstechen.

Dampfnudeln mit einer Backschaufel aus dem Topf nehmen und auf Portionstellern mit Vanillesauce, mit Walnußsauce und Heidelbeerkompott oder mit flüssiger Butter und Mohn-Zucker-Mischung anrichten und sofort servieren.

Für diese Dampfnudelvariationen müssen hergestellt werden:
Vanillesauce II Seite 124
Walnußsauce Seite 126
Heidelbeerkompott

Crêpes

Crêpes, eine Spezialität, die aus Frankreich stammt, sind kleine, dünne Eierpfannkuchen, die sich durch besondere Zartheit auszeichnen sollten. Sie werden aus einer dünnflüssigen Eierkuchenmasse in einer leicht ausgebutterten Crêpespfanne (Durchmesser etwa 12 cm) beidseitig gebacken und in der Regel warm serviert, was beim heutigen Stand der Technik ohne Schwierigkeiten möglich ist.

Sie können dann vielseitig zubereitet und angerichtet werden, so mit gebundenen Früchten, Fruchteinlagen, Cremes oder mit Füllungen aus Nüssen, Mandeln, Kokos, Marzipan oder mit Frucht-, Creme-, Schokoladen-, Weinschaumsaucen oder mit verschiedenen Eissorten.

Auch bei dieser Süßspeise können eigene Ideen verwirklicht werden, ist individuelle Kreativität gefragt. So sind zum Beispiel sehr beliebt Kompositionen, wobei Crêpes in einem aus Zucker, Butter, Fruchtsaft und Alkohol gekochten Sirup getränkt und – meist gefaltet – mit erwärmtem Weinbrand oder anderen Spirituosen flambiert werden. Im allgemeinen ist die Herstellung flambierter Desserts sehr attraktiv, deshalb werden sie gern vor den Augen des Gastes auf einem Flambierwagen zubereitet.

Für die Herstellung von Crêpes dünnflüssige Crêpesmasse mit einem Schöpflöffel sehr dosiert in die leicht ausgebutterte, gut erhitzte Crêpespfanne gießen, dabei die Pfanne so halten, daß die Masse auf allen Seiten bis zum Rand auslaufen kann. Nach kurzer Zeit den Eierpfannkuchen wenden und dann auf jeder Seite backen.

Crêpesmassen

Zutaten für etwa 20 Crêpes

Crêpesmasse I

- 125 g Mehl
- 1/4 l Milch
- 125 g Butter
- 3 Eier
- 1 Eigelb
- 1 EL Zucker
- 1 Msp. Salz
- Abgeriebenes von 1/2 unbehandelten Zitrone

Gesiebtes Mehl mit Eiern, Eigelb, Zucker und Salz, Abgeriebenem und etwa 1/8 l Milch völlig glattrühren. Dann gut erwärmte Butter zugeben und zuletzt restliche Milch in der Masse gut verrühren.

Vor der Verarbeitung die Masse auf ihre dünnflüssige Fließfähigkeit kontrollieren.

Crêpesmasse II

- 100 g Mehl
- 1/4 l Milch
- 50 g Butter
- 3 Eier
- 1 EL Zucker
- 1 Msp. Salz
- Abgeriebenes von 1/2 unbehandelten Zitrone
- Mark von 1/2 Vanilleschote

Gesiebtes Mehl mit Eiern, Zucker und Salz, Abgeriebenem, Mark der Vanilleschote und etwa 1/8 l Milch völlig glattrühren. Dann gut erwärmte Butter zugeben und zuletzt restliche Milch in der Masse gut verrühren.

Vor der Verarbeitung die Masse auf ihre dünnflüssige Fließfähigkeit kontrollieren.

Apfelcrêpes mit Joghurt-Calvados-Sauce

Zutaten für 10 Portionen

10 kleine Crêpes
1/4 l Vanillecreme

Füllung

1/8 l leichte Baisermasse
1500 g Äpfel
75 g Sultaninen
75 g gehackte, geröstete Mandeln
1 Tl Zimt
200 g Zucker
1/4 l Weißwein
4 cl Weinbrand
Saft von 1 Zitrone

Gesäuberte Äpfel schälen, vierteln, vom Kernhaus befreien, in Spalten schneiden und in Weißwein mit 100 g Zucker blanchieren. 30 schöne Apfelspalten herausnehmen und beiseite legen. Restliche Spalten kleinschneiden und mit restlichem Zucker, Zimt, Saft, Sultaninen, Mandeln und Weinbrand zu einer bündigen Füllung verarbeiten.

Crêpes zunächst mit Vanillecreme satt bestreichen, dann Apfelfüllung auftragen und Crêpes rollen.

Oberfläche der Crêpes mit flüssiger Butter bestreichen, mit Baisermasse garnieren, mit gehobelten Mandeln bestreuen und abflämmen. Dann mit Staubzukker überpudern. Jede Portion mit Joghurt-Calvados-Sauce, versehen mit Muster aus Himbeermark, und 3 Apfelspalten anrichten.

Für diese Crêpes müssen hergestellt werden:
Crêpesmasse I Seite 14
Vanillecreme Seite 241
leichte Baisermasse Seite 237
Joghurt-Calvados-Sauce Seite 125

Bananencrêpes Suchard
(Im Bild hinten rechts)
Zutaten für 10 Portionen

10 kleine Crêpes
1/4 l Schokoladencreme
3/8 l Schokoladensauce
1/8 l Sahne
1 EL Johannisbeerkonfitüre
7 Bananen
4 cl Kirschwasser

Schokoladencreme

1/4 l Milch
60 g Zucker
2 Eigelb
100 g feingeschnittene, halbbittere Kuvertüre
20 g Vanille-Cremepulver

Cremepulver mit Eigelb und etwas Milch anrühren. Restliche Milch, Zucker und Kuvertüre kochen. Angerührtes Cremepulver einrühren und alles gut durchkochen lassen.

Außerdem müssen hergestellt werden:
Crêpesmasse I Seite 14
Schokoladensauce I Seite 126

Schokoladencreme mit Kirschwasser abschmecken und Crêpes damit bestreichen. 5 Bananen längsseitig durchschneiden, auf jede Crêpe eine Bananenhälfte legen. Crêpes rollen und mit dem Verschluß nach unten auf Portionsteller legen.

Crêpes im Mikrowellenherd kurz erhitzen, dann mit heißer Schokoladensauce versehen. Jede Portion mit 3 Bananenscheiben, garniert mit Johannisbeerkonfitüre, und einem großen Tupfen Sahne mit Schokoladenröllchen anrichten.

Orangencrêpes Palmira *(Im Bild vorne links)*

Zutaten für 10 Portionen

20 kleine Crêpes
1/2 l frisch gepreßter Orangensaft
350 g Zucker
20 Orangenfilets
1 unbehandelte Orange
4 cl Grand Marnier
200 g Orangenkonfitüre
1/8 l Sahne
10 g gehackte Pistazien

Schale der Orange in feine Streifen schneiden, mit Saft und Zucker zu einem dünnflüssigen Sirup kochen. Likör einrühren und Filets einlegen.

Crêpes mit Konfitüre bestreichen, zu Vierteln falten und jeweils 2 Crêpes mit den Spitzen gegeneinander auf Portionsteller legen. Mit Sirup nappieren, dabei Streifen und Filets gefällig anordnen. Crêpes im Mikrowellenherd kurz erhitzen. Als Garnitur zwischen deren Spitzen je einen großen Tupfen Sahne dressieren und diesen mit Pistazien bestreuen.

Für diese Crêpes müssen hergestellt werden:
Crêpesmasse I Seite 14

Crêpes Suzette

Zutaten für 2 Portionen

6–8 kleine Crêpes
Saft von 1 Zitrone
2 saftige, unbehandelte Orangen
10 Stück (etwa 30 g) Würfelzucker
30 g Butter
4 cl Grand Marnier
2 cl Cognac oder Weinbrand
2 cl Cointreau

Orangen mit Würfelzucker kräftig abreiben, um die ätherischen Öle in den fruchtigen Geschmack der Speise voll mit einzubeziehen. Zucker in der Flambierpfanne mit einer Gabel zerdrücken, goldgelb schmelzen, Butter zugeben und aufschäumen lassen. Mit Orangensaft (etwa 10 cl) und Zitronensaft die Zucker-Butter-Lösung ablöschen, reduzieren, bis sie sirupartig ist, und Grand Marnier einrühren. Crêpes nacheinander darin wenden, zu Vierteln zusammenlegen und dachziegelartig in der Pfanne anorden.

Restlichen Alkohol in einer Schöpfkelle leicht anwärmen, entzünden, über die getränkten Crêpes gießen und diese flambieren.

Für diese Crêpes muß hergestellt werden:
Crêpesmasse Seite 14

Crêpes Bellevue

Crêpes mit Himbeergeist parfümierter Crème pâtissière satt bestreichen. Gehackte Stückchen frische Ananas darauflegen, dann diese einrollen. Crêpes mit Himbeersauce angießen. Jede Portion mit einem Tupfen Sahne, einigen frischen Himbeeren und Mandelmakrönchen garnieren.
Hierfür müssen hergestellt werden:
Crêpesmasse Seite 14
Crème pâtissière Seite 241
Himbeersauce Seite 123

Crêpes Excelsior

Crêpes mit Mokkacreme bestreichen. Gekochte Preiselbeeren aufstreuen. Einige mit Maraschino-Läuterzucker getränkte Löffelbiskuits darauflegen, dann Crêpes rollen. Jede Portion mit Staubzucker überpudern und diesen unter dem Salamander karamelisieren.
Hierfür müssen hergestellt werden:
Crêpesmasse Seite 14
Mokkacreme
(Vanillecreme) Seite 241
Löffelbiskuitmasse Seite 232

Crêpes auf sizilianische Art

Crêpes mit gekochter Weincreme bestreichen. Gehackte, geröstete Mandeln und in Rum marinierte Sultaninen aufstreuen, dann Crêpes rollen. Jede Portion mit Rotweinsabayon nappieren und unter dem Salamander gratinieren.
Hierfür müssen hergestellt werden:
Crêpesmasse Seite 14
Gekochte Weincreme Seite 243
Rotweinsabayon Seite 127

Crêpes auf orientalische Art

Auf die eine Hälfte der einzelnen Crêpes gekochte Vanille-Eischnee-Creme geben und die andere Hälfte darüberschlagen. Crêpes mit heißer Feigensauce angießen und mit grobgestoßenem Krokant bestreuen. Jede Portion mit leicht geschlagener Sahne, einigen Walderdbeeren und einer Feigenhälfte garnieren.
Hierfür müssen hergestellt werden:
Crêpesmasse Seite 14
gekochte Vanille-Eischnee-Creme
Seite 242
Feigensauce Seite 123
Krokant Seite 198

Früchtecrêpes

Zutaten für 10 Portionen

etwa 10 kleine Crêpes
etwa 3 Kiwis
etwa 2 Bananen
etwa 150 g Erdbeeren
3 halbe, pochierte Pfirsiche
75 g Himbeeren
75 g Brombeeren
50 g Heidelbeeren
etwa 1/4 l Läuterzucker
4 cl Weinbrand
200 g Aprikosenkonfitüre
1/4 l Vanillecreme

Aus allen Früchten einen Fruchtsalat zubereiten und diesen in Weinbrand-Läuterzucker marinieren.

Crêpes mit Aprikosenkonfitüre bestreichen. In die Mitte etwas Vanillecreme dressieren und Crêpes flach auf Portionsteller legen. Auf die eine Hälfte der einzelnen Crêpes Fruchtsalat geben und die andere Hälfte darüberschlagen. Oberfläche mit flüssiger Butter bestreichen. Crêpes im Mikrowellenherd kurz erhitzen, dann reichlich mit Staubzucker überpudern.

Für diese Crêpes müssen hergestellt werden:
Crêpesmasse I Seite 14
Vanillecreme Seite 241
Läuterzucker Seite 197, 199

Palatschinken

Als Alternative zu den Crêpes können die besonders in Österreich bekannten Palatschinken genannt werden. Das sind im wesentlichen Eierpfannkuchen, aus einer mit Sahne verfeinerten Crêpesmasse hergestellt sowie mit unterschiedlichen Füllungen zubereitet und häufig mit Cremesaucen oder einer Crème royale überbacken.

Palatschinkenmasse

120 g Mehl
1/4 l Sahne
100 g Butter
3 Eier
1 Eigelb
1 EL Zucker
1 Msp. Salz
Abgeriebenes von
1/2 unbehandelten Zitrone
Mark von 1/2 Vanilleschote

Gesiebtes Mehl mit Eiern, Eigelb, Zucker und Salz, Abgeriebenem, Mark der Vanilleschote und etwa 1/8 l Sahne völlig glattrühren. Dann gut erwärmte Butter zugeben und zuletzt restliche Sahne in der Masse gut verrühren.

Vor der Verarbeitung die Masse auf ihre dünnflüssige Fließfähigkeit kontrollieren.

Zutaten für 10 Portionen
10 kleine Palatschinken
etwa
500 g Erdbeeren, in Scheiben
etwa 1/4 l Erdbeersauce
etwa 1/8 l Eierlikör
10 Kugeln Walnußeis
250 g Marzipanrohmasse
etwa 6 cl Läuterzucker
Saft von 2 Zitronen
4 cl Rum

Palatschinken mit Erdbeeren und Walnußeis

Marzipanrohmasse mit Läuterzucker, Zitronensaft und Rum streichfähig machen. Palatschinken damit bestreichen und auf deren Mittelachse Erdbeerscheiben anordnen, danach diese einrollen. Palatschinken mit dem Verschluß nach unten auf ein mit Backpapier ausgelegtes Backblech legen, mit flüssiger Butter bestreichen und bei 180 °C etwa 5 Minuten überbacken.

Jede Portion mit Erdbeersauce und Eierlikör saucieren und mit in Läuterzucker ganz leicht marinierten Erdbeerscheiben sowie mit einer mit Kuvertüre übersponnenen Kugel Walnußeis anrichten.

Für diese Palatschinken müssen hergestellt werden:
Erdbeersauce Seite 123
Walnußeis Seite 86
Läuterzucker Seite 197, 199

Überbackene Quarkpalatschinken

Masse

250 g Mehl
2 Eier
2 Eigelb
1 Msp. Salz
etwa 1/8 l Sahne
2 EL Öl
50 g Zucker

Aus diesen Zutaten eine dünnflüssige Eierpfannkuchenmasse zubereiten und daraus Palatschinken (Durchmesser etwa 15 cm) backen.

Füllung

70 g Butter
50 g Staubzucker
40 g Rosinen
1 Msp. Salz
1/8 l Sahne
2 Eigelb
2 Eiweiß
80 g Sandzucker
400 g trockener Magerquark
Abgeriebenes von
1 unbehandelten Zitrone
Mark von 1 Vanilleschote

Butter und Staubzucker gut verrühren. Eigelb, Quark, Salz, Mark der Vanilleschote, Abgeriebenes und Sahne glattrühren und dann mit der Butter-Zucker-Masse vermischen. Eiweiß und Sandzucker zu Schnee schlagen und mit den Rosinen unter die Masse melieren.

Guß

4 Eier
1/4 l Sahne
1/8 l Milch
30 g Zucker

Alle Zutaten gut verrühren.

Palatschinken mit der Quarkfüllung satt bestreichen, zusammenrollen, halbieren und je 3 Hälften in eine ausgebutterte Kokotte legen.

Die Hälften zuerst bei 200 °C 12 Minuten anbacken, dann mit dem Guß überziehen und schließlich bei unveränderter Temperatur so lange backen, bis der Guß abgestockt ist.

Speise mit Staubzucker besieben und sofort heiß servieren.

Schmarrn

Die Heimat aller Schmarrnspezialitäten ist unbestritten der gesamte Alpenraum, aber insbesondere in Österreich und in Bayern zählen sie zu den heimischen Schmankerln. Der bekannteste Schmarrn unter allen ist sicher der inzwischen auch in anderen Regionen, ja bereits international gefragte Kaiserschmarrn, der sich durch einen zarten Geschmack auszeichnet. Typisch für alle Schmarrnspezialitäten ist, daß die gebackene Masse mit 2 Gabeln ungleichmäßig zerrissen wird.

Mit Kompotten und Fruchtpürees oder mit Frucht- und Cremesaucen kann der Genußwert dieser köstlichen süßen Mehlspeisen wesentlich erhöht werden.

Grießschmarrn mit Zwetschgenkompott *(Im Bild links)*

Zutaten für 6 bis 8 Portionen

- 1/2 l Milch
- 100 g Hartweizengrieß
- 160 g Butter
- 1 Msp. Salz
- 100 g Zucker
- 3 Eigelb
- 50 g Rosinen
- Abgeriebenes von 1 unbehandelten Zitrone
- Mark von 1 Vanilleschote
- Zwetschgenkompott

Milch, Abgeriebenes, Mark der Vanilleschote, Salz und Zucker gut kochen. Grieß einrieseln lassen, unter ständigem Rühren weich kochen, dann Eigelb einrühren. Die cremig gekochte Grießmasse auf ein Blech mit Rand geben, glattstreichen, auskühlen lassen, dann in gleich große Portionen aufteilen.

Jede Portion in etwa 20 g heißer Butter in einer Bratpfanne auf beiden Seiten kurz anbacken, mit einem Scharrer zerkleinern. Rosinen einstreuen und unter ständigem Wenden alles gut abrösten.

Schmarrn auf Tellern mit Zwetschgenkompott anrichten und mit Staubzucker überpudern.

Erdbeerschmarrn *(Im Bild rechts)*

Zutaten für 2 bis 3 Portionen

- 100 g Mehl
- etwa 1/8 l Milch
- 3 Eigelb
- 3 Eiweiß
- 1 Msp. Salz
- 50 g Zucker
- 250 g Erdbeeren
- 50 g Butter

Gesiebtes Mehl mit Milch, Eigelb und Salz zu einem glatten Eierpfannkuchenteig verrühren. Eiweiß zu Schnee schlagen und unter den Teig ziehen. Erdbeeren waschen, putzen und halbieren oder vierteln. Butter in einer Bratpfanne gut erhitzen, Teig eingießen, glattstreichen, anbacken lassen und wenden. Im Backrohr bei etwa 180 °C ausbacken.

Eierpfannkuchen mit 2 Gabeln ungleichmäßig zerreißen. Erdbeeren unregelmäßig darauf verteilen. Zucker darüberstreuen und etwa 1 Minute auf der Kochstelle gut durchschwenken.

Schmarrn auf Tellern anrichten und mit Staubzucker überpudern.

Kaiserschmarrn *(Im Bild rechts)*

Zutaten für etwa 2 Portionen

100 g Mehl
etwa 1/8 l Milch
3 Eigelb
3 Eiweiß
1 Msp. Salz
50 g Zucker
25 g Rosinen
20 g gestiftelte, geröstete Mandeln
40 g Butter

Gesiebtes Mehl mit Milch, Eigelb und Salz zu einem glatten Eierpfannkuchenteig verrühren. Eiweiß zu Schnee schlagen und unter den Teig ziehen. Butter in einer Bratpfanne gut erhitzen, Teig eingießen, glattstreichen, anbacken lassen und wenden. Im Backrohr bei etwa 180 °C ausbacken.

Eierpfannkuchen mit 2 Gabeln ungleichmäßig zerreißen. Zucker, Rosinen und Mandeln darüberstreuen und auf der Kochstelle nochmals gut durchschwenken, damit der Zucker etwas karamelisiert.

Schmarrn auf Tellern anrichten, mit Staubzucker leicht überpudern und mit gemischtem Kompott sofort servieren.

Apfelschmarrn *(Im Bild links)*

Zutaten für 2 bis 3 Portionen

100 g Mehl
etwa 1/8 l Milch
3 Eigelb
3 Eiweiß
1 Msp. Salz
60 g Zucker
2 säuerliche Äpfel
etwa 50 g Butter

Gesiebtes Mehl mit Milch, Eigelb und Salz zu einem glatten Eierpfannkuchenteig verrühren. Eiweiß zu Schnee schlagen und unter den Teig ziehen. Äpfel schälen, vierteln, vom Kernhaus befreien und in Scheiben schneiden. Butter in einer Bratpfanne erhitzen, Apfelscheiben hineingeben, gut anschwitzen und einige Scheiben an der Seite warm halten. Eierpfannkuchenteig über die restlichen Apfelscheiben gießen, anbacken lassen und wenden. Im Backrohr bei etwa 180 °C ausbacken.

Eierpfannkuchen mit 2 Gabeln ungleichmäßig zerreißen. Dann Zucker darüberstreuen und auf der Kochstelle nochmals gut durchschwenken, damit er etwas karamelisiert.

Schmarrn auf Tellern mit den zurückbehaltenen Apfelscheiben anrichten und mit Staubzucker überpudern.

Powidltaschen

Zutaten für etwa 12 bis 15 Portionen

Kartoffelteig von
800 g Kartoffeln
250 g Zwetschgenmus
1 Msp. Zimt
2 cl Rum
Zwetschgenkompott
gehackte Walnüsse

Powidltaschen sind kleine Taschen aus Kartoffelteig, die mit aromatisiertem Zwetschgenmus gefüllt, in Salzwasser langsam gekocht, in Butter-Semmelbröseln gewälzt und mit Staubzucker überpudert werden.

Kartoffelteig sofort nach der Herstellung in Weizengrieß etwa 4 mm stark ausrollen. Aus der Teigplatte mit einem gezackten oder glatten Ausstecher (Durchmesser 9 cm) Stücke stechen und deren Rand mit verquirltem Eigelb bestreichen. Eine Hälfte der einzelnen Stücke mit Zwetschgenmus, aromatisiert mit Zimt und Rum, bedecken, die andere Hälfte darüberschlagen, so daß Rand auf Rand liegt, dann andrücken.

Taschen für etwa 10 bis 12 Minuten in köchelndes Salzwasser geben, mehrmals wenden. Danach Taschen in kaltem Wasser kurz abschrecken und sofort in Butter-Semmelbröseln wälzen, dann mit Staubzucker überpudern.

Je Portion 2 bis 3 Taschen mit etwas Zwetschgenkompott und gehackten Walnüssen anrichten.

Butter-Semmelbrösel

100 g Butter
20 g Semmelbrösel

Butter einmal gut aufschäumen lassen und dann leicht geröstete Brösel unterschwenken.

Für diese Taschen muß außerdem hergestellt werden:
Kartoffelteig Seite 229

Bayerische Quarkkücherl mit Wildpreiselbeeren

Aus gerührtem Hefeteig (Savarinteig) von 500 g Mehl für 25 Portionen mit Spritzbeutel und Lochtülle Nr. 3 spiralenförmig 50 Medaillons (Durchmesser 7 cm) auf ein mit Backpapier ausgelegtes Blech dressieren und nach kurzer Gare diese bei 200 °C etwa 15 Minuten backen.

Die Medaillons sofort mit heißem Arrak-Läuterzucker tränken. Auf 25 Medaillons Quarkfüllung dressieren. 25 auf der Oberseite aprikotierte sowie dünn mit Arrakfondant glasierte Medaillons daraufsetzen und diese mit einem Tupfen Sahne und einem auf kleinen Kuvertüreplättchen abgesetzten Edelweiß aus Baisermasse garnieren. Jede Portion mit Wildpreiselbeeren anrichten.

Quarkfüllung

Zutaten für etwa 25 Portionen

700 g trockener Magerquark
3 Eigelb
Mark von 1 Vanilleschote
150 g Zucker
Saft von 1 Zitrone
Abgeriebenes von 1 unbehandelten Zitrone
1/4 l geschlagene Sahne
1 l Läuterzucker

Alle Zutaten kräftig verrühren, zuletzt die Sahne unterziehen.

Für diese Quarkkücherl müssen hergestellt werden:
gerührter Hefeteig (Savarinteig) Seite 224
Baisermasse I Seite 237
Läuterzucker Seite 197, 199

Zwetschgenknödel

Kartoffelteig in Weizengrieß etwa 4 bis 5 mm stark ausrollen. Dann aus der Teigplatte entweder Quadrate (8 × 8 cm) schneiden oder Kreise (Durchmesser etwa 9 cm) stechen. In die Mitte der einzelnen Teigstücke eine Zwetschge, die statt des Steins ein Stück Würfelzucker hat, setzen. Teig von allen Seiten nach oben schlagen und jedes Stück zu einem nahtlosen Knödel rollen.

Aprikosenknödel *(Hinten links)*

Zwetschgenknödel *(Vorne rechts)*

Kartoffelteig in Weizengrieß etwa 4 bis 5 mm stark ausrollen. Aus der Teigplatte mit einem glatten Ausstecher (Durchmesser 9 cm) Stücke stechen. In die Mitte der einzelnen Teigstücke entweder eine kleine entsteinte Aprikose oder eine Zwetschge, deren Stein durch ein Stück Würfelzucker ersetzt ist, legen. Teig von allen Seiten über die Frucht schlagen und Stücke zu nahtlosen Knödeln rollen. Knödel für etwa 12 bis 15 Minuten in köchelndes, leicht gesalzenes Wasser geben. Danach in kaltem Wasser kurz abschrecken und sofort heiße Butter-Semmelbrösel darübergeben.

Jede Portion mit Aprikosen- bzw. Zwetschgenkompott anrichten.

Butter-Semmelbrösel

100 g Butter
20 g Semmelbrösel

Butter einmal gut aufschäumen lassen und dann leicht geröstete Brösel unterschwenken.

Für diese Süßspeise muß außerdem hergestellt werden:
Kartoffelteig Seite 229
(800 g mehlige Kartoffeln reichen aus für etwa 20 Knödel.)

2. KAPITEL

PUDDINGS
WARME UND FLAMBIERTE SÜSS-SPEISEN
SOUFFLÉS

Frankfurter Pudding mit Bischofsauce

Zutaten für etwa 20 Portionen

Frankfurter Pudding
- 250 g Butter
- 250 g Zucker
- 9 Eigelb
- 9 Eiweiß
- 150 g geriebene weiße Mandeln
- 300 g helle Biskuitbrösel
- 4 cl Kirschwasser
- 4 cl Rum

Brösel mit Alkohol gut tränken, dann abdecken.

Butter und 100 g Zucker schaumig rühren und nach und nach unter Rühren Eigelb zugeben. Eiweiß mit restlichem Zucker zu Schnee schlagen und diesen unter die Eigelb-Butter-Masse heben. Brösel und Mandeln vorsichtig einmelieren.

Masse in leicht ausgebutterte, ausgezuckerte Portionstimbalen bis knapp unter deren Rand geben und im Wasserbad bei 180 °C etwa 45 bis 50 Minuten pochieren.

Bischofsauce
- 3/4 l Rotwein
- 1/4 l Wasser
- 250 g Farinzucker
- Schalen von 2 unbehandelten Orangen
- Schale von 1 unbehandelten Zitrone
- 100 g Sultaninen
- 40 g gestiftelte weiße Mandeln
- 1 Msp. Salz
- 1/2 TL Zimt
- 30 g Stärkemehl
- 6 cl Rum

Wasser, Farinzucker, Orangen- und Zitronenschalen, Zimt und Salz gut kochen, dann alles passieren. Stärkemehl mit 1/4 l Rotwein kalt anrühren, dem Passierten beigeben, dieses damit binden. Restlichen Wein, Sultaninen und Mandeln sowie Rum einrühren.

Puddingportionen auf Teller stürzen, mit Bischofsauce anrichten und warm servieren.

Marzipanpudding mit Mandelschaum und Smyrnafeigen

Zutaten für etwa 8 Portionen

Marzipanpudding

100 g Marzipanrohmasse
1/8 l Sahne
5 Eigelb
5 Eiweiß
110 g Butter
110 g Zucker
25 g geriebene weiße Mandeln
50 g helle Biskuitbrösel
25 g gesiebtes Mehl
32 Spalten frische Smyrnafeigen

Butter und 40 g Zucker schaumig rühren und nach und nach unter Rühren Eigelb zugeben. Marzipanrohmasse mit Sahne glattarbeiten und mit der Butter-Eigelb-Masse gut verrühren. Eiweiß mit restlichem Zucker zu Schnee schlagen und diesen unter die Masse heben. Mehl, Brösel und Mandeln vorsichtig einmelieren.

Masse in leicht ausgebutterte, ausgezuckerte Portionsförmchen bis knapp unter deren Rand dressieren und im Wasserbad bei offenem Zug und 180 °C etwa 45 bis 50 Minuten pochieren.

Mandelschaum

1/4 l Sahne
60 g Zucker
5 Eigelb
1 EL Mandelmus
1–2 Tropfen Bittermandelöl

Sahne und Mandelmus unter ständigem Rühren zum Kochen bringen. Zucker und Eigelb schaumig rühren, Kochendes zugeben und das Ganze auf der Kochstelle so lange schlagen, bis eine cremige Bindung entsteht, dann mit Bittermandelöl abschmecken.

Puddingportionen auf Teller stürzen. Mandelschaum angießen, aus einigen Punkten Schokoladensauce Muster einziehen. Dessert mit Smyrnafeigen anrichten und warm servieren.

Lebkuchenpudding mit Himbeerpunschsauce

Zutaten für etwa 25 Portionen

Lebkuchenpudding

220 g Butter
100 g Staubzucker
12 Eigelb
12 Eiweiß
225 g grobe Braune-Lebkuchen-Brösel
100 g helle Biskuitbrösel
3 g Zimt
3 g gemahlene Nelken
2 g Lebkuchengewürz
50 g gehacktes Zitronat
50 g gehacktes Orangeat
100 g Korinthen
Abgeriebenes von 1 unbehandelten Zitrone
130 g Sandzucker

Butter und Staubzucker schaumig rühren und nach und nach unter Rühren Eigelb zugeben. Alle Brösel gut mischen, eine Hälfte davon unter die Butter-Eigelb-Masse melieren. Dann Gewürze, Zitronat, Orangeat, Korinthen und Abgeriebenes zugeben. Eiweiß mit Sandzucker zu Schnee schlagen und mit den restlichen Bröseln unter die Masse heben.

Masse in leicht ausgebutterte, ausgezuckerte Portionstimbalen oder -kokotten bis knapp unter deren Rand dressieren und im Wasserbad bei 180 °C etwa 35 bis 40 Minuten pochieren.

Himbeerpunschsauce

1/2 l Rotwein
1500 g frische Himbeeren
180 g Zucker
50 g Honig
Saft von 2 Zitronen
Saft von 3 Orangen
25 g Stärkemehl
6 cl Himbeergeist

Rotwein, 500 g pürierte und passierte Himbeeren sowie Zucker, Honig und Saft der Zitronen und Orangen kochen. Stärkemehl mit etwas kaltem Wasser anrühren und in den kochenden Wein geben. Sauce gut durchkochen lassen, dann Himbeergeist unterrühren. Restliche Himbeeren in einem Teil der Sauce mazerieren.

Puddingportionen auf Teller stürzen, mit Himbeerpunschsauce sowie mazerierten Himbeeren anrichten und warm servieren.

Gebackene Holunderblüten mit Johannisbeeren und Vanillesahne

Zutaten für etwa 20 Portionen

Ausbackteig

250 g Mehl
1/8 l Weißwein
1/8 l Milch
4 Eier
1 Msp. Salz
40 g Butter
Abgeriebenes von 2 unbehandelten Zitronen

Gesiebtes Mehl mit Eiern unter Zugabe von Milch, Wein, Salz und Abgeriebenem zu einem glatten, sämigen Teig rühren. Flüssige Butter unterrühren, Schüssel abdecken und Teig einige Zeit ruhen lassen.

Frische Blütendolden vom Holunder gut ausschütteln, dann unter kaltem Wasser durchschwenken und auf einem saugfähigen Tuch abtrocknen lassen. Blütendolden ganz in den Teig tauchen, herausziehen, am Schüsselrand etwas Teig abklopfen, dann Blütendolden sofort in einer 180 °C heißen Fritüre etwa 2 Minuten hellbraun backen.

Vor dem Service jede Portion mit Staubzucker besieben und mit leicht gebundenen Johannisbeeren und halbsteif geschlagener vanillierter Sahne anrichten.

Gebundene Johannisbeeren

1/2 l Rotwein
25 g Vanille-Cremepulver
150 g Zucker
500 g Johannisbeeren

Johannisbeeren waschen und abzupfen. Cremepulver mit wenig Wein kalt anrühren. Restlichen Wein und Zucker aufkochen, angerührtes Cremepulver zugeben und alles kurz durchkochen lassen.

Flambierte Süßspeisen

Besonders attraktiv sind Süßspeisen, die im Restaurant unmittelbar beim Tisch des Gastes zubereitet werden. Dazu gehören flambierte Crêpes und Früchte, und diese saftigen Köstlichkeiten werden häufig mit Speiseeis vervollständigt. In der Regel rechnet man pro Portion 2 bis 3 kleine Crêpes, die vom Patissier zwar hergestellt, aber vom Serviermeister im Restaurant vor den Augen des Gastes zubereitet und flambiert werden.

Zum Flambieren eignen sich besonders aromatische hochprozentige Destillate, wie z. B. Grand Marnier, Cognac, Cointreau, Birnen- und Himbeergeist, Kirschwasser, aber auch Weinbrand.

Der Alkohol wird erst kurz vor dem Flambieren dem jeweiligen Fond beigegeben, um ein rasches Verfliegen zu vermeiden. Da es oftmals bereits genügt, die Flambierpfanne über der Brennstelle nur leicht schräg zu halten, um den Alkohol zu entzünden, hat sich auch die Methode bewährt, einen Teil des Alkohols in einer Schöpfkelle so lange zu erwärmen, bis er anfängt zu brennen, und ihn dann brennend über die Süßspeise zu gießen.

Flambierte Crêpes mit Erdbeeren und Vanille-Cremeeis

Zutaten für 1 Portion

3 kleine Crêpes
30 g Zucker
25 g Butter
Saft von 1 Zitrone
2 EL Erdbeerpüree
60 g Erdbeeren
2 cl Grand Marnier
2 cl Cognac
2 cl Cointreau
1 Kugel Vanille-Cremeeis
5 g gestiftelte, geröstete Mandeln
etwas Schokoladensauce

Zucker in der Flambierpfanne goldgelb schmelzen, Butter zugeben, aufschäumen lassen und mit Zitronensaft und Erdbeerpüree ablöschen. Gesäuberte Erdbeeren vierteln, dem etwas Reduzierten beigeben, kurz durchschwenken und gefaltete Crêpes einlegen.

Grand Marnier und Cognac darübergießen, Cointreau in einer Schöpfkelle anwärmen, entzünden und brennend über die Crêpes geben.

Crêpes auf angewärmtem Teller mit Erdbeeren, Mandeln, Erdbeerfond und Vanillecremeeis, mit Spirale aus Schokoladensauce versehen, anrichten.

Für diese Crêpes müssen hergestellt werden:
Crêpesmasse Seite 14
Vanille-Cremeeis Seite 86
Schokoladensauce I Seite 126

Flambierte Banane mit Pralinensauce

Zutaten für 1 Portion

2 halbe Bananen
30 g Zucker
25 g Butter
4 cl Orangensaft
2 cl Orangenlikör
2 cl Bacardi Rum
20 g Kokosraspel
4 cl Pralinensauce
1 EL geschlagene Sahne

Zucker hellbraun schmelzen, Butter zugeben und aufschäumen lassen. Orangensaft und Kokosraspel einrühren, dann etwas reduzieren und Bananenhälften mit dem Fond übergießen.

Likör und Rum in einer Schöpfkelle wärmen, entzünden und Bananenhälften flambieren, auf angewärmte Teller mit Fond und Kokosraspeln legen, mit Pralinensauce und Sahne versehen.

Für diese Süßspeise muß hergestellt werden:
Pralinensauce Seite 126

Flambierte Pfirsiche mit Pistazien-Cremeeis

Zutaten für 2 Portionen

4 halbe, geschälte, pochierte Pfirsiche
50 g Zucker
25 g Butter
Saft von 1 Zitrone
4 cl Pfirsichsaft
6 cl Rum
5 g gehackte Pistazien
2 Kugeln Pistazien-Cremeeis

Zucker hellbraun schmelzen, Butter zugeben und aufschäumen lassen. Zitronen- und Pfirsichsaft einrühren und etwas reduzieren. Oberfläche der Pfirsichhälften einstechen. Hälften in den Fond legen und mehrmals darin wenden.

Rum in einer Schöpfkelle anwärmen, entzünden und Pfirsichhälften flambieren. Je 2 Pfirsichhälften auf angewärmte Teller geben, mit Pistazien bestreuen und mit je 1 Kugel Pistazien-Cremeeis anrichten.

Für diese Süßspeise muß hergestellt werden:
Pistazien-Cremeeis Seite 86

Flambierte Crêpes mit Himbeeren und Sahne

Zutaten für 2 Portionen

6 kleine Crêpes
30 g Zucker
30 g Butter
Saft von 1 Zitrone
6 cl Himbeerpüree
80 g Himbeeren
4 cl Himbeergeist
2 cl Maraschino
2 EL geschlagene Sahne

Zucker in der Flambierpfanne goldgelb schmelzen. Butter zugeben, aufschäumen lassen und mit Zitronensaft und Himbeerpüree ablöschen. Maraschino einrühren, Fond etwas reduzieren, Crêpes nacheinander darin wenden und zu Vierteln zusammenlegen.

Himbeergeist in einer Schöpfkelle anwärmen, entzünden, Crêpes flambieren und je 3 Stück auf angewärmte Teller legen.

Gesäuberte Himbeeren locker darüber verteilen, mit dem restlichen Fond saucieren und mit Sahne servieren.

Für diese Crêpes muß hergestellt werden:
Crêpesmasse Seite 14

Flambierte Kirschen mit Schokoladen-Cremeeis und Vanillesauce

Zutaten für 2 Portionen

40 g Farinzucker
20 g Bienenhonig
25 g Butter
10 cl Rotwein
1 Msp. Zimt
Saft von 1 Limette oder Zitrone
50 g Johannisbeergelee
200 g Süßkirschen
4 cl Kirschwasser
2 cl Amarettolikör
2 Kugeln Schokoladen-Cremeeis
6 cl Vanillesauce

Farinzucker hellbraun schmelzen, Bienenhonig sowie Butter zugeben und aufschäumen lassen. Wein, Saft, Zimt und Gelee einrühren, gesäuberte entsteinte Kirschen dazugeben und in dem Fond weich dünsten. Likör darübergeben.

Kirschwasser in einer Schöpfkelle anwärmen, entzünden und Kirschen flambieren, auf angewärmte Teller verteilen, je 1 Kugel Schokoladen-Cremeeis dazugeben und mit Vanillesauce nappieren.

Für diese Süßspeise müssen hergestellt werden:
Schokoladen-Cremeeis Seite 86
Vanillesauce I Seite 124

Flambierte Gute-Luise-Birnen mit Erdbeersauce

Zutaten für 2 Portionen

4 halbe pochierte Gute-Luise-Birnen
60 g Farinzucker
20 g Bienenhonig
40 g Butter
Saft von 1 Orange
Saft von 1 Limette
4 cl Birnengeist
2 cl Cognac
6 cl Erdbeersauce
5 g Weiße-Schokolade-Späne

Farinzucker hellbraun schmelzen, Honig und Butter zugeben und aufschäumen lassen. Orangen- und Limettensaft einrühren und etwas reduzieren. Birnenhälften einsetzen, Cognac darübergießen, mehrmals mit dem Fond saucieren.

Birnengeist in einer Schöpfkelle anwärmen, entzünden und über die Birnenhälften gießen. Je 2 Birnenhälften mit Fond auf angewärmte Teller geben, mit Erdbeersauce nappieren und mit Schokoladenspänen bestreuen.

Für diese Süßspeise muß hergestellt werden:
Erdbeersauce Seite 123

Soufflés

Als warme Speisen genießen Soufflés einen besonders hohen Stellenwert, denn ihre luftige, zarte und flaumige Beschaffenheit kommt den Wünschen vieler Gäste nach einem leichten Dessert sehr entgegen.

Nicht selten jedoch löst die Rezeptur gewisse Befürchtungen über das „Gelingen" aus, die aber völlig unbegründet sind.

Bei sorgfältiger Beachtung des kontinuierlichen Arbeitswegs sowie der fachgerechten Verarbeitung des Materials und bei richtiger Back- und Gartechnik müssen Soufflés gelingen.

Bei allen geschmacklichen Variationsmöglichkeiten ist es wichtig, daß die zur Verwendung kommende Basisflüssigkeit – das ist Milch oder Fruchtsaft – mit der Mehl-Butter kräftig genug gebunden, das Eigelb und die entsprechenden Geschmacksträger richtig eingerührt und ein cremiger, stabiler, nicht flockiger Eischnee vorsichtig untergehoben werden.

Soufflés sollten langsam und bei steigender Hitze gebakken oder im Wasserbad gegart werden, denn nur so erhalten sie trotz großer Luftigkeit die erforderliche Konsistenz und können sich zu einer prachtvollen Speise entwickeln.

Um den hohen Genußwert der Soufflés zu erhalten und den Gästen bieten zu können, werden Soufflés nicht gestürzt, sondern nach Fertigstellung ohne Beilagen in den Portionskokotten sofort serviert. Eine Absprache zwischen dem Patissier und dem Restaurantchef über den zeitlichen Ablauf eines solchen Essens ist daher unbedingt erforderlich.

Nugat-Makronen-Soufflé

Zutaten für 12 bis 14 Portionen

- 1/4 l Milch
- 80 g Nugat
- 20 g Kakaopulver
- 50 g Mehl
- 50 g Butter
- 80 g Sandzucker
- 5 Eigelb
- 5 Eiweiß
- 4 cl Kirschwasser
- 3 cl Läuterzucker
- 25 g Stärkemehl
- 70 g Mandelmakronen

Portionskokotten (Durchmesser 7 cm) ausbuttern und auszuckern. Mandelmakronen zerkleinern, Boden der Kokotten damit auslegen, dann Makronen mit Kirschwasser-Läuterzucker tränken.

Gesiebtes Mehl mit Butter verkneten. Milch, Nugat und Kakaopulver kochen. Mehl-Butter der Milch beigeben und das Ganze wie eine Brandmasse abrösten. Masse etwas auskühlen lassen. Zuerst 1 Eiweiß, dann alles Eigelb nach und nach einrühren.

4 Eiweiß mit der Hälfte des Sandzuckers zu Schnee schlagen, restlichen Sandzucker mit Stärkemehl mischen und unterheben. Eischnee vorsichtig unter die Masse melieren und diese in die vorbereiteten Kokotten geben. Masse bei 180 °C und offenem Zug etwa 25 Minuten backen oder im heißen Wasserbad bei 180 °C etwa 35 Minuten pochieren.

Soufflés danach mit Staubzucker leicht besieben, wenn gewünscht, mit Mandelmakrone garnieren und sofort servieren. Läuterzucker Seite 197, 199

Soufflé Cointreau

Zutaten für 12 bis 14 Portionen

- 1/4 l Milch
- Mark von 1/2 Vanilleschote
- 50 g Butter
- 50 g Mehl
- 80 g Sandzucker
- 5 Eigelb
- 5 Eiweiß
- 4 cl Cointreau
- 2 cl Läuterzucker
- 20 g Stärkemehl
- 100 g Löffelbiskuit

Portionskokotten mit 7 cm Durchmesser ausbuttern und auszuckern. Löffelbiskuits zerkleinern, Boden der Kokotten damit auslegen, dann Biskuits mit Cointreau-Läuterzucker gut tränken.

Gesiebtes Mehl mit Butter verkneten. Milch mit dem Mark der Vanilleschote kochen, danach passieren. Mehl-Butter der Milch beigeben und dann das Ganze wie eine Brandmasse abrösten. Masse etwas auskühlen lassen. Eigelb nach und nach einrühren.

Eiweiß mit der Hälfte des Sandzuckers zu Schnee schlagen, restlichen Sandzucker mit Stärkemehl mischen und unterheben. Eischnee vorsichtig unter die Masse melieren und diese in die vorbereiteten Kokotten geben. Masse bei 180 °C und offenem Zug etwa 25 Minuten backen oder im heißen Wasserbad bei 180 °C etwa 35 Minuten pochieren.

Soufflés danach mit Staubzucker überpudern und sofort servieren.

Läuterzucker Seite 197, 199

Zitronensoufflé

Zutaten für 12 bis 14 Portionen

- 18 cl Milch
- 8 cl frisch gepreßter Zitronensaft
- Abgeriebenes von 1 unbehandelten Zitrone
- 50 g Mehl
- 50 g Butter
- 5 Eigelb
- 5 Eiweiß
- 130 g Zucker
- 20 g Stärkemehl

Portionskokotten mit 7 cm Durchmesser ausbuttern und auszuckern.

Gesiebtes Mehl mit Butter verkneten. Milch kochen, Mehl-Butter beigeben und das Ganze wie eine Brandmasse abrösten. Masse etwas auskühlen lassen. Dann zuerst Abgeriebenes mit Zitronensaft und anschließend Eigelb mit Stärkemehl kräftig unterrühren.

Eiweiß mit Zucker zu Schnee schlagen. Schnee vorsichtig unter die Masse heben und diese in die vorbereiteten Kokotten geben. Masse im heißen Wasserbad bei 180 °C etwa 40 bis 45 Minuten pochieren.

Soufflés danach mit Staubzucker überpudern und sofort servieren.

Soufflé Bénédictine

Zutaten für etwa 25 Portionen

- 1/2 l Milch
- Mark von 1 Vanilleschote
- 100 g Butter
- 100 g Mehl
- 130 g Zucker
- 9 Eigelb
- 9 Eiweiß
- 1 Prise Salz
- 30 g Stärkemehl
- 6 cl Bénédictine (Kräuterlikör)

Portionskokotten mit 7 cm Durchmesser ausbuttern und auszuckern.

Das gesiebte Mehl mit der Butter verkneten. Milch mit dem Mark der Vanilleschote und Salz kochen, danach passieren. Mehl-Butter der Milch beigeben und das Ganze wie eine Brandmasse abrösten. Masse umschütten und etwas auskühlen lassen. Eigelb nach und nach, dann Likör einrühren.

Eiweiß mit der Hälfte des Zuckers zu Schnee schlagen, restlichen Zucker mit Stärkemehl mischen und unterheben. Eischnee vorsichtig unter die Masse melieren und diese in die vorbereiteten Kokotten geben. Masse im heißen Wasserbad bei 190 °C etwa 30 Minuten pochieren.

Soufflés danach mit Staubzucker überpudern und sofort servieren.

Karamel-Walnuß-Soufflé

Zutaten für 14 bis 16 Portionen

- 1/4 l Milch
- 140 g Sandzucker
- 50 g Butter
- 50 g Mehl
- Mark von 1/2 Vanilleschote
- 50 g geriebene Walnüsse
- 5 Eigelb
- 5 Eiweiß
- 4 cl Curaçao
- 3 cl Läuterzucker
- 100 g Biskuitwürfel

Portionskokotten mit 7 cm Durchmesser ausbuttern und auszuckern. Boden der Kokotten mit Biskuitwürfeln auslegen, dann diese mit Curaçao-Läuterzucker befeuchten.

Gesiebtes Mehl mit Butter und Mark der Vanilleschote verkneten. 60 g Sandzucker mittelbraun schmelzen. Milch kochen, langsam dem Zucker beigeben und so lange unter ständigem Rühren kochen lassen, bis sich der Zucker vollkommen aufgelöst hat. Mehl-Butter einrühren und das Ganze wie eine Brandmasse abrösten. Masse etwas auskühlen lassen. Zuerst 1 Eiweiß, dann alles Eigelb nach und nach mit den Walnüssen einrühren.

Restliches Eiweiß und restlichen Sandzucker zu Schnee schlagen. Schnee vorsichtig unter die Masse melieren und diese in die vorbereiteten Kokotten geben. Masse im heißen Wasserbad bei 180 °C etwa 40 bis 45 Minuten pochieren.

Soufflés danach mit Staubzucker überpudern und sofort servieren.

Läuterzucker Seite 197, 199

Vanillesoufflé

Zutaten für 12 bis 14 Portionen

- 1/4 l Milch
- Mark von 1 Vanilleschote
- 50 g Butter
- 50 g Mehl
- 80 g Zucker
- 5 Eigelb
- 5 Eiweiß
- 25 g Stärkemehl

Portionskokotten mit 7 cm Durchmesser ausbuttern und auszuckern.

Gesiebtes Mehl mit Butter verkneten. Milch mit dem Mark der Vanilleschote kochen, danach passieren. Mehl-Butter der Milch beigeben und das Ganze wie eine Brandmasse abrösten. Die Masse etwas auskühlen lassen. Eigelb nach und nach einrühren.

Eiweiß mit der Hälfte des Zuckers zu Schnee schlagen, restlichen Zucker mit Stärkemehl mischen und unterheben. Eischnee vorsichtig unter die Masse melieren und diese in die vorbereiteten Kokotten geben. Masse im heißen Wasserbad bei 190 °C etwa 40 Minuten pochieren.

Soufflés danach mit Staubzucker überpudern und sofort servieren.

Soufflé Rothschild

Zutaten für 12 bis 14 Portionen

- 1/4 l Milch
- Mark von 1/2 Vanilleschote
- 50 g Butter
- 50 g Mehl
- 80 g Zucker
- 5 Eigelb
- 5 Eiweiß
- 4 cl Maraschino
- 15 g Stärkemehl
- 200 g Fruchtcocktail (verschiedene Früchte, in Würfelchen geschnitten)

Portionskokotten mit 7 cm Durchmesser ausbuttern und auszuckern. Boden der Kokotten mit Fruchtcocktail belegen.

Gesiebtes Mehl mit Butter verkneten. Milch mit dem Mark der Vanilleschote kochen, danach passieren. Mehl-Butter der Milch beigeben und das Ganze wie eine Brandmasse abrösten. Masse etwas auskühlen lassen. Eigelb nach und nach, dann Maraschino einrühren.

Eiweiß mit der Hälfte des Zuckers zu Schnee schlagen, restlichen Zucker mit Stärkemehl mischen und unterheben. Eischnee vorsichtig unter die Masse melieren und diese in die vorbereiteten Kokotten geben. Masse bei 180 °C und offenem Zug etwa 25 Minuten backen oder im heißen Wasserbad bei 180 °C etwa 35 Minuten pochieren.

Soufflés danach mit Staubzucker überpudern und sofort servieren.

Orangensoufflé

Zutaten für 12 bis 14 Portionen

- 1/4 l frisch gepreßter Orangensaft
- Abgeriebenes von 1 unbehandelten Orange
- 130 g Zucker
- 50 g Mehl
- 50 g Butter
- 5 Eigelb
- 5 Eiweiß
- 4 cl Grand Marnier
- 1 Msp. Zimt
- 1 Msp. gemahlene Nelken
- 20 g Stärkemehl

Portionskokotten (Durchmesser 7 cm) ausbuttern und auszuckern.

Gesiebtes Mehl mit Butter verkneten. Orangensaft, Abgeriebenes, 30 g Zucker, Zimt und Nelken kochen. Mehl-Butter dem Gekochten beigeben und das Ganze wie eine Brandmasse abrösten. Masse etwas auskühlen lassen. Eigelb nach und nach, dann Likör einrühren.

Eiweiß mit restlichem Zucker zu Schnee schlagen und Stärkemehl unterziehen. Eischnee vorsichtig unter die Masse melieren und diese in die vorbereiteten Kokotten geben. Masse bei 180 °C und offenem Zug etwa 25 Minuten backen oder im heißen Wasserbad bei 180 °C etwa 40 bis 45 Minuten pochieren.

Soufflés danach mit Staubzucker überpudern und sofort servieren.

Amaretto-Kirsch-Soufflé

Zutaten für 14 bis 16 Portionen

- 1/4 l Milch
- Mark von 1/2 Vanilleschote
- 50 g Marzipanrohmasse
- 60 g geriebene, geröstete weiße Mandeln
- 1 Msp. Zimt
- 4 cl Amaretto (Bittermandellikör)
- 50 g Mehl
- 50 g Butter
- 130 g Zucker
- 5 Eigelb
- 6 Eiweiß
- 250 g Schattenmorellen
- 1/8 l Rotwein

Portionskokotten (Durchmesser 7 cm) ausbuttern und auszuckern.

Kirschen waschen, entsteinen und in Rotwein, 50 g Zucker und Zimt weich dünsten.

Gesiebtes Mehl mit Butter verkneten. Milch mit dem Mark der Vanilleschote kochen, danach passieren. Mehl-Butter der Milch beigeben und das Ganze wie eine Brandmasse abrösten. Masse etwas auskühlen lassen. Eigelb nach und nach einrühren. Marzipanrohmasse mit 1 Eiweiß glattarbeiten, dann mit Mandeln und Likör unterrühren.

Restliches Eiweiß mit restlichem Zucker zu Schnee schlagen. Schnee vorsichtig unter die Masse melieren. Boden der vorbereiteten Kokotten mit den gedünsteten Kirschen belegen, dann Masse in die Kokotten geben. Masse bei 180 °C und offenem Zug etwa 25 Minuten backen oder im heißen Wasserbad bei 180 °C etwa 35 Minuten pochieren.

Soufflés danach mit Staubzucker überpudern und sofort servieren.

Levantiner Haselnußsoufflé

Zutaten für 12 bis 14 Portionen

- 1/4 l Milch
- Mark von 1/2 Vanilleschote
- 70 g geröstete, geriebene Levantiner Haselnüsse
- 1 EL Haselnußmark
- 2 cl Haselnußlikör
- 50 g Mehl
- 50 g Butter
- 100 g Zucker
- 5 Eigelb
- 5 Eiweiß
- 30 g geriebene Kuvertüre

Portionskokotten (Durchmesser 7 cm) ausbuttern und auszuckern.

Gesiebtes Mehl mit Butter verkneten. Milch mit dem Mark der Vanilleschote kochen, danach passieren. Mehl-Butter der Milch beigeben und das Ganze wie eine Brandmasse abrösten. Masse etwas auskühlen lassen. Eigelb nach und nach mit Haselnüssen, Haselnußmark und -likör einrühren.

Eiweiß mit Zucker zu Schnee schlagen. Schnee vorsichtig unter die Masse melieren und diese in die vorbereiteten Kokotten geben. Masse bei 180 °C und offenem Zug etwa 25 Minuten backen oder im heißen Wasserbad bei 180 °C etwa 35 Minuten pochieren.

Soufflés danach mit Kuvertüre bestreuen, mit Staubzucker leicht besieben und sofort servieren.

Gravensteiner-Apfel-Soufflé

Zutaten für 15 bis 16 Portionen

- 500 g Gravensteiner Äpfel
- 30 g Sultaninen
- 30 g Staubzucker
- 1 Msp. Zimt
- 1/4 l Milch
- Mark von 1/2 Vanilleschote
- 50 g Butter
- 50 g Mehl
- 100 g Sandzucker
- 5 Eigelb
- 5 Eiweiß
- 4 cl Calvados
- 40 g geriebene Walnüsse

Portionskokotten (Durchmesser 7 cm) ausbuttern und auszuckern.

Gesäuberte Äpfel schälen, vom Kernhaus befreien, in Scheiben schneiden, mit Staubzucker, Zimt und Sultaninen vermischen und in die Kokotten gleichmäßig verteilen.

Gesiebtes Mehl mit Butter verkneten. Milch mit dem Mark der Vanilleschote kochen, danach passieren. Mehl-Butter und Walnüsse beigeben und das Ganze wie eine Brandmasse abrösten. Masse etwas auskühlen lassen. Eigelb nach und nach, dann Calvados einrühren.

Eiweiß mit Sandzucker zu Schnee schlagen. Schnee vorsichtig unter die Masse heben und diese in die vorbereiteten Kokotten geben. Masse im heißen Wasserbad bei 180 °C etwa 40 bis 45 Minuten pochieren.

Soufflés danach mit Staubzucker überpudern und sofort servieren.

Käsesoufflé

Edamer-Käse-Soufflé

Zutaten für etwa 10 Portionen

- 1/4 l Milch
- 65 g Butter
- 60 g Mehl
- 120 g geriebener Edamer Käse
- 6 Eigelb
- 6 Eiweiß
- 1 Msp. Salz
- 1 Msp. weißer Pfeffer
- 1 Msp. Muskat

Portionskokotten (Durchmesser 7 cm) ausbuttern und ausmehlen.

Gesiebtes Mehl mit Butter, Salz, Pfeffer und Muskat verkneten. Milch kochen, gewürzte Mehl-Butter beigeben und das Ganze wie eine Brandmasse abrösten. Eigelb nach und nach, dann Käse kräftig unterrühren.

Eiweiß zu Schnee schlagen. Schnee vorsichtig in die Masse einmelieren und diese in die vorbereiteten Kokotten geben. Masse im heißen Wasserbad etwa 40 bis 45 Minuten pochieren.

Soufflés sofort servieren.

Schweizer-Käse-Soufflé

Zutaten für etwa 8 bis 10 Portionen

- 1/4 l Milch
- 40 g Butter
- 40 g Mehl
- 100 g geriebener Schweizer Käse
- 5 Eigelb
- 5 Eiweiß
- 1 Msp. Salz
- 1 Msp. weißer Pfeffer
- 1 Msp. Muskat
- 1 Msp. Paprika

Portionskokotten (Durchmesser 7 cm) ausbuttern und ausmehlen.

Gesiebtes Mehl mit Butter, Salz, Pfeffer, Muskat und Paprika verkneten. Milch kochen, gewürzte Mehl-Butter beigeben und das Ganze wie eine Brandmasse abrösten. Eigelb nach und nach, dann Käse kräftig unterrühren.

Eiweiß zu Schnee schlagen. Schnee vorsichtig in die Masse einmelieren und diese in die vorbereiteten Kokotten geben. Masse im heißen Wasserbad etwa 40 bis 45 Minuten pochieren.

Soufflés sofort servieren.

3.
KAPITEL

FETTGEBACKENES

Fettgebackenes

Sollen Speisen – gleichgültig welcher Art – in Fett ausgebacken werden, so sollten nur solche Fette Verwendung finden, die sich geschmacklich günstig auf die Erzeugnisse auswirken. Dafür eignen sich insbesondere Kokos- und Erdnußfett, Schweine- und Butterschmalz.

Die Backtemperatur sollte 170 bis 185 °C betragen, da bei niedrigeren Temperaturen die Gefahr besteht, daß die Speisen Fett ziehen und dadurch nicht nur schwer werden, sondern auch nicht richtig ausbacken, was ihren Genußwert erheblich vermindert.

Ausgezogene Kirchweihkrapfen

Zutaten für 18 bis 20 Krapfen

- 500 g Mehl
- 25 g Hefe
- 90 g Butter
- 80 g Zucker
- 5 g Salz
- 1 Ei
- 2 Eigelb
- etwa 1/8 l Milch
- Abgeriebenes von 1 unbehandelten Zitrone

Aus den Zutaten einen mittelfesten Hefeteig mit Ansatz herstellen und gehen lassen. Nach der Gare Teig zusammenstoßen, in 40 g schwere Stücke teilen und diese rund schleifen. Die Mitte der Kugeln eindrücken. Kugeln auf leicht bemehltes Tuch setzen, abdecken und angehen lassen.

Jetzt Teiglinge gleichmäßig nach allen Seiten ziehen, so daß jeweils eine deutliche Vertiefung mit dünnem Boden, der nicht reißen darf, entsteht. Alle Teiglinge im heißen Fettbad bei 180 °C etwa 5 Minuten beidseitig backen.

Krapfen nach dem Backen kurz auf ein Abtropfgitter geben und dann mit vanilliertem Zucker bestreuen.

Auf Portionstellern Krapfen lauwarm mit heißen, leicht gebundenen Sauerkirschen und großem Tupfen Sahne anrichten.

Muzen *(Im Bild links)*

750 g Mehl
100 g Staubzucker
50 g Butter
2 Eier
4 Eigelb
1/8 l Milch
10 g Backpulver

Butter, Staubzucker, Eigelb und Eier verkneten. Mehl und Backpulver sieben, dann dazugeben und mit der Milch einen Teig anwirken. Diesen abgedeckt etwa 60 Minuten im Kühlschrank ruhen lassen.

Danach den Teig etwa 1,5 mm stark ausrollen, mit Teigrädchen in etwa 8 cm lange Rauten schneiden und diese im heißen Fettbad bei 180 °C unter ständigem Wenden in etwa 5 Minuten goldgelb backen.

Rauten nach dem Backen kurz auf ein Abtropfgitter geben, dann in vanilliertem Zucker wälzen und mit Staubzucker leicht besieben.

Muzenmandeln *(Im Bild rechts)*

810 g Mehl
300 g Zucker
150 g flüssige Butter
4 Eier
4 Eigelb
130 g feingeriebene Mandeln
8 g Backpulver

Zucker, Butter, Eier und Eigelb gut verrühren. Mehl und Backpulver sieben, dann mit den Mandeln dazugeben und einen Teig anwirken. Diesen abgedeckt etwa 60 Minuten kühl stellen.

Danach den Teig etwa 1 cm stark ausrollen, mit speziellem Ausstecher Muzenmandeln ausstechen und diese im heißen Fettbad bei 180 °C unter ständigem Wenden in etwa 4 bis 5 Minuten goldgelb backen.

Mandeln nach dem Backen kurz auf ein Abtropfgitter geben und dann in Zimtzucker wälzen.

In Fett gebackene Krapfen aus Brandmasse

Zur Herstellung von Krapfen aus Brandmasse, die in der Fritüre gebacken werden, eignet sich grundsätzlich sowohl eine mit Milch als auch mit Wasser hergestellte Masse.

Die Festigkeit der Masse sollte sich nach den vorgesehenen Früchten oder Nüssen richten. Die Masse sollte jeweils so beschaffen sein, daß sie die in ihrer Konsistenz unterschiedlichen Geschmacksträger gut in sich aufnimmt und während der Backzeit nicht austreten läßt.

In Fett gebackene Krapfen aus Brandmasse schmecken frisch, in Zimtzucker gewälzt, leicht mit Staubzucker besiebt und warm serviert am besten.

Ananaskrapfen mit Erdbeersauce *(Im Bild links)*

Zutaten für etwa 20 Portionen

- 1/2 l Brandmasse
- 20 mittelgroße Scheiben Ananas
- 1/2 l Erdbeersauce
- 150 g Erdbeeren
- 1/8 l Sahne

Brandmasse mit Würfeln aus 10 Scheiben Ananas gut vermischen. Davon mit einem Suppenlöffel etwa eiergroße Stücke in die 180 °C heiße Fritüre streichen und darin etwa 8 bis 10 Minuten backen.

Krapfen kurz auf ein Abtropfgitter geben, dann in Zimtzucker wälzen und mit Staubzucker leicht besieben.

Je 2 Krapfen mit Erdbeersauce, Ananasecken und großem Tupfen Sahne anrichten. Warm servieren.

Brandmasse Seite 235
Erdbeersauce Seite 123

Walnußkrapfen mit Orangen-Karamel-Sauce *(Im Bild hinten)*

Zutaten für etwa 20 Portionen

- 1/2 l Brandmasse
- 250 g grobgehackte Walnüsse
- 20 kleine Scheiben Orange
- 1/2 l Orangen-Karamel-Sauce
- 1/8 l Sahne

Brandmasse Seite 235
Orange-Karamel-Sauce Seite 125

Brandmasse mit 200 g Walnüssen gut vermischen. Davon mit einem Teelöffel etwa walnußgroße Stücke in die 180 °C heiße Fritüre streichen und darin etwa 5 Minuten backen.

Krapfen kurz auf ein Abtropfgitter geben, dann in Zimtzucker wälzen und mit Staubzucker leicht besieben.

Je 4 bis 5 Krapfen mit Orangen-Karamel-Sauce und Orangenscheibe, garniert mit Walnußhälfte auf kleinem Tupfen Sahne, anrichten. Danach Süßspeise warm servieren.

Ingwerkrapfen mit Marsalasabayon *(Im Bild rechts)*

Zutaten für etwa 20 Portionen

- 1/2 l Brandmasse
- 250 g kleingeschnittener kandierter Ingwer
- 1/2 l Marsalasabayon

Marsalasabayon Seite 127
Brandmasse Seite 235

Brandmasse mit 200 g Ingwer gut vermischen. Davon mit einem Suppenlöffel etwa eiergroße Stücke in die 180 °C heiße Fritüre streichen und darin etwa 8 bis 10 Minuten backen.

Krapfen kurz auf ein Abtropfgitter geben, dann in Zimtzucker wälzen und mit Staubzucker leicht besieben.

Je 2 Krapfen mit Marsalasabayon und einigen Stückchen Ingwer anrichten. Süßspeise warm servieren.

Pflaumenbeignets

Weiche Dörrpflaumen entsteinen, jeden Stein durch eine weiße Mandel ersetzen und Pflaumen mit etwas Weinbrand aromatisieren.

Dann Pflaumen mit einer Gabel oder zwei dünnen Holzstäbchen durch Weinteig ziehen, in die 180 °C heiße Fritüre geben und darin in etwa 4 Minuten goldgelb backen.

Beignets kurz auf ein Abtropfgitter geben und lediglich abkühlen lassen, dann in geriebener Vollmilchkuvertüre rollen und mit Kakaopulver leicht besieben.

Je 3 Beignets in Zimtsauce, versehen mit Schokoladensauce, anrichten. Süßspeise warm servieren.

Für diese Speise müssen hergestellt werden:
Weinteig Seite 228
Zimtsauce Seite 126
Schokoladensauce I Seite 126

In Fett gebackene Beignets aus Bier- oder Weinteig

Dattelnbeignets

Frische Datteln schälen, längsseitig aufschneiden, entsteinen und mit Rum abgeschmeckter Marzipanrohmasse füllen.

Dann Datteln mit einer Gabel oder zwei dünnen Holzstäbchen durch Bierteig ziehen, in die 180 °C heiße Fritüre geben und darin in etwa 4 Minuten goldgelb backen.

Beignets kurz auf ein Abtropfgitter geben, dann in Zimtzucker wälzen und mit Staubzucker leicht besieben.

Je 3 Beignets in Burgundersabayon anrichten. Danach Süßspeise warm servieren.

Für diese Speise müssen hergestellt werden:
Bierteig Seite 228
Burgundersabayon bzw. Burgunderweinschaum Seite 127

Gebackener Camembert

Zutaten

trockener Camembert
Bierteig
Joghurt, naturbelassen
feingeschnittener Schnittlauch
Crème fraîche, naturbelassen
Preiselbeerkonfitüre
Feldsalat

Camembert in 40 bis 50 g schwere Ecken schneiden. Diese mit zwei Gabeln durch Bierteig ziehen, in die 185 °C heiße Fritüre geben und darin in etwa 5 Minuten goldgelb backen.

Camembertecken kurz auf ein Abtropfgitter legen und Joghurt mit Schnittlauch versetzen.

Jede Camembertecke mit Joghurt-Schnittlauch-Sauce und einem Sträußchen mariniertem Feldsalat anrichten. Dann Crème fraîche in ovaler Form mit kleiner Sterntülle auf den Teller dressieren und eine große Portion Preiselbeerkonfitüre daraufgeben. Dieses herzhaft schmeckende Dessert warm servieren.

Für dieses nicht süße Dessert müssen hergestellt werden:
Bierteig Seite 228

4.
KAPITEL

KALTE SÜSS-SPEISEN

Charlotten

Charlotten sind Süßspeisen, deren klassisches Merkmal ein Mantel, eine äußere Hülle, ist.

Der Mantel kann aus Hippen-, Baumkuchen- oder Biskuitmasse – so aus Löffelbiskuits oder Biskuitrouladen –, aber auch aus Kuvertüre oder aus Marzipan bestehen.

Als Füllung für Creme-Charlotten wird meistens Bayerische Creme oder Crème mousseline in unterschiedlichen Geschmacksrichtungen und mit diversen Einlagen – so mit mazerierten oder kandierten Früchten, mit Mandel- oder Haselnußmakronen, gestoßenem Krokant oder Nugat – verwendet. Eis-Charlotten werden mit Creme-, Frucht- oder Sahneeis gefüllt und ausgefroren.

Charlotten werden sowohl als Einzelportionen wie auch als Service für mehrere Personen hergestellt. Zu festlichen Anlässen können sie besonders attraktiv zubereitet und reizvoll garniert werden.

Eine Baumkuchenkapsel in etwa 5 mm starke Streifen schneiden.

Baumkuchenstreifen mit passierter dünnflüssiger Aprikosenkonfitüre leicht bestreichen.

Die mit einer Manschette aus Pergamentpapier vorbereitete und mit einem Mürbeteigboden versehene Form ringsum mit Baumkuchenstreifen gleichmäßig bis zum oberen Rand auslegen.

Ausgelegte Form mit einlagenversetzter Orangencreme füllen, dann Creme glattstreichen.

Nach Absteifen der Creme Manschette vorsichtig von der ausgeformten Charlotte abziehen und den Mantel aprikotieren.

Charlotte ausgarnieren mit gerieften Marzipanstreifen und halbierten Marzipanblättchen, ausgestochener weißer Schokolade mit dunklem Kuvertürepunkt und großem Blütenornament aus gespritzter Kuvertüre.

Als Umrandung auf der Glasplatte eignen sich blanchierte geviertelte Orangenscheiben.

Orangen-Charlotte
(Bild Seite 44)

Charlottenform (Durchmesser 15 cm, Höhe 10 cm) mit einer Manschette aus Pergamentpapier auskleiden. Den ganzen Boden der Form mit einem Mürbeteigboden auslegen und diesen mit Orangenmarmelade satt bestreichen.

Dann etwa 5 mm starke Streifen aus einer 5 cm hohen Baumkuchenkapsel schneiden, mit etwas verdünnter Aprikosenkonfitüre leicht bestreichen und damit die Form ringsum gleichmäßig bis zum oberen Rand auslegen. Nun die Orangencreme mit Einlage hineingeben und deren Oberfläche glattstreichen. Charlotte mindestens 120 Minuten kalt stellen.

Nach dem Absteifen Charlotte ausformen, Manschette vorsichtig abziehen, Mantel aprikotieren und Charlotte je nach Verwendungszweck ausgarnieren.

Einlage

15 saftige Baumkuchenwürfel
15 zerkleinerte Mandelmakronen
15–20 kleine Nugatwürfel
10–15 entsteinte Maraschinokirschen

Orangencreme
Zutaten für 8 bis 10 Portionen

4 Eigelb
70 g Zucker
1/4 l trockener Weißwein
Abgeriebenes von 4 unbehandelten Orangen
Saft von 5 Orangen
4 cl Grand Marnier
Mark von 1 Vanilleschote
1/4 l geschlagene Sahne
50 g Orangenmarmelade
5 Blatt Gelatine

Gelatine in kaltem Wasser einweichen.

Eigelb, Zucker und Mark der Vanilleschote schaumig rühren. Wein, Abgeriebenes und Saft von 4 Orangen zunächst sieden lassen, dann der Eigelb-Zucker-Masse beigeben und diese unter ständigem Rühren erhitzen, jedoch nicht kochen, bis eine cremige Bindung entsteht.

Gelatine leicht ausdrücken und in der heißen Masse auflösen. Likör und restlichen Orangensaft beigeben. Masse zurücktemperieren, bis sie anfängt zu stokken und gallertartig wird. Nun die Sahne und die zur Einlage vermischten Zutaten untermelieren.

Für diese Charlotte müssen hergestellt werden:
Mürbeteig Seite 227
Baumkuchenmasse Seite 234

Birnen-Kirsch-Charlotte

In runde Dessertringe (Durchmesser 7,5 cm, Höhe 3 cm) je einen dünnen Mürbeteigboden aus Haselnußmürbeteig legen und Ringe mit Streifen aus einer Biskuitrouladenkapsel auslegen.

Birnen-Kirsch-Creme
Zutaten für 10 bis 12 Portionen

1/4 l Milch
4 Eigelb
60 g Zucker
6 cl Birnengeist
1/4 l geschlagene Sahne
Mark von 1 Vanilleschote
4 Blatt Gelatine
etwa 100 g Aprikosenkonfitüre
etwa 30 g Kuvertüre

Gelatine in kaltem Wasser etwa 20 Minuten einweichen.

Eigelb und Zucker schaumig rühren, die Milch mit dem Mark der Vanilleschote kochen, die Eigelb-Zucker-Masse unterrühren und zur Rose abziehen.

Gelatine in der heißen Eiermilch auflösen und die Masse so weit zurücktemperieren, daß sie anfängt zu stocken. Nun die geschlagene Sahne mit Birnengeist sowie die gedünsteten Birnen mit Kirschen und Sultaninen unterheben. Die Masse sofort in die vorbereiteten Ringe füllen, glattstreichen und absteifen lassen.

Danach Charlotte ausformen, Biskuitrand aprikotieren und die Oberfläche mit Kuvertüre überspinnen.

Beim Anrichten evtl. mit einem Tupfen Sahne versehen und mit einer Süßkirsche garnieren.

Für diese Charlotte müssen hergestellt werden:
Biskuit-Rouladenmasse für Kapsel Seite 232
Haselnußmürbeteig Seite 228

Einlage

300 g Williams Christbirnen
200 g Süßkirschen
50 g Sultaninen

Die Birnen schälen, vom Kernhaus befreien, in kleine Würfel schneiden und zusammen mit den entsteinten Kirschen in 1/4 l Weißwein mit 40 g Zucker weich dünsten. Sultaninen mit etwas Rum mazerieren.

Bayerische Creme

Zutaten für etwa 10 Portionen

4 Eigelb
70 g Zucker
Mark von 1/2 Vanilleschote
4 Blatt Gelatine
1/4 l Milch
1/4 l geschlagene Sahne
4 cl Grand Marnier

Aus den Zutaten Eigelb, Zucker, Mark der Vanilleschote und Milch eine Bayerische Creme herstellen. Likör sowie aufgelöste Gelatine beigeben und nach dem Anziehen Sahne unterheben.

Für diese Charlotten müssen hergestellt werden:

Baumkuchenmasse Seite 234
Aprikosensauce Seite 122
Erdbeersauce Seite 123

Erdbeer-Charlotten

Aus einer Baumkuchenkapsel etwa 2 mm starke Streifen schneiden und 20 etwa 2 mm starke, runde Scheiben stechen.

Auf den Boden der Portionskokotten (Durchmesser 7 cm) je eine Baumkuchenscheibe legen und deren Rand mit Baumkuchenstreifen auskleiden. Dann die Kokotten bis zu 3/4 mit Grand Marnier abgeschmeckter Bayerischer Creme füllen. In die Creme je eine gesäuberte und vom Außenkelch befreite Erdbeere drücken. Charlotten mit einer Baumkuchenscheibe schließen, kalt stellen und absteifen lassen. Danach stürzen, aprikotieren und auf Teller setzen.

Vor dem Service eine Tellerhälfte mit Aprikosensauce ausgießen und in diese mit konsistenzgleicher Crème fraîche und Erdbeersauce Streifen spritzen. Daraus mit Holzstäbchen oder einem Messer zum Tellerrand Muster ziehen.

Jede Portion mit einem großen Tupfen Sahne und einer halben, fast bis zur Hälfte in halbbittere Kuvertüre getauchten Erdbeere, deren Außenkelch nicht entfernt wird, garnieren.

Baumkuchen

Im allgemeinen versteht man unter Baumkuchen eine mehr oder weniger schwere Sandmasse, die in der Baumkuchenmaschine auf einer rotierenden Walze bei offenem Feuer gebacken wird. Diese klassische Form des königlichen Gebäcks gibt es

- nach Dresdner Art
- nach Salzwedeler Art
- nach Cottbusser Art

Baumkuchenmasse
(für 1 Kapsel: 45 × 30 × 5 cm)

780 g Butter
375 g Weizenstärke
260 g Staubzucker
33 Eigelb
33 Eiweiß
450 g Marzipanrohmasse
510 g Sandzucker
375 g Mehl
Salz
Mark von 6 Vanilleschoten
Abgeriebenes von
6 unbehandelten Zitronen
10 g Kardamom

Die Unterschiede liegen lediglich in der Rezeptur und nicht in der Herstellungstechnik.

Benötigt man Baumkuchen zur Herstellung von Desserts, so ist eine Baumkuchenmaschine nicht erforderlich, vielmehr eignet sich dafür hervorragend Baumkuchenmasse, die in einer Kapselform saftig gebacken wird. Ihre Herstellung ist einfach, rationell und schnell.

Butter, Staubzucker, Salz, Abgeriebenes, Kardamom und Mark der Vanilleschoten schaumig schlagen. Marzipanrohmasse mit Eigelb nach und nach glattarbeiten und der Butter-Zucker-Masse beigeben. Eiweiß und Sandzukker zu Schnee schlagen. Mehl und Stärke sieben, dann mischen und mit dem Schnee unter die Masse heben.

Kapselform leicht ausbuttern, ausmehlen und in Pergament- oder Backpapier einschlagen. Nun sehr wenig Masse einfüllen, glattstreichen und diese dünne Schicht unter dem Salamander in etwa 2 bis 3 Minuten goldbraun backen. Dann sofort wenig Masse daraufgeben, glattstreichen und auch diese dünne Schicht goldbraun backen.

Diesen Vorgang so lange wiederholen, bis die Form randvoll ist. Dadurch entstehen etwa 40 Baumkuchenschichten. Nach dem Backen Baumkuchen in der Form gut auskühlen lassen, danach nach Wunsch verarbeiten.

Baumkuchen-Fours

Oberfläche einer etwa 2,5 cm hohen Baumkuchenkapsel aprikotieren und mit einer hauchdünnen Marzipandecke versehen.

Dann Kapsel in 3 cm breite Streifen schneiden, diese in Quadrate unterteilen und die Quadrate diagonal halbieren. Die gleich großen Dreiecke auf allen Seiten hauchdünn aprikotieren, ihre Oberfläche mit Arrak abgeschmecktem zartrosafarbenem Fondant überziehen und diesen abtrocknen lassen.

Fours in Kuvertüre absetzen und mit Schokoladenspritzglasur, einer Pistazienhälfte sowie einem Punkt aus Roter-Johannisbeer-Konfitüre ausgarnieren.

Zutaten:
Baumkuchenmasse
Marzipanrohmasse
Aprikosenkonfitüre
Arrak
Fondant
halbbittere Kuvertüre Seite 182
Schokoladenspritzglasur Seite 184
Pistazien
Rote-Johannisbeer-Konfitüre

Mangocreme

Zutaten für etwa 15 Portionen

- 4 Eigelb
- 80 g Zucker
- 2 vollreife Mangos
- 4 cl Weinbrand
- 4 Blatt Gelatine
- $^{1}/_{4}$ l geschlagene Sahne

Gelatine in kaltem Wasser einweichen.

Eigelb und Zucker schaumig rühren, pürierte Mangos und Weinbrand hineingeben, dann aufgelöste Gelatine und Sahne unterziehen.

Für dieses Dessert müssen außerdem hergestellt werden:
Baumkuchenmasse Seite 234
Mangosauce Seite 123
Kuvertüre-Ornament Seite 183

Baumkuchenpastete mit Mangos und Kiwis

Einen dünnen Boden (Durchmesser 7 cm) aus Baumkuchenkapsel mit Aprikosenkonfitüre bestreichen. Aus einer Baumkuchenkapsel (Höhe etwa 2,5 cm) einen Ring (Durchmesser 7 cm insgesamt, Durchmesser der Öffnung 4,5 cm) ausstechen und auf den Boden setzen. Ring bis zu etwa einem Drittel mit Mangocreme füllen, dann in die Mitte eine dickere Kiwischeibe legen und darauf bis zum oberen Rand des Rings Mangocreme geben. Pastete kalt stellen.

Nach dem Absteifen Baumkuchen aprikotieren und unteren Rand mit gehackten, gerösteten Mandeln absetzen. In die Mitte der Pastete einen großen Tupfen vanillierte Sahne dressieren und diese mit einer kleinen Blüte aus halbbitterer und Vollmilchkuvertüre garnieren.

Vor dem Service Pastete auf einen Teller geben, diesen etwa zu einem Drittel mit Mangosauce ausgießen und in die Sauce ausgestochene Mangokugeln und halbe Kiwischeiben legen.

Als Ein- und Beilage werden etwa 6 Kiwis und 2 Mangos benötigt.

Savarins – Babas

Dies sind zwei kleine klassische Dessertspezialitäten, die beide aus ein und derselben Art Hefeteig hergestellt werden und sich lediglich in ihrer Form unterscheiden, denn Savarins werden in Ringförmchen, Babas jedoch in Timbaleförmchen gebacken.

Typisch für beide ist, daß man sie mit einer aromatisierten heißen Flüssigkeit tränkt, wodurch sie sehr saftig werden. Außerdem werden sie aprikotiert, und hauptsächlich Savarins werden häufig auch noch mit Fondant hauchdünn glasiert.

Während der Teig für Savarins grundsätzlich ohne zusätzliche Einlagen verarbeitet wird, kann man den Teig für Babas mit Rosinen, Zitronat und Orangeat versetzen.

Durch den relativ hohen Fett- und Ei- bzw. Eigelbanteil im Teig sind diese Gebäcke sehr mürbe und haben die Fähigkeit, viel Flüssigkeit aufzunehmen, ohne auseinanderzubrechen.

Savarins und Babas können mit Früchten, Cremes, Eis oder Sahne kombiniert und mit passenden Frucht- oder Weinschaumsaucen geschmacklich variiert werden, was sie zu köstlichen Süßspeisen macht.

Gerührter Hefeteig für Savarins und Babas (indirekte Teigführung)

Zutaten für etwa 40 Portionen

700 g Mehl
40 g Hefe
320 g Butter
100 g Zucker
5 g Salz
Abgeriebenes von
2 unbehandelten Zitronen
4 Eier
4 Eigelb
etwa 1/4 l Milch

Gesiebtes Mehl in eine Schüssel geben, Vertiefung machen, Hefe einbröckeln, etwas Zucker darüberstreuen, mit der Hälfte der lauwarmen Milch auflösen und einen Vorteig zubereiten. Schüssel mit einem Tuch abdecken und Teig gehen lassen. Zwischenzeitlich Butter geschmeidig kneten, Zucker, Abgeriebenes, Salz zugeben und mit Eiern sowie Eigelb verrühren.

Diese Mischung dem zwischenzeitlich gegangenen Vorteig zugeben und das Ganze unter Zugabe der restlichen Milch zu einem glatten, zähflüssigen Teig schlagen.

Teig mit Spritzbeutel und Lochtülle in die leicht ausgebutterten und ausgemehlten Savarin- oder Babaförmchen bis zur Hälfte eindressieren, nochmals kurz gehen lassen und bei 210 °C etwa 12 bis 15 Minuten backen.

Nach dem Ausformen Gebäck mit einem speziell dafür aromatisierten heißen Läuterzucker, Frucht- oder Weinsirup tränken, dann aprikotieren und eventuell mit Fondant glasieren.

Rotweinbaba im Baisermantel mit Johannisbeeren

Rotweinsirup

Zutaten für etwa 20–25 Portionen

1/2 l roter Burgunderwein
150 g Zucker
1 EL Bienenhonig
2 Nelken
1 Msp. Zimt
Saft von
2 Zitronen

Rotwein, Zucker, Honig, Nelken, Zimt und Zitronensaft kochen.

Babas aus gerührtem Hefeteig mit heißem Sirup gut tränken. Einen Mantel aus leichter Baisermasse um die Babas dressieren. Masse abflämmen und mit Staubzucker leicht überpudern.

Frische Johannisbeeren waschen, putzen und in Rotwein mit Zucker, etwas Zimt und Weizenstärke leicht binden.

Babas im Baisermantel auf Dessertteller setzen und mit gebundenen Johannisbeeren anrichten.

Für diese Desserts müssen außerdem hergestellt werden:
gerührter Hefeteig Seite 224
leichte Baisermasse Seite 237

Baba mit Kirschen und Weinschaum

Babas aus gerührtem Hefeteig mit heißem Sirup tränken, aprikotieren und mit frischen Süßkirschen sowie Schaum aus Marsalawein anrichten.

Für dieses Dessert müssen außerdem hergestellt werden:
gerührter Hefeteig Seite 224
Schaum aus Marsalawein Seite 127

Amarettosirup

etwa 20–25 Portionen
1/2 l Wasser
100 g Zucker
4 EL Bienenhonig
Saft von
2 Orangen
10 cl Amaretto

Wasser, Zucker, Honig und Saft aufkochen, dann Likör zugeben.

Savarin mit Mousse aus weißer Schokolade und Schokoladensauce

Weinbrand-Orangen-Sirup

etwa 20–25 Portionen
1/2 l Wasser
350 g Zucker
2 EL Bienenhonig
Saft von
2 Orangen
1/8 l Weinbrand

Für dieses Dessert müssen außerdem hergestellt werden:
gerührter Hefeteig Seite 224
Mousse aus weißer Schokolade Seite 244
Schokoladensauce I Seite 126
Schokoladenornamente Seite 184–185

Wasser, Zucker, Honig und Saft aufkochen, dann passieren und zuletzt Weinbrand zugeben.

Savarins mit Sirup satt tränken, aprikotieren und mit Weinbrand aromatisiertem Fondant hauchdünn glasieren.

Auf jeden Portionsteller einen Spiegel aus Schokoladensauce gießen und Savarins einsetzen. In jede Öffnung Mousse aus weißer Schokolade dressieren und mit Ornament sowie Johannisbeere oder Johannisbeerkonfitüre garnieren.

etwa 20–25 Portionen
Maraschino-Sirup

- 1/4 l Wasser
- 1/4 l Johannisbeersaft
- 200 g Zucker
- 2 EL Bienenhonig
- 8 cl Maraschino

Johannisbeer-Savarin mit Johannisbeer-Maraschino-Sirup

Wasser, Johannisbeersaft, Zucker, Honig aufkochen und Maraschino zugeben.

In dem heißen Sirup Savarins tränken, dann aprikotieren und mit Fondant hauchdünn glasieren.

Frische Johannisbeeren waschen, putzen und in Rotwein mit Zucker, etwas Zimt und Weizenstärke leicht binden. Beim Anrichten Savarins damit füllen und mit Sahnerosette sowie Johannisbeerrispe garnieren.

Für dieses Dessert muß außerdem hergestellt werden:
gerührter Hefeteig Seite 224

etwa 20–25 Portionen
Rumsirup

- 1/2 l Wasser
- 350 g Zucker
- 12 cl Rum

Apfel-Savarin mit Portweinschaum und Rumsirup

Wasser mit Zucker kochen und Rum zugeben.

In dem heißen Sirup zuerst ausgestochene, etwa 1 cm starke Apfelscheiben blanchieren. Danach Savarins darin gut tränken, dann aprikotieren und mit Zitronenfondant hauchdünn glasieren.

Beim Anrichten jede Öffnung mit Schlagsahne füllen, Apfelscheibe mit abgezogener Weinbeere auflegen und Savarins mit Portweinschaum servieren.

Für dieses Dessert müssen außerdem hergestellt werden:
gerührter Hefeteig Seite 224
Portweinschaum Seite 127

(für 1 Kastenform: 28 cm lang)

800 g Rhabarber
250 g Zucker
$^1/_2$ l geschlagene Sahne
2 cl Zitronensaft
4 cl Kirschwasser
500 g Erdbeeren
8 Blatt Gelatine
$^1/_4$ l Erdbeersauce
Schokoladen-Rouladenkapsel
Biskuit-Rouladenkapsel

Rhabarber-Erdbeer-Terrine

Gelatine in kaltem Wasser etwa 20 Minuten einweichen.

Rhabarber schälen, in etwa 5 cm lange Stückchen schneiden und 600 g mit 180 g Zucker in geschlossenem Topf garen, danach pürieren. Restliche Rhabarberstückchen mit etwas Wasser und 70 g Zucker blanchieren, dann erkalten lassen.

Gelatine, Zitronensaft und Kirschwasser unter das noch heiße Rhabarberpüree rühren und dieses so weit zurücktemperieren, daß es anfängt zu stocken. Dann Sahne unterheben und etwa $^1/_3$ der Masse in eine mit Biskuit-Rouladenkapsel ausgelegte Kastenform geben. Sofort eine geschlossene Reihe gesäuberte Erdbeeren einsetzen und restliche Masse darübergeben. Ganze Oberfläche mit Schokoladen-Rouladenkapsel abdecken und Form kalt stellen.

Terrine nach dem Absteifen aus der Form stürzen, mit Baisermasse einstreichen, diese mit Garnierkamm riefen und kurz unter dem Salamander abflämmen.

Terrine in 2 cm breite Portionen aufteilen und jede Portion mit etwas Erdbeersauce, 3 Rhabarberstückchen und einer Erdbeere anrichten.

Für diese Dessert müssen hergestellt werden:
Erdbeersauce Seite 123
Biskuit-Rouladenmasse Seite 232
Schokoladen-Rouladenmasse Seite 233
Baisermasse aus $^1/_8$ l Eiweiß und 100 g Zucker

Schokoladencreme
Zutaten für etwa 10 Portionen

- 1/4 l Milch
- 4 Eigelb
- 50 g Zucker
- 120 g Kuvertüre 60/40
- 1/4 l geschlagene Sahne
- 4 Blatt Gelatine
- 4 cl Crème de Cacao

Aus den Zutaten Milch, Eigelb, Zukker und Kuvertüre (statt der üblichen Vanille) eine Bayerische Creme herstellen. Likör sowie aufgelöste Gelatine beigeben und nach dem Anziehen Sahne unterheben.

Pistaziencreme

- 1/4 l Milch
- 4 Eigelb
- 70 g Zucker
- 60 g Pistazienmark
- 1/4 l geschlagene Sahne
- 5 Blatt Gelatine
- 4 cl Amaretto
- 30 g gehackte Pistazien zum Bestreuen

Aus den Zutaten Milch, Eigelb, Zukker und Pistazienmark (statt der üblichen Vanille) eine Bayerische Creme herstellen. Likör sowie aufgelöste Gelatine beigeben und nach dem Anziehen Sahne unterheben.

Dessert zum Osterfest

In Portionskelche oder -schalen aus Glas zuerst Schokoladencreme und dann Pistaziencreme bis etwa 1 cm unterhalb des Rands geben. Oberfläche mit Pistazien bestreuen.

Ist die Creme abgesteift, in die Mitte jeder Portion ein auf einer Rosette aus halbbitterer Kuvertüre befestigtes Osterei aus weißer Schokolade setzen. Das Osterei ist mit einer Blume aus Eiweißspritzglasur verziert.

Zusätzlich zu dieser österlichen Garnitur können Häschen und Küken, aus Marzipan modelliert und in halbbitterer Kuvertüre abgesetzt, als Tischdekoration verwendet werden.

Brombeercreme

Zutaten für etwa 12 Portionen

- 1/4 l Brombeerpüree
- 500 g Brombeeren
- 150 g Aprikosenkonfitüre
- Saft von 1 Zitrone
- 2 cl Vogelbeerschnaps
- 125 g Zucker
- 4 Eigelb
- 1/4 l geschlagene Sahne
- 5 Blatt Gelatine
- 1 dünne Biskuitkapsel
- etwa 50 g Brandmasse
- etwa 150 g Schokoladenmarzipan
- etwa 250 g Mürbeteig
- etwa 30 g gehackte, geröstete Mandeln

Brombeer-Charlotten, österlich garniert

In runde Dessertringe (Durchmesser 7,5 cm, Höhe 3 cm) je einen gebackenen, dünnen Mürbeteigboden legen und Formen mit Streifen aus Biskuitkapsel auskleiden, dann in jede Form 4 bis 5 Brombeeren geben.

Gelatine in kaltem Wasser etwa 20 Minuten einweichen.

Eigelb und Zucker schaumig rühren. Püree, Saft, Schnaps sowie ausgedrückte, warm aufgelöste Gelatine unterrühren und geschlagene Sahne unterheben. Creme sofort in die vorbereiteten Formen geben, glattstreichen und absteifen lassen.

Danach Charlotten ausformen, Biskuit aprikotieren und unteren Rand mit Mandeln absetzen. Je einen Ring aus Marzipan auflegen, die Mitte mit einem großen Tupfen Sahne und gebackenem Ornament aus Brandmasse garnieren.

Jede Portion mit einigen in flüssige Aprikosenkonfitüre eingesetzten Brombeeren anrichten.

Für diese Charlotten müssen hergestellt werden:
Biskuit-Rouladenmasse Seite 232
Mürbeteig Seite 227
Brandmasse zum Spritzen Seite 187

Tagesdesserts aus einer Grundcreme, mit Saucen und Garnituren variiert

Grundcreme: Melonencreme

Zutaten für etwa 10 Portionen

- 1 vollreife Honigmelone
- 5 Eigelb
- 80 g Bienenhonig
- 4 cl brauner Rum
- Mark von
- 1 Vanilleschote
- 1 Prise gemahlene Nelken
- 3/8 l geschlagene Sahne
- 6 Blatt Gelatine

Gelatine in kaltem Wasser einweichen.

Melone schälen, vom Kernhaus befreien und pürieren. Püree leicht erwärmen und mit Rum versetzen. Eigelb, Honig, Mark der Vanilleschote und Nelken warm aufschlagen, dann mit dem Püree vermischen. Gelatine ausdrücken, im Wasserbad oder Backofen auflösen und unter das erwärmte Melonenpüree rühren. Püree etwas abkühlen lassen, dann Sahne unterheben.

Marmorierte Melonencreme mit Nugat- und Schokoladensauce (vorne links)

Zutaten für etwa 10 Portionen

70 g aufgelöste Vollmilchkuvertüre
120 g Nugat
10 Blüten aus halbbitterer Kuvertüre und weißer Schokolade
3/8 l flüssige Sahne
4 cl Kirschwasser
Schokoladensauce

Grundcreme: Melonencreme

Eine Hälfte der Melonencreme mit Kuvertüre abschmecken und leicht mit der anderen Hälfte der Melonencreme verrühren.

Diese marmorierte Melonencreme in Portionskokotten geben, dann Kokotten kalt stellen.

Sahne kochen, Gefäß von der Kochstelle nehmen, Nugat beigeben, mit Rührbesen auflösen und Sauce erkalten lassen. Erkaltete Nugatsauce mit Kirschwasser abschmecken.

Auf Dessertteller Spiegel aus Schokoladensauce gießen und in dessen Mitte abgesteifte marmorierte Melonencreme stürzen.

Um die Schokoladensauce einen etwa 1 cm breiten Rand aus Nugatsauce spritzen und mit Holzstäbchen oder Messer aus der Schokoladensauce Muster in die Nugatsauce ziehen.

Vor dem Service marmorierte Melonencreme mit einem großen Tupfen Sahne und einer Blüte verzieren.

Melonen-Schokolade-Creme mit Nugatsauce (oben)

Zutaten für etwa 10 Portionen

20 g gehackte Pistazien
70 g aufgelöste Vollmilchkuvertüre
120 g Nugat
10 kleine Ornamente aus halbbitterer Kuvertüre
3/8 l flüssige Sahne
1 vollreife Honigmelone
4 cl Kirschwasser

Grundcreme: Melonencreme

Mit einer Hälfte der Melonencreme konische Timbalen etwa zur Hälfte füllen. Die andere Hälfte der Melonencreme mit der Kuvertüre vermischen und diese Creme sofort in die Creme in den Timbalen dressieren, dann Timbalen kalt stellen.

Sahne kochen, Gefäß von der Kochstelle nehmen, Nugat beigeben, mit Rührbesen auflösen und Sauce erkalten lassen. Erkaltete Nugatsauce mit Kirschwasser abschmecken.

Gesäuberte Honigmelone schälen, vom Kernhaus befreien und in30 Spalten schneiden. Abgesteifte Melonen-Schokolade-Creme auf Dessertteller stürzen und mit Nugatsauce angießen. Auf die Teller zunächst je Portion 3 Melonenspalten fächerartig legen, dann einen großen Tupfen Sahne setzen. Spalten mit Pistazien bestreuen und Sahne mit einem Ornament verzieren.

Melonen-Schokolade-Creme mit Himbeersauce (vorne rechts)

Zutaten für etwa 10 Portionen

70 g aufgelöste Vollmilchkuvertüre
Himbeeren
Himbeergeist
Himbeersauce
Crème fraîche
10 Hippenblätter, mit gehackten Mandeln bestreut und zu einem sehr kleinen Teil mit halbbitterer Kuvertüre abgesetzt

Grundcreme: Melonencreme

Mit einer Hälfte der Melonencreme kleine Kokotten oder Timbalen (Durchmesser 7 cm) bis zu 1/3 füllen. Die andere Hälfte der Melonencreme mit der Kuvertüre vermischen und diese Creme sofort in die Creme in den Kokotten oder Timbalen dressieren, dann Formen kalt stellen.

Abgesteifte Melonen-Schokolade-Creme auf Dessertteller stürzen und mit Himbeersauce angießen. In die Sauce zunächst einige in Himbeergeist marinierte Himbeeren legen, dann etwa 2 cm vom Rand entfernt kleine Punkte aus konsistenzgleicher Crème fraîche spritzen. Mit Holzstäbchen oder Messer daraus Muster in die Himbeersauce ziehen.

Auf jeden Teller je einen Tupfen Sahne geben und ein Hippenblatt dagegensetzen.

Zutaten für 10 Portionen

10 Granny-Smith-Äpfel
10 Biskuitmedaillons (Durchmesser 8 cm)
etwa 100 g halbbittere Kuvertüre
1/2 l Weißwein
150 g Zucker
Saft von 2 Zitronen
etwa 200 g Haselnußcrème mousseline
etwa 3/4 l Pralinensauce
etwa 20 g weiße Schokoladenspäne
10 abgezogene Weinbeeren
1/4 l geschlagene Sahne
10 Ornamente aus Brand-/Hippenmasse

Weinapfel mit Haselnußcrème mousseline und Pralinensauce

Gesäuberte Äpfel schälen, mit gezacktem Ausstecher (Durchmesser 5 cm) in Form bringen und auf die Höhe des Ausstechers gleichmäßig parieren. Kernhaus mit einem glatten Ausstecher (Durchmesser 3 cm) herausstechen, dann die Apfelhülsen sofort in Sirup, hergestellt aus Wein, Zucker und Zitronensaft, nicht zu weich pochieren.

Ausgekühlte Apfelhülsen auf mit Kuvertüre überzogene Medaillons setzen und mit Haselnußcrème mousseline füllen. Auf die Oberfläche einen Ring Sahne dressieren, je ein Ornament auflegen und Weinbeere einsetzen.

Ornament mit Schokoladenspritzglasur überspritzen, wenn eine optisch stärkere Wirkung gewünscht wird.

Vor dem Service auf jeden Teller einen Spiegel aus Pralinensauce gießen, in dessen Mitte einen Weinapfel setzen und Sauce mit einigen Spänen bestreuen.

Für dieses Dessert müssen hergestellt werden:
Biskuit-Rouladenmasse Seite 233
Haselnußcrème mousseline Seite 241
Pralinensauce Seite 126
Brand-/Hippenmasse zum Spritzen und Einlassen Seite 187
Schokoladenspritzglasur Seite 184

Badische Kirschquarkschale

Zutaten für 5 bis 6 Portionen

500 g Magerquark
1/8 l Milch
Saft
von 1 Zitrone
150 g Zucker
50 g Rosinen
70 g grobgehackte Mandelmakronen
30 g geröstete Haferflocken
250 g Süßkirschen

Quark mit Milch, Zitronensaft und Zucker glattrühren.

Kirschen waschen, 200 g entsteinen, halbieren und zusammen mit Mandelmakronen und Rosinen mit der Quarkmasse vermischen.

Kirschquark portionsweise in kleinen Glas- oder Keramikschalen anrichten, locker mit Haferflocken bestreuen und mit restlichen Kirschen garnieren.

Für dieses Dessert muß hergestellt werden:
Mandelmakronenmasse III Seite 238

Zutaten für 10 Portionen

10 kleine säuerliche Äpfel
1/2 l Weißherbst
250 g Zucker
Saft von
2 Zitronen
200 g Schokolade-Sahnecreme
4 cl Rum
150 g gestiftelte, geröstete Mandeln
500 g frische Preiselbeeren
1/4 l Weißherbst
1 TL Stärkemehl
10 geriefte Plättchen aus Vollmilchkuvertüre

Gefüllter Mandelapfel mit Preiselbeeren

Gesäuberte Äpfel schälen, mit Ausstecher (Durchmesser 2,5 cm) vom Kernhaus befreien, in Weißherbst, 150 Zucker und Zitronensaft pochieren, so daß sie weich sind, aber noch Biß haben. Äpfel aus dem Fond nehmen, mit Mandeln spicken, mit Rum abgeschmeckter Schokolade-Sahnecreme füllen und kühl stellen.

Preiselbeeren waschen, in Weißherbst mit 100 g Zucker nur kurz dünsten, dann in ein Sieb geben und Flüssigkeit auffangen. Diese mit Stärkemehl ganz leicht binden, dann Preiselbeeren unterschwenken.

Jeden Portionsteller mit gebundenen Preiselbeeren anfüllen, je einen Mandelapfel einsetzen und mit einem Kuvertüreplättchen garnieren.

Für dieses Dessert müssen hergestellt werden:
Schokolade-Sahnecreme Seite 162
Kuvertüreplättchen Seite 186

Zutaten für 10 Portionen

- 1/4 l Milch
- 4 Eigelb
- 60 g Zucker
- Mark von
- 1/2 Vanilleschote
- 2 cl Kirschwasser
- 3/8 l Sahne
- 5 Blatt Gelatine
- 50 g gehackte Ananas
- 50 g gedünstete Süßkirschen
- 10 dünne Scheiben Ananas
- 10 halbe Baiserschalen
- 10 Ornamente aus Brandmasse
- 100 g Kuvertüre
- Geleeguß
- 10 Plättchen aus Vollmilchkuvertüre

Baisers mit Ananas-Kirsch-Creme

Baiserschalen mit temperierter Kuvertüre ausstreichen und jede auf ein Kuvertüreplättchen (Durchmesser etwa 2 cm) setzen.

Aus Milch, Eigelb, Zucker, Mark der Vanilleschote, Kirschwasser, Gelatine und 2/8 l Sahne eine Bayerische Creme zubereiten. Creme mit Ananasstückchen sowie Süßkirschen versetzen, in die Baiserschalen geben und Schalen kalt stellen.

Nach dem Absteifen Oberfläche jeder Portion mit einer Ananasscheibe belegen und diese mit Geleeguß abglänzen. In die Mitte einen Tupfen Sahne dressieren. Dessert mit Ornament und Pünktchen aus Johannisbeergelee garnieren.

Für dieses Dessert müssen hergestellt werden:
Baisermasse Seite 237
Bayerische Creme Seite 241
Brandmasse zum Spritzen Seite 187
Kuvertüreplättchen Seite 183

Zutaten für 4 bis 5 Portionen

350 g Magerquark
1/8 l Milch
60 g Sandzucker
30 g Vanillezucker
Abgeriebenes von
1 unbehandelten Zitrone
125 g Pumpernickel
6 cl Rum
3/8 l Apfelmus
150 g Johannisbeerkonfitüre

Westfälischer Quarkbecher

Quark, Milch, Sand- sowie Vanillezucker und Abgeriebenes zu einer glatten Creme verrühren.

Pumpernickel grob reiben, mit Rum vermischen und abgedeckt etwa 20 Minuten durchziehen lassen.

In gläserne Portionskelche je einen Teelöffel Johannisbeerkonfitüre geben, dann Kelche bis etwa 1 cm unterhalb des Glasrandes im Wechsel mit Quarkcreme, Apfelmus und Pumpernickel füllen. Auf die Oberfläche je einen Quarkring dressieren und diesen mit Johannisbeerkonfitüre füllen.

Waffelteig

Zutaten für etwa 20 Portionen

175 g Milch
175 g Sahne
15 Hefe
150 g Mehl
Abgeriebenes von
1 unbehandelten Zitrone
175 g Butter
2 cl Rum
Mark von
1/2 Vanilleschote
80 g Zucker
1 Prise Salz
3 Eier
2 Eigelb

Rahmwaffeln mit Quark und Himbeersauce

Hefe in lauwarmer Milch auflösen. Gesiebtes Mehl dazugeben, außerdem Sahne, Abgeriebenes, Rum, Zucker und Salz, dann mit flüssiger Butter, Eiern und Eigelb sowie dem Mark der Vanilleschote zu einem glatten, nur leicht sämigen Teig verrühren. Schüssel abdecken und Teig vor dem Ausbacken etwa 20 Minuten ruhenlassen.

Waffeleisen gut vorheizen, leicht ausbuttern und portionsweise Teig hineingeben. Waffeln nach etwa 2 Minuten wenden, damit sie auf beiden Seiten schön gelb ausbacken.

Quarkfüllung

500 g Magerquark
100 g Zucker
2 Eigelb
Saft von
1 Zitrone
evtl. etwas flüssige Sahne

Quark passieren, mit Zucker, Eigelb und Saft glattrühren. Sollte Masse sehr trocken sein, sie mit Sahne spritzfähig machen.

Zwischen je 2 gebackene Waffeln Quarkmasse geben. Auf die oberen Waffeln Herzschablone auflegen und Waffeln mit Kakaopulver besieben.

Auf Portionsteller aus passierter Aprikosenkonfitüre je ein Herz vorspritzen, mit Himbeersauce auslassen und einige frische Himbeeren anordnen. Jede Portion mit Sahnerosette, Pistazienhälften und kleinen Ornamenten aus Kuvertüre garnieren.

Für dieses Dessert müssen außerdem hergestellt werden:
Himbeersauce Seite 123
Ornamente aus Kuvertüre Seite 184

Pommes-dauphine-Masse

570 g gekochte mehlige Kartoffeln
130 g Brandmasse
8 g Salz

Kartoffeln pürieren und mit Brandmasse sowie Salz zu einem glatten Teig verarbeiten.

Zutaten für etwa 10 Portionen

700 g Pommes-dauphine-Masse
150 g Zwetschgenmus
150 g Zimtzucker
50 g Staubzucker
100 g Hagebuttenmark
3/8 l geschlagene Sahne
300 g verschiedene Beerenfrüchte
Saft von
1 Zitrone
4 cl Arrak
100 g Aprikosenkonfitüre
1/8 l Läuterzucker
2 cl Pfefferminzlikör
Schokoladenspritzglasur
10 Schmetterlinge, aus halbbitterer Kuvertüre gestochen, mit weißer Schokolade eingelassen

Krapfen, mit Zwetschgenmus gefüllt, Hagebuttensahne und Beerenfrüchte

Pommes-dauphine-Masse etwa 5 mm stark ausrollen und mit gezacktem Ausstecher (Durchmesser 4 cm) Medaillons ausstechen, dann deren Rand leicht mit Wasser bestreichen.

Auf die Hälfte der Medaillons in die Mitte einen Tupfen Zwetschgenmus dressieren, alle anderen Medaillons darüberlegen und Ränder kurz andrücken. Krapfen in der Friteuse bei 180 °C etwa 3 Minuten hellbraun backen, dann in Zimtzucker wälzen.

Hagebuttenmark mit Zitronensaft und Arrak abschmecken und die Sahne unterheben.

Für das Ornament auf jeden Teller mit Schokoladenspritzglasur die Umrisse eines großen Ovals sowie rechts und links oben anschließend die eines kleinen Blattes ziehen. Oval mit Läuterzucker verdünnter Aprikosenkonfitüre und Blätter mit Pfefferminzlikör verdünnter Aprikosenkonfitüre einlassen. Beerenfrüchte in das Oval setzen.

Außerdem auf jeden Teller zwei mit Staubzucker überpuderte Krapfen geben. Jede Portion mit einem großen Tupfen Hagebuttensahne, verziert mit einem Schmetterling, anrichten.

Für diese Speise werden außerdem benötigt:
halbbittere Kuvertüre (Schmetterling) Seite 186
Schokoladenspritzglasur Seite 184
Brandmasse Seite 235
Läuterzucker Seite 197, 199

Masse für Lebkuchenparfait

5 Eigelb
1 Ei
100 g Bienenhonig
110 g Lebkuchenbrösel
1 Msp. Lebkuchengewürz
4 cl Armagnac
1 TL Crème double
30 g gemahlener Krokant
1/2 l Sahne

Für dieses Dessert müssen außerdem hergestellt werden:

Frankfurter Bethmännchen Seite 149
Lebkuchenteig Seite 229
leichte Biskuitmasse Seite 233
Krokant Seite 198

Zutaten für 10 Portionen

3–4 große Golden-Delicious-Äpfel
1/2 l trockener Weißwein
120 g Zucker
1 Stange Zimt
Saft von
2 Zitronen
1/2 l Pistaziensauce
10 Frankfurter Bethmännchen
10 Stück Lebkuchengebäck
10 Marzipansternchen
10 kleine Biskuitmedaillons
10 Tannenbäumchen aus Kuvertüre
Lebkuchenparfait
geschlagene Sahne
Johannisbeergelee
Kakaopulver

Apfelsterne mit Lebkuchenparfait und Pistaziensauce

Gesäuberte Äpfel schälen und in etwa 1 cm starke Scheiben schneiden. Kernhaus mit einem glatten Ausstecher (Durchmesser 2 cm) herausstechen und aus den Scheiben mit einem Ausstecher mittlerer Größe Sterne stechen. Diese in Wein und Zitronensaft mit Zucker und Zimtstange pochieren.

Auf jeden Portionsteller pochierte Apfelsterne legen und in deren Mitte kleine Tupfen Sahne dressieren. Mit Kakaopulver überpuderte Marzipansternchen auflegen, die Zacken mit Pünktchen aus Gelee versehen. Jede Portion mit etwas Sauce angießen und mit Lebkuchenparfait auf Medaillons, Tannenbäumchen, Bethmännchen und Lebkuchengebäck anrichten.

Bayerische-Creme-Pyramide mit Erdbeersauce

Zutaten für 12 Portionen

- 1/2 l Milch
- 120 g Zucker
- Mark von
- 1 Vanilleschote
- 6 Eigelb
- 10 Blatt Gelatine
- 80 g Kuvertüre
- 2 EL Pistazienmark
- 4 cl Rum
- 1/2 l Sahne
- 3/8 l Erdbeersauce
- 1–2 Carambolas
- 12 Erdbeeren

Aus Milch, Eigelb, Zucker, Mark der Vanilleschote, Gelatine und Sahne eine Bayerische Creme zubereiten, dann in 3 Teile aufteilen.

Den 1. Teil ohne Zusatz lassen und als Bayerische Creme in eine spitze Dreiecksform etwa bis zu 1/3 der Höhe geben. In den 2. Teil Pistazienmark einrühren, auf die Bayerische Creme dressieren und so die Form zu 2/3 füllen. In den 3. Teil aufgelöste Kuvertüre mit Rum einziehen, auf den 2. Teil dressieren und so die Form bis an den oberen Rand füllen, dann diese kalt stellen. Nach dem Absteifen Form stürzen und Creme in 12 gleich große Stücke einteilen.

Auf jeden Teller eine Portion Creme geben und mit Erdbeersauce, einer Scheibe Carambola auf Sahnetupfen und einer in Scheiben geschnittenen Erdbeere anrichten.

Für dieses Dessert müssen hergestellt werden:
Bayerische Creme Seite 241
Erdbeersauce Seite 123

Krokantcrème mousseline

Zutaten für etwa 10 Portionen

- 1/8 l Milch
- 25 g Zucker
- Mark von
- 1/4 Vanilleschote
- 1 Eigelb
- 12 g Cremepulver
- 1/8 l geschlagene Sahne
- 20 g gestoßener Krokant

Aus Milch, Zucker, Mark der Vanilleschote, Eigelb und Cremepulver eine Creme kochen. Diese erkalten lassen, dann passieren und Sahne sowie Krokant unterheben.

Calvadossauce

- 500 g säuerliche Äpfel
- 1/4 l Apfelsaft
- 1/8 l Weißwein
- 150 g Zucker
- 6 cl Calvados
- 1 Stange Zimt
- Saft von
- 1 Zitrone

Gewaschene Äpfel schälen, vierteln, entkernen und kleinschneiden. Apfel- und Zitronensaft, Wein, Zucker und Zimtstange gut kochen, Apfelstückchen zugeben, dann weich dämpfen. Zimstange herausnehmen. Alles zunächst pürieren, dann passieren und zuletzt mit Calvados abschmecken.

Für dieses Dessert müssen außerdem hergestellt werden:
Weiße-Schokolade-Schälchen
Mürbeteig Seite 227
Biskuitmasse Seite 233
Zuckerblüten Seite 219, 220

Weiße-Schokolade-Schälchen mit Zuckerblüte

Weiße-Schokolade-Schälchen mit Kuvertüre auf kleinem Plätzchen aus Mürbeteig befestigen. Krokantcrème mousseline und kleine, mit Calvados getränkte Biskuitwürfel vermischen und in die Schälchen geben, Oberfläche glattstreichen.

Jede Portion mit Calvadossauce, Babyapfel und Walnußhälften anrichten, und vor dem Service dieses feine Dessert mit getauchter roter Zuckerblüte, versehen mit Mimose aus Marzipan, dekorieren.

Blaubeeren-Joghurt-Birnen

Zutaten für 10 Portionen

- 10 frische Williamsbirnen
- 1000 g frische Blaubeeren
- 100 g Staubzucker
- 2 Blatt Gelatine
- 1/2 l portugiesischer Weißherbst
- 150 g Sandzucker
- Saft von 1 Zitrone
- 800 g Joghurt, natur
- 1/8 l geschlagene Sahne
- 10 kleine Ornamente aus Vollmilchkuvertüre Seite 185

Gelatine in kaltem Wasser etwa 20 Minuten einweichen.

Gesäuberte Birnen schälen, etwas parieren, von der Blüte her jede Birne aushöhlen und dabei Kernhaus entfernen. Birnen in Wein, Sandzucker, Zitronensaft leicht pochieren und im Sud auskühlen lassen. Die Dauer des Pochierens hängt vom Reifegrad der Birnen ab.

300 g Blaubeeren mit Staubzucker pürieren und mit Joghurt vermischen. Davon etwa 200 g entnehmen und die warm aufgelöste Gelatine unterrühren. Die gut abgetropften Birnen mit der Öffnung nach oben in Sektkelche oder schlanke Förmchen setzen, mit gebundenem Blaubeeren-Joghurt füllen und kalt stellen.

Vor dem Service gefüllte Birnen mit Geleeguß etwas abglänzen, je eine Birne auf einen Dessertteller setzen und mit Blaubeeren-Joghurt, Blaubeeren, einem Tupfen Sahne sowie Ornament anrichten.

Käsesahnetorteletts mit Preiselbeerfüllung und Pfirsich

Zutaten für 15 Portionen

15 Torteletts aus Mürbeteig
15 halbe geschälte, pochierte Pfirsiche
125 g Preiselbeerkonfitüre
1/4 l Sahne (Käsesahnecreme)
100 g Aprikosenkonfitüre
15 Blüten aus Brandmasse
Johannisbeergelee

Blindgebackene Torteletts aus Mürbeteig innen aprikotieren, dann je einen Teelöffel Preiselbeerkonfitüre hineingeben und darauf je eine Pfirsichhälfte setzen.

Nun Käsesahnecreme spiralförmig aufdressieren und mit Blüte mit kleinem Punkt aus Johannisbeergelee garnieren.

Für dieses Dessert müssen hergestellt werden:
Mürbeteig Seite 227
Käsesahnecreme Seite 242
Brandmasse zum Spritzen Seite 187

Gefüllte Brioche

Briocheteig

Zutaten für etwa 25 Stück

500 g Mehl
etwa
8 cl Milch
35 g Hefe
60 g Zucker
5 g Salz
2 Eier
6 Eigelb
190 g Butter
Abgeriebenes von
1 unbehandelten Zitrone

Aus diesen Zutaten in indirekter Führung einen Hefeteig zubereiten, abdecken und warm stellen. Nach genügender Gare Teig kräftig zusammenstoßen, abdecken und zunächst etwa 2 Stunden in den Kühlschrank stellen, denn durch die Auskühlung wird nicht nur eine Qualitätsverbesserung erreicht, sondern der Teig läßt sich auch besser verarbeiten. Ausgekühlten Teig dann nochmals zusammenstoßen und in 40 g schwere Stücke teilen. Diese Teilstücke rund schleifen, und mit der Fingerkante des kleinen Fingers davon etwa 10 g schwere kleine Kugeln abtrennen. Große Kugeln mit dem Verschluß nach unten in leicht ausgebutterte Briocheförmchen setzen, die Mitte mit dem Daumen oder einer kleinen Holzkeule bis zum Boden des Förmchens eindrücken. Vertiefung leicht mit Milch befeuchten und kleine Kugeln einsetzen. Brioches abdecken und gehen lassen. Danach vorsichtig mit verquirltem purem Eigelb bestreichen und bei 220 °C etwa 10 bis 12 Minuten backen.

Heidelbeer-Sahne-Creme

500 g frische Heidelbeeren
100 g Zucker
Saft von
1 Zitrone
1/2 l geschlagene Sahne
6 Blatt Gelatine

Etwa 1000 g frische Heidelbeeren mit 1/2 l Rotwein leicht abbinden.

Gelatine in kaltem Wasser etwa 20 Minuten einweichen.

Gewaschene Heidelbeeren und Zucker pürieren, mit Saft abschmecken und ganz leicht erwärmen. Gelatine warm auflösen, mit dem Püree verrühren und Sahne unterheben.

Oberes Teil der Brioches abschneiden. Inneres mit scharfem Messer keilförmig herausschneiden. Brioches mit Heidelbeer-Sahne-Creme füllen und oberes Teil wieder aufsetzen.

Brioches mit in Rotwein, Zucker und Stärke leicht gebundenen Heidelbeeren und Sahne anrichten.

Pfirsich-Sahnereis-Timbale mit Orangensauce

Zutaten für etwa 20 bis 25 Portionen

- 1/2 l Milch
- 80 g Rundkornreis
- 100 g Zucker
- 2 Eigelb
- Schale von
- 1 unbehandelten Zitrone
- Mark von
- 1 Vanilleschote
- 40 g Butter
- 1/2 l geschlagene Sahne
- 8 Blatt Gelatine
- 1000 g vollreife Pfirsiche
- etwa
- 1/2 l Orangensauce

Gelatine in kaltem Wasser etwa 20 Minuten einweichen.

Reis in leicht gesalzenem Wasser kurz aufkochen lassen, zunächst in ein Sieb geben, dann mit Milch, Zitronenschale, Mark der Vanilleschote, Zucker und Butter in einen Topf geben, abdecken und im Wasserbad oder Backofen bei 180 °C weich kochen. Alles von Zeit zu Zeit durchrühren. Danach Zitronenschale entfernen, Eigelb einrühren und Masse auf etwa 40 °C zurücktemperieren.

Gesäuberte Pfirsiche kurz blanchieren, kalt abschrecken, Haut abziehen, vom Stein befreien, einen Teil in Scheiben und einen in Stückchen schneiden. Mit den Scheiben die Innenwand der vorher mit kaltem Wasser ausgespülten Timbaleförmchen unregelmäßig belegen, die Stückchen unter die Masse heben.

Gelatine ausdrücken, warm auflösen und in die noch warme Masse einrühren. Sahne vorsichtig unterheben. Pfirsich-Sahnereis sofort in die Timbaleförmchen geben und diese kalt stellen.

Jeden Portionsteller zuerst mit einer dekorativen Blüte aus Schokoladenspritzglasur, Johannisbeer- und Pfefferminzgelee sowie Aprikosenkonfitüre versehen. Dann abgesteifte Timbalen daraufstürzen und mit Orangensauce nappieren. Einige dünne Orangenstreifen einlegen.

Für dieses Dessert müssen hergestellt werden:
Orangensauce Seite 124
Schokoladenspritzglasur Seite 184
Pfefferminzgelee Seite 94

Mandelcreme-Profiteroles mit Nugatsauce

Zutaten für 20 Portionen

- 1/4 l Brandmasse (von 1/4 l Milch)
- 1/4 l Nugatsauce
- 1/2 l Mandelcrème mousseline
- 250 g Aprikosenkonfitüre
- 250 g gehobelte, geröstete Mandeln
- 30 g Kakaopulver
- 20 Ornamente aus halbbitterer Kuvertüre
- Staubzucker

Aus Brandmasse walnußgroße Profiteroles (Windbeutelchen) herstellen, nach dem Backen aprikotieren und mit Mandeln bestreuen. Mit spitzer Lochtülle I Profiteroles vom flachen Boden aus zuerst einstechen, dann mit Spritzbeutel und Lochtülle III mit Mandelcrème mousseline füllen.

Vor dem Service die gefüllten Profiteroles leicht mit Staubzucker überpudern und je 3 Stück in wenig Nugatsauce auf Tellern anrichten.

Die Garnitur besteht aus einem großen Tupfen Sahne, einer mit Kakaopulver überpuderten ausgestochenen kleinen Blüte aus Kuvertüre und drei mit Johannisbeergelee eingelassenen Schlingen aus Schokoladenspritzglasur.

Für diese Speise müssen hergestellt werden:
Brandmasse Seite 235
Nugatsauce II Seite 125
Mandelcrème mousseline Seite 241–242
Schokoladenspritzglasur Seite 184
halbbittere Kuvertüre-Blüten Seite 186

Honigquark im Hippen-Cornet

Zutaten für 10 Portionen

500 g Magerquark
150 g Bienenhonig
Abgeriebenes von
1 unbehandelten Zitrone
4 cl Zwetschgenwasser
3 Blatt Gelatine
etwa
600 g Zwetschgen
3 Nektarpflaumen
500 g Joghurt, natur
150 g Himbeerpüree aus etwa
250 g frischen Himbeeren
40 g Zucker
10 Cornets aus Hippenmasse
(Durchmesser 10 cm)
Kuvertüre

Gelatine in kaltem Wasser etwa 20 Minuten einweichen.

Cornets an Öffnung und Spitze etwa 1 cm in Kuvertüre tauchen.

Quark, Honig, Abgeriebenes und Zwetschgenwasser glattrühren und leicht temperieren. Gelatine warm auflösen, unter den Honigquark rühren und diesen kühl stellen. Sobald er anfängt zu stocken, Cornets damit füllen.

Für eine Sauce Joghurt und Zucker mit Himbeerpüree glattrühren.

Zwetschgen waschen, entsteinen, halbieren, dann kurz blanchieren und die Haut abziehen.

Vor dem Service je ein gefülltes Cornet in die Mitte eines Desserttellers legen und mit Zwetschgenhälften garnieren sowie mit Sauce nappieren. Zwischenräume mit Pflaumenspalten ausfüllen.

Für dieses Dessert müssen hergestellt werden:
Hippenmasse I Seite 234
Himbeerpüree (passiert)
Kuvertüre Seite 182

Weincreme

Zutaten für 10 Portionen

- 3/8 l Madeirawein
- 6 Eigelb
- 120 g Zucker
- 7 Blatt Gelatine
- 3/8 l geschlagene Sahne
- Saft von 1 Zitrone
- 1 Msp. Zimt
- 4 cl Weinbrand
- 10 garnierte Hippenrollen (10 × 10 cm)
- 1/4 l Kiwisauce
- Kuvertüre

Weinrolle an Kiwisauce

Gelatine in kaltem Wasser etwa 20 Minuten einweichen.

Hippenrollen an beiden Enden etwa 1 cm in Kuvertüre tauchen.

Eigelb mit der Hälfte des Zuckers schaumig rühren. Wein, restlichen Zucker, Zitronensaft und Zimt sieden, der Eigelb-Zucker-Masse zugeben und ausgedrückte Gelatine mit Weinbrand einrühren. Masse zurücktemperieren, bis sie anfängt zu stocken. Dann Sahne unterheben.

Hippenrollen mit Weincreme füllen. Je eine Rolle auf einen Dessertteller setzen und mit Kiwisauce, Mandarinen sowie entsteinter Kirsche anrichten.

Für dieses Dessert müssen hergestellt werden:
Hippenmasse I Seite 234
Kiwisauce Seite 123
Kuvertüre Seite 182

Mascarponedessert Venezia (Nach Art Tiramisu)

Zutaten für 20 Portionen

300 g Mascarpone
100 g Zucker
5 Eigelb
4 Eiweiß
30 g Sahne
2 cl Rum
Saft von
2 Zitronen
Mark von
1 Vanilleschote
etwa
1/4 l starken Mokka
etwa
1/2 l Mokkasauce
4 cl Eierlikör
60 gezuckerte Biskuitmedaillons (Durchmesser 7 cm)
20 Löffelbiskuits
etwa
30 g Kakaopulver

Mascarpone nach und nach mit Eigelb, Sahne, Rum und dem Mark der Vanilleschote cremig rühren. Eiweiß und Zucker zu Schnee schlagen und diesen unter die Creme heben, dann Zitronensaft unterziehen.

Medaillons mit Mokka tränken, je 3 Stück mit Mascarponecreme zusammensetzen und auf deren Oberfläche eine Spirale aus Mascarponecreme dressieren. Medaillons mindestens 2 Stunden kühl stellen.

Vor dem Service jede Portion mit Kakaopulver besieben, auf einen Teller setzen, mit Mokkasauce, Eierlikör und Löffelbiskuit anrichten.

Für dieses Dessert müssen hergestellt werden:
Mokkasauce Seite 125
leichte Biskuitmasse (für Medaillons und Löffelbiskuits) Seite 232

Grießflammeri-Bordüre mit Weinbeeren

Zutaten für 20 Portionen

1/2 l Milch
Mark von
1 Vanilleschote
Schale von
2 unbehandelten Zitronen
70 g Weizengrieß
4 Eigelb
4 Eiweiß
150 g Zucker
8 Blatt Gelatine
etwa
3/4 l Cassissauce
etwa
800 g abgezogene Weinbeeren
20 kleine Ornamente
aus Brandmasse
1/4 l Sahne

Gelatine in kaltem Wasser etwa 20 Minuten einweichen.

Milch mit Mark der Vanilleschote und Zitronenschale aufkochen, passieren und Passiertes in den Topf zurückschütten. Grieß unter ständigem Rühren einrieseln lassen und so lange kochen, bis er weich und die Masse cremig geworden ist. Gelatine ausdrücken und beigeben. Eigelb und 50 g Zucker schaumig schlagen und unterrühren. Eiweiß und restlichen Zucker zu Schnee schlagen und unter die Masse heben. Diese in mit kaltem Wasser ausgespülte Savarinförmchen dressieren, sofort je 4 Weinbeeren einsetzen, Oberfläche glattstreichen und Förmchen kalt stellen.

Vor dem Service je einen abgesteiften Ring auf Dessertteller stürzen und in diesen Weinbeeren geben. Jede Portion mit Cassissauce, einem Tupfen Sahne und Ornament, mit kleinem Punkt Johannisbeerkonfitüre versehen, anrichten. In die Sauce je 2 Ringe aus mit etwas Sahne verdünnter Crème fraîche spritzen und daraus Muster in die Sauce ziehen.

Für dieses Dessert müssen hergestellt werden:
Cassissauce Seite 123
Brandmasse zum Spritzen Seite 187

Grießflammeri mit Kiwis

Zutaten für 20 Portionen

- 1/2 l Milch
- Mark von
- 1 Vanilleschote
- Schalen von
- 2 unbehandelten Orangen
- 60 g Weizengrieß
- 10 Blatt Gelatine
- 6 Eigelb
- 200 g Zucker
- 1/2 l geschlagene Sahne
- 4 Kiwis
- etwa
- 3/4 l Himbeersauce
- 4 große Granny-Smith-Äpfel
- 1/4 l Rotwein
- 1/2 Stange Zimt
- 1 Gewürznelke

Gelatine in kaltem Wasser etwa 20 Minuten einweichen.

Portionsförmchen mit kaltem Wasser ausspülen, dann mit je 3 bis 4 Kiwischeiben auslegen.

Milch mit Mark der Vanilleschote und Orangenschalen aufkochen, passieren und Passiertes in den Topf zurückschütten. Grieß unter ständigem Rühren einrieseln lassen und so lange kochen, bis er weich und die Masse cremig geworden ist. Eigelb und 130 g Zucker schaumig schlagen, mit der heißen Grießmasse vermischen und ausgedrückte Gelatine einrühren. Masse zurücktemperieren, bis sie anfängt zu stocken, dann Sahne unterheben. Masse sofort in die Portionsförmchen geben und diese kalt stellen.

Gesäuberte Äpfel schälen, daraus Kugeln stechen und diese in Rotwein, 70 g Zucker, Zimtstange und Gewürznelke blanchieren.

Auf jeden Portionsteller zuerst eine Blüte aus Aprikosenkonfitüre spritzen und mit Himbeersauce einlassen. Dann je einen abgesteiften Flammeri auf die Sauce stürzen, Apfelkugeln einsetzen und kleine Punkte aus mit etwas Sahne verdünnter Crème fraîche einspritzen.

Für dieses Dessert muß hergestellt werden:
Himbeersauce Seite 123

Flan Argentinia

Zutaten für 10 bis 12 Portionen

7 Eier
500 g Zucker
Mark von
1 Vanilleschote
3/4 l Milch
1/2 l Wasser
1/2 Wassermelone
2 Smyrnafeigen
1000 g Sultanastraubenbeeren

Gugelhupfform ganz leicht mit Öl auspinseln.

250 g Zucker goldbraun schmelzen, und die Rillen der Form damit knapp angießen. Restlichen Zucker mit Wasser ablöschen und Karamelsauce kochen.

Eier mit 250 g Zucker und Mark der Vanilleschote gut, jedoch nicht schaumig verrühren und mit der Milch vermischen. Eiermilch durch ein feines Sieb passieren, in die vorbereitete Form geben, im Ofen bei 140 °C (Ofentemperatur) im Wasserbad ca. 60 Minuten pochieren und danach gut auskühlen lassen. (Im Umluftofen genügen bei 130 °C ca. 50 Minuten Garzeit.) In beiden Fällen Messerprobe machen.

Flan auf einen tiefen Teller oder eine tiefe Platte stürzen und portionsweise mit etwas Karamelsauce, je einer Melonen- und Feigenscheibe sowie Beeren anrichten.

Schneebällchen auf Vanillesauce an Beerencocktail

Zutaten für etwa 6 Portionen

4 Eiweiß
120 g Zucker
etwa
1/4 l Vanillesauce
1 l Milch
Mark von
1 Vanilleschote
etwa
600 g frische Wald- und Gartenbeeren
etwa
1/8 l Läuterzucker

Eiweiß und Zucker zu Schnee schlagen. Milch mit Mark der Vanilleschote sieden. Mit Eisportionierer kleine Kugeln Eischnee in die siedende, jedoch nicht kochende Milch geben und etwa 4 Minuten darin ziehen lassen. Danach wenden und nochmals etwa 4 Minuten ziehen lassen.

Auf jeden Portionsteller 3 Schneebällchen auf Vanillesauce setzen und mit in Läuterzucker marinierten Beeren anrichten.

Für dieses Dessert muß hergestellt werden:
Vanillesauce II Seite 124
Läuterzucker Seite 197, 199

Weintrauben „Schöne Winzerin"

Aus Burgunder-Rotwein-Gelee einen Spiegel auf Teller gießen und kalt stellen. Nach dem Gelieren ein umrandetes, möglichst etwas ungleichmäßig gebackenes Weinblatt aus Hippenmasse auflegen (Umrandung besteht aus Schokoladen-Hippen-Masse). In die Mitte des Blattes mit Spritzbeutel und Lochtülle eiförmig eine Sahne-Wein-Creme dressieren und mit abgezogenen halben Weintrauben belegen. Die Weintrauben mit Tortengeleeguß abglänzen und aus Schokoladenmarzipan einen kleinen Stiel einsetzen.

Für dieses Dessert müssen hergestellt werden:
Burgunder-Gelee Seite 119
Hippenmasse I Seite 234, 188
Sahne-Wein-Creme Seite 242

Zutaten für etwa 16 Portionen

- 1/2 l Milch
- 130 g Zucker
- Mark von 1/2 Vanilleschote
- 6 Eigelb
- 10 Blatt Gelatine
- 80 g Kuvertüre
- 4 cl Cointreau
- 2 EL Pistazienmark
- 1/2 l Sahne
- 1/4 l Schokoladensauce
- 3/8 l Vanillesauce
- gehackte, geröstete Mandeln

Bayerische Creme mit Schokoladen- und Vanillesauce

Aus Milch, Eigelb, Zucker, Mark der Vanilleschote, Gelatine und Sahne eine Bayerische Creme zubereiten, dann diese halbieren.

In die eine Hälfte Pistazienmark einrühren und damit Eisbombenförmchen bis zur Hälfte füllen. In die andere Hälfte der Bayerischen Creme aufgelöste Kuvertüre mit Cointreau einrühren und diese sofort mit Spritzbeutel und Lochtülle in die noch weiche erste Hälfte einspritzen, dann Förmchen kalt stellen.

Nach dem Absteifen Cremeportionen auf einzelne Teller stürzen, mit Schokoladen- und Vanillesauce sowie einigen Mandeln anrichten.

Für dieses Dessert müssen hergestellt werden:
Bayerische Creme Seite 241
Schokoladensauce I Seite 126
Vanillesauce II Seite 124

Mousse au chocolat an Traminerschaum mit Mangofächer

Zutaten für 10 Portionen
165 g weiße Schokolade
4 cl Grand Marnier
3 Eigelb
2 Eiweiß
30 g Zucker
200 g geschlagene Sahne
2 Blatt Gelatine

Mousse aus weißer Schokolade

Eigelb und Grand Marnier leicht warm schaumig schlagen. Schokolade und die vorher in kaltem Wasser eingeweichte Gelatine warm auflösen und mit der Grand-Marnier-Eigelbmasse verrühren. Eiweiß und Zucker zu Schnee schlagen und diesen zusammen mit der Sahne unter die Masse heben. Diese in Förmchen geben und mindestens 4 Stunden kalt stellen.

150 g Kuvertüre 60/40
1 TL leicht lösliches Mokkapulver
3 Eigelb
2 Eiweiß
40 g Zucker
250 g geschlagene Sahne

Mousse aus kakaohaltiger Schokolade

Eigelb und Mokkapulver leicht warm schaumig schlagen. Kuvertüre warm auflösen und mit Eigelb-Mokkapulver zu einer Masse verrühren. Eiweiß und Zukker zu Schnee schlagen und diesen zusammen mit der Sahne unter die Masse heben. Diese in eine Schüssel geben und mindestens 4 Stunden kalt stellen.

Weitere Zutaten
frische Mangos
1/4 l Gewürztraminer
Johannisbeerkonfitüre
gehackte Pistazien
10 kleine Ornamente aus Kuvertüre Seite 184–185

Vor dem Service je 1 Portion abgesteifte helle Mousse auf Dessertteller stürzen und mit je 2 Nockerln, mit einem warmen Teelöffel aus der dunklen Mousse gestochen, garnieren. Außerdem je 4 Mangoscheiben fächerartig anordnen, mit Traminerschaum umgießen und diesen mit Pistazien bestreuen. Ornament, versehen mit Johannisbeerkonfitüre, auflegen.

Für dieses Rezept muß hergestellt werden:
Gewürztraminer-Weinschaum Seite 127

Gefüllte Aprikosen mit Zitroneneis in der Hippenblüte und Sahne-Karamelauce

Zutaten für 10 Portionen

- 20 vollreife Aprikosen
- 10 Blüten aus Hippenmasse
- 1/4 l Schokolade-Sahnecreme
- 1/4 l Sahne-Karamelsauce
- 6 cl Erdbeersauce
- 1/2 l Zitroneneis
- 1/8 l geschlagene Sahne
- gehackte Pistazien

Gesäuberte Aprikosen kurz blanchieren, Haut abziehen, Früchte halbieren und vom Stein befreien. Ausgekühlte Hälften mit Schokolade-Sahnecreme füllen und kalt stellen.

Auf jeden Portionsteller ein Füllhorn aus Schokoladenspritzglasur spritzen, mit Sahne-Karamel- sowie Erdbeersauce einlassen und mit Pistazien bestreuen.

Vor dem Service für jede Portion 2 gefüllte Aprikosenhälften und Blüte aus Hippenmasse mit eindressiertem Zitroneneis auf einen Tupfen Sahne setzen.

Für dieses Dessert müssen hergestellt werden:
Hippenmasse I Seite 234
Schokolade-Sahnecreme Seite 162
Sahne-Karamelsauce Seite 126
Erdbeersauce Seite 123
Zitroneneis Seite 98
Schokoladenspritzglasur Seite 184

Fruchtige Leckerbissen

Diese farblich und geschmacklich harmonisch abgestimmten fruchtigen Naschereien werden immer dankbare Abnehmer finden und dürfen eigentlich auf keinem Dessertbüfett fehlen.

Um das Sortiment abwechslungsreich und bunt gemischt darbieten zu können, sollten nicht nur die verschiedensten Früchte Verwendung finden, sondern auch die Variationsmöglichkeiten der Formgebung bei Torteletts voll ausgeschöpft werden.

Torteletts aus einem guten Mürbeteig (1-2-3-Teig) herstellen, blindbacken und nach dem Auskühlen mit temperierter weißer Schokolade ausstreichen. Dadurch bleiben sie länger knusprig, außerdem wird eine Geschmacksverbesserung erzielt. Dann Torteletts mit Vanillecreme füllen, in vielfältiger Weise mit verschiedenen Früchten belegen und mit neutralem Geleeguß abglänzen.

Für diese Leckerbissen müssen hergestellt werden:
Mürbeteig (1-2-3-Teig) Seite 227
Vanillecreme Seite 241
Geleeguß

5.
KAPITEL

GEFRORENES
HALBGEFRORENES
EISGETRÄNKE

Speiseeis

Allgemeines

Die Herstellung von Speiseeis erfordert – außer fachlichen Kenntnissen – exaktes Wissen über die Vorschriften der Verordnung über Speiseeis.

Da als Hauptrohstoffe Milch und Sahne zur Verwendung kommen, ist äußerste Sorgfalt bezüglich hygienischer und kühltechnischer Voraussetzungen von größter Wichtigkeit. Speiseeis ist bei unsachgemäßer Behandlung und ungenügender Kühlung ein idealer Nährboden für Bakterien und daher ein sehr empfindliches und leicht verderbliches Lebens- und Genußmittel.

Zum Schutze der Gesundheit des Verbrauchers sind die gesetzlichen Vorschriften deshalb sehr streng. In der genannten Verordnung sind die genauen Begriffsbestimmungen und Beurteilungskriterien festgelegt, nach denen Speiseeis hergestellt und verkauft werden darf. Die Verordnung setzt auch verbindlich fest, unter welchen Bedingungen Speiseeis als verdorben, verfälscht, irreführend bezeichnet oder aufgemacht anzusehen ist.

Bei der Herstellung von Speiseeis müssen Milch und Sahne pasteurisiert oder sterilisiert sein oder abgekocht werden. Die Verwendung von Enteneiern ist grundsätzlich verboten, denn sie können mit Salmonellen befallen sein. Hühnereier dürfen nur als Frischeier oder Kühlhauseier verwendet werden.

Mit Ausnahme von Sahneeis bzw. Parfait, halbgefrorenem Cremeeis und Fruchteis sind alle Speiseeisarten deklarationspflichtig. Phantasienamen dürfen außer bei diesen Eisarten nur verwendet werden, wenn die jeweilige Speiseeisart mit angegeben ist.

Speiseeisarten

Als Speiseeis bezeichnet man Zubereitungen auf der Basis von Milch und Milchprodukten oder Obstprodukten, die durch Gefrieren in einen starren oder halbfesten Zustand gebracht werden. Die Arten werden je nach ihrer Zusammensetzung unterschieden. Der Gesetzgeber schreibt in der Verordnung über Speiseeis u. a. dafür vor:

Art	Zutaten
Sahneeis (Rahmeis; Parfait)	mindestens 60 % Sahneanteil; natürliche Geschmacksstoffe; keine Farbstoffe.
Cremeeis (Eiercremeeis)	auf 1 l Vollmilch oder Vollmilch-Sahne-Gemisch mindestens 270 g Vollei oder 100 g Eigelb oder entsprechende Menge Trockenei; reiner Zucker; natürliche Geschmacksstoffe; keine Farbstoffe.
Milchspeiseeis	mindestens 70 % Vollmilch oder entsprechende Menge Kondens- oder Trockenmilch; reiner Zucker; natürliche Geruchs- und Farbstoffe.
Fruchteis	auf 1 l Flüssigkeit (Trinkwasser ist bei Fruchteis erlaubt) mindestens 20 % reines Fruchtmark, bei Zitroneneis mindestens 10 % Fruchtsaft; reiner Zucker; keine Farbstoffe.
Kunstspeiseeis	bei korrekter Kennzeichnung dürfen künstliche Geschmacks- und Geruchsstoffe verwendet werden.
Eiskrem Fruchteiskrem	mindestens 10 % Milchfett. mindestens 8 % Milchfett.
Einfacheiskrem	mindestens 3 % Milchfett.

Speiseeiskontrolle
(Probe und Gegenprobe)

Laut Gesetz sind die mit der Überwachung des Verkehrs mit Lebensmitteln beauftragten Verwaltungsbehörden und Sachverständigen berechtigt, Speiseeisproben nach freier Wahl zur Untersuchung durch ein staatlich anerkanntes chemisches Institut anzufordern bzw. zu entnehmen. Zeiten, in denen eine Entnahme den Betriebsablauf stören oder behindern könnte, bleiben dabei unberücksichtigt. Für das entnommene Speiseeis ist eine angemessene Entschädigung zu leisten. Überprüft wird, ob das Speiseeis in Zusammensetzung und bakteriologisch den Bestimmungen entspricht.
Bei der Entnahme muß ein Teil der Probe, amtlich verschlossen und versiegelt, beim Hersteller zurückgelassen werden und darf weder vernichtet noch verändert werden. Dies dient dem Hersteller als Gegenprobe und ermöglicht ihm, eine Prüfung auf eigene Rechnung in Auftrag zu geben, wenn das amtliche Ergebnis schlecht ausgefallen ist. Außerdem kann die Gegenprobe zum Vergleich herangezogen werden, falls die Identität der amtlichen Probe, z. B. im Falle eines Prozesses, vom Beklagten bestritten wird. Die Gegenprobe dient dann als Beweismittel. Erfahrungsgemäß ist eine Prüfung der Gegenprobe jedoch nur dann sinnvoll, wenn sichergestellt ist, daß sie unter optimalen Bedingungen, d. h. in Trokkeneis verpackt und in gefrorenem Zustand, die Prüfungsstelle erreicht.

Gemischter Eisbecher mit marinierten Blaubeeren

Je 1 große Kugel Pistazien-, Karamel- und Marzipaneis in eine abgeschrägte Glasschale dressieren, mit vanillierter Sahne sowie gehackten Pistazien garnieren und mit in Cassislikör und Läuterzucker marinierten Blaubeeren nappieren.

Ein kleiner Schmetterling aus Kuvertüre läßt den Becher besonders reizvoll erscheinen.

Knuspriges Eisgebäck als Beilage erhöht den Genuß dieser einfachen, aber dennoch köstlichen Eisspeise.

Für diesen Eisbecher müssen hergestellt werden:
Pistazieneis Seite 86
Karameleis Seite 86
Marzipaneis Seite 86
Kuvertüre Seite 184, 186

Cremeeis

Vanilleeis

(Grundmasse)

- $^3/_4$ l Vollmilch
- $^1/_4$ l Sahne
- 250 g Zucker
- 10 Eigelb
- Mark von 1 Vanilleschote

Milch und Sahne mischen, mit dem Mark der Vanilleschote aufkochen. Eigelb und Zucker schaumig rühren, in das Milch-Sahne-Gemisch geben und zur Rose abziehen.

Masse möglichst schnell abkühlen und in der Eismaschine gefrieren.

Diese Cremeeismasse läßt sich leicht geschmacklich verändern, und zwar zu

Haselnußeis

150 g geröstete, feingeriebene Haselnüsse vor dem Abziehen zur Rose in die Milch und Sahne geben und mit aufkochen.

Honigeis

Die Grundmasse „Vanilleeis" mit 125 g Zucker herstellen. Danach 125 g Bienenhonig einrühren.

Karameleis

Allen Zucker der Grundmasse „Vanilleeis" mittelbraun schmelzen. Dann das abgekochte Milch-Sahne-Gemisch heiß dazugießen und den Karamelzucker langsam auflösen. Die Masse lediglich mit Eigelb abziehen.

Kokoseis

150 g Kokosraspeln vor dem Abziehen zur Rose in die Milch und Sahne geben und mit aufkochen. Die abgekühlte Masse mit 4 cl Rum abschmecken.

Krokanteis

100 g feingeriebenen und 50 g grobgeriebenen Krokant mit 4 cl Weinbrand in die Grundmasse „Vanilleeis" kurz vor der Fertigstellung geben.

Marzipaneis

100 g Marzipanrohmasse und 100 g feingeriebene weiße Mandeln in die Grundmasse „Vanilleeis" geben und gut verrühren, dann mit 6 cl Amaretto abschmecken.

Mohneis

100 g gemahlenen Mohn in der Milch und Sahne aufkochen, dann mit der Eigelb-Zucker-Masse zur Rose abziehen.

Mokkaeis

Unter die Grundmasse „Vanilleeis" vor dem Gefrieren 20 g Mokkapulver rühren.

Nugateis

150 g Nugat vor dem Abziehen zur Rose in die Milch und Sahne geben und mit aufkochen.

Pistazieneis

1 l Grundmasse „Vanilleeis" vor dem Gefrieren mit 80 g Pistazienmark abschmecken. Kurz vor Fertigstellung 50 g gehackte Pistazien beigeben.

Pralineneis

100 g Nugat mit der Grundmasse „Vanilleeis" gut verrühren. Nach dem Abkühlen 6 cl Kirschwasser und 2 cl Rum einrühren. Kurz vor Fertigstellung 80 g Schokoladenspäne einlaufen lassen.

Schokoladeneis

Unter die Grundmasse „Vanilleeis" vor dem Gefrieren 120 g aufgelöste Kuvertüre rühren.

Walnußeis

150 g feingeriebene Walnüsse vor dem Abziehen zur Rose in die Milch und Sahne geben und mit aufkochen.

Zimteis

Die Grundmasse „Vanilleeis" während des Abziehens zur Rose mit 1 bis 2 TL gemahlenem Zimt abschmecken (Geschmacksprobe notwendig!).

Diverse Cremeeisbiskuits

Mokkaeisbiskuit
(links unten)

Aus Mohrenkopfmasse Biskuits in Bohnenform backen und mit Mokkaeis füllen, jedoch das untere Teil vorher mit Kirschwasser-Läuterzucker leicht tränken. Das obere Teil aprikotieren, mit Mokkafondant glasieren und dann mit Schokoladenspritzglasur sowie einer kleinen Blüte aus Marzipan mit eingelegter Kaffeebohne garnieren.

Mit Mokkasauce und mit Instantkaffee bestreutem großem Tupfen Sahne vervollständigen.

Es müssen hergestellt werden:
Mohrenkopfmasse Seite 233
Mokkaeis Seite 86
Schokoladenspritzglasur Seite 184
Mokkasauce Seite 125
Läuterzucker Seite 197, 199

Walnußeisbiskuit
(links vorne)

Aus Mohrenkopfmasse etwa 8 cm lange löffelartige Biskuits backen und mit Walnußeis füllen, jedoch das untere Teil vorher mit Curaçao versetztem Läuterzucker leicht tränken. Das obere Teil aprikotieren, mit Arrakfondant glasieren und dann mit Schokoladenspritzglasur sowie Walnußhälfte garnieren.

Mit Walnußsauce und mit Kuvertürespänen bestreuter langer Sahnespirale vervollständigen.

Es müssen hergestellt werden:
Mohrenkopfmasse Seite 233
Walnußeis Seite 86
Schokoladenspritzglasur Seite 184
Walnußsauce Seite 126
Kuvertüre Seite 181, 182
Läuterzucker Seite 197, 199

Orangeneisbiskuit
(rechts)

Aus Mohrenkopfmasse dreiteilige blütenförmige Biskuits backen und mit Orangeneis füllen, jedoch das untere Teil vorher mit Grand Marnier versetztem Läuterzucker leicht tränken. Das obere Teil aprikotieren, mit Orangenfondant glasieren und mit kleinen Tupfen Sahne sowie dreiteiliger Blüte aus Kuvertüre garnieren.

Orangensauce und -filets sowie ein großer Tupfen Sahne geben dem Dessert schlichte Eleganz und geschmackliche Harmonie.

Es müssen hergestellt werden:
Mohrenkopfmasse Seite 233
Orangeneis Seite 98
Orangensauce Seite 124
Kuvertüre Seite 183
Läuterzucker Seite 197, 199

Eisknödel mit heißen Johannisbeeren

Aus Marzipaneis mit einem 30er-Portionierer Eiskugeln formen, sofort in gehobelten, gerösteten Mandeln wälzen und tiefgefrieren.

Bei Bedarf pro Portion 2 Knödel mit gebundenen heißen roten Johannisbeeren in einer ovalen Kokotte anrichten, mit Staubzucker leicht überpudern und dann mit Schlagsahne garnieren.

Als Beilage Baisergebäck reichen.

Heiße Johannisbeeren

50 g Johannisbeergelee
2 cl Rotwein
2 cl Johannisbeerlikör
50 g Johannisbeeren

Gelee mit Wein kurz aufkochen, mit Likör ablöschen und mit Beeren vermischen.

Für dieses Dessert müssen außerdem hergestellt werden:
Marzipaneis Seite 86
Baisermasse I Seite 237

Eisgugelhupf mit Orangen-Honig-Sauce

Gut ausgefrorenes Mohn-Cremeeis mit Spritzbeutel und Lochtülle in Portionsförmchen in Gugelhupfform dressieren und tiefgefrieren.

Vor dem Service Gugelhupf ausformen, auf dünnen runden Boden aus Biskuitmasse stürzen und mit Orangen-Honig-Sauce sowie einem großen Tupfen Sahne und einer Hippen-Baiserblüte anrichten. Die Sauce mit einigen grobgehackten Pistazien bestreuen.

Für diesen Gugelhupf müssen hergestellt werden:
Mohn-Cremeeis Seite 86
Orangen-Honig-Sauce Seite 123
Biskuitmasse Seite 232
Hippenmasse I Seite 234
Baisermasse I Seite 237

Diverse Eisbaisers

Brombeer-Joghurt-Eisbaiser mit Vanillesauce
(links unten)

Ein Baisermedaillon (Durchmesser 7 cm) mit Spritzbeutel und Sterntülle mit Brombeer-Joghurt-Eis füllen, mit einer mit Staubzucker leicht besiebten, mit gehackten, gerösteten Mandeln bestreuten und abgeflämmten Baiserblüte abdecken.

Eisdessert mit einem Tupfen Sahne, frischen Brombeeren sowie Vanillesauce anrichten.

Es müssen hergestellt werden:
Brombeer-Joghurt-Eis Seite 98
Baisermasse I Seite 237
Vanillesauce I Seite 124

Nugateisbaiser mit Krokantsauce
(Mitte)

Ein Baisermedaillon (Durchmesser 7 cm) mit Spritzbeutel und Sterntülle mit Nugateis füllen. Dieses mit einer in Kuvertüre abgesetzten Baiserblüte abdecken.

Eisdessert mit einem Tupfen Sahne und Krokantsauce anrichten.

Es müssen hergestellt werden:
Nugateis Seite 86
Baisermasse I Seite 237
Krokantsauce Seite 125
Kuvertüre Seite 181, 182

Pistazieneisbaiser mit Pistaziensauce
(rechts oben)

Ein Baisermedaillon (Durchmesser 7 cm) mit Spritzbeutel und Sterntülle mit Pistazieneis füllen. Dieses mit einer stachelartigen Baiserblüte abdecken. Auf deren Spitzen kleine Punkte aus Kuvertüre spritzen.

Eisdessert mit einem mit gehackter Kuvertüre bestreuten Tupfen Sahne und Pistaziensauce anrichten.

Es müssen hergestellt werden:
Pistazieneis Seite 86
Pistaziensauce Seite 125
Baisermasse I Seite 237
Kuvertüre Seite 181, 182

Sahneeis (Parfaits)

Unter der Bezeichnung „Parfait" ist Sahneeis allgemein bekannt. Aufgrund des hohen Sahneanteils (mindestens 60 Prozent der Masse) und edelster Zutaten sind Parfaits zwar nicht mit dem Eisportionierer aufzuteilen wie das übliche Speiseeis, aber im Geschmack von höchstem Genußwert und zartem Schmelz. Die Rezepturen können vielseitig variiert und mit in Alkohol eingelegten Früchten oder mazerierten kleinen Gebäckeinlagen verfeinert werden.

Diese Möglichkeiten ergeben sich in erster Linie durch die schonende Gefriertechnik. Im Unterschied zu Speiseeisarten, welche üblicherweise in der rotierenden Gefriertrommel mit einer Spatelung geschliffen und gefroren werden, erfolgt das Gefrieren von Sahneeis – nach Abfüllen der Masse in Formen verschiedener Art, wie z. B. in Halbkugelformen für Eisbomben oder in Ziegeln – in ruhendem Zustand, d. h. entweder im Froster, Gefrierschrank oder Tiefkühlhaus.

Im Gegensatz zu anderen Speiseeisarten kann Sahneeis auf Vorrat hergestellt werden, ohne daß ein Qualitätsverlust entsteht. So ist man jederzeit in der Lage, individuellen Wünschen à la minute zu entsprechen. Das ist ein großer Vorteil.

Vanille-Sahneeis-Grundmasse I

1 l Sahne
8 Eigelb
4 Eiweiß
280 g Zucker
Mark von 1 Vanilleschote

Eigelb, 200 g Zucker und Mark der Vanilleschote warm und kalt schlagen. Eiweiß und restlichen Zucker zu Schnee schlagen. Die geschlagene Sahne unter die Eigelb-Zucker-Masse heben und danach den Eischnee einmelieren.

Vanille-Sahneeis-Grundmasse II

1 l Sahne
6 Eigelb
2 Eier
250 g Zucker
Mark von 1 Vanilleschote

Zucker, Eigelb, Eier und Mark der Vanilleschote warm und kalt schlagen. Die geschlagene Sahne unterheben.

Cassisparfait

Zutaten für etwa 16 Portionen

1 l Sahne
350 g schwarze Johannisbeeren
350 g Zucker
10 Eigelb
175 g Cassislikör
200 g Joghurt

Johannisbeeren und 250 g Zucker breiartig kochen, dann pürieren. Eigelb und restlichen Zucker schaumig rühren, zusammen mit Joghurt in das ausgekühlte Püree geben. Alles vermischen. Die Masse mit Likör abschmecken, dann geschlagene Sahne unterheben.

Erdbeerparfait

8 Eigelb
250 g Zucker
500 g Erdbeerpüree
50 g Staubzucker
3 Eiweiß
3/4 l Sahne
3 Blatt Gelatine

Gelatine in kaltem Wasser einweichen (etwa 20 Minuten). Dann das Erdbeerpüree mit Staubzucker gut verrühren. Eigelb mit 200 g Zucker warm und kalt schlagen. Erdbeerpüree und aufgelöste Gelatine unterrühren. Das mit dem Rest des Zuckers geschlagene Eiweiß und die geschlagene Sahne unterheben.

Fürst-Pückler-Eis

Diese klassische Sahneeisspeise setzt sich zusammen aus den Geschmacksträgern
Vanille
Schokolade
Erdbeer

Zutaten für 2 Eisbomben

1 l Sahne
6 Eigelb
2 Eier
300 g Zucker
Mark von 1 Vanilleschote
100 g aufgelöste Kuvertüre
200 g Erdbeermark

Eigelb, Eier und Zucker warm und kalt schlagen. Die Eier-Zucker-Masse auf 3 Schüsseln verteilen und mit je 1 Geschmacksträger versetzen. Dann die geschlagene Sahne auf die 3 Schüsseln verteilen und gleichmäßig unter die Vanille-, Schokoladen- und Erdbeermasse heben. Die Massen schichtweise in die Formen geben und gefrieren.

Haselnußparfait

Zutaten für etwa 16 Portionen

1 l Sahne
8 Eigelb
250 g Zucker
100 g Nußnugat
50 g Haselnußpaste
4 cl Curaçao

Eigelb und Zucker warm und kalt schlagen. Nußnugat leicht anwärmen, mit Haselnußpaste und Curaçao glattarbeiten, mit der Eigelb-Zucker-Masse vermischen, dann geschlagene Sahne unterheben.

Himbeerparfait

2 Eier
6 Eigelb
600 g Himbeerpüree (passiert)
250 g Zucker
6 cl Läuterzucker
4 cl Himbeergeist
3/4 l Sahne

Eier und Eigelb mit Zucker warm und kalt schlagen. Himbeermark mit Läuterzucker und Himbeergeist gut vermischen, unter die Eigelb-Zucker-Masse rühren und die geschlagene Sahne unterheben.

Lebkuchenparfait

Zutaten für etwa 20 Portionen

1 l Sahne
10 Eigelb
2 Eier
200 g Zucker
220 g Lebkuchenbrösel
5 g Lebkuchengewürz
1/8 l Armagnac
1/4 l Crème double
50 g gemahlener Krokant

Eier, Eigelb, Zucker und Lebkuchengewürz warm und kalt schlagen. Lebkuchenbrösel mit dem Armagnac tränken, dann mit Crème double und Krokant unter die Eier-Zucker-Masse ziehen. Geschlagene Sahne unterheben.

Limettenparfait

Zutaten für etwa 16 Portionen

1 l Sahne
8 Eigelb
300 g Zucker
16 cl weißer Rum
16 cl Limettensaft
Abgeriebenes von 4 Limetten

Eigelb und 150 g Zucker schaumig rühren. Restlichen Zucker, Saft und Abgeriebenes der Limonen kurz aufkochen und unter die Eigelb-Zucker-Masse rühren. Nach dem Abkühlen die Masse mit Rum abschmecken, geschlagene Sahne unterheben.

Mohnparfait

Zutaten für 2 Eisbomben

1 l Sahne
220 g Mohn
1/4 l Milch
8 Eigelb
250 g Zucker
50 g Bienenhonig
Mark von 2 Vanilleschoten

Mohn mahlen und mit dem Mark der Vanilleschoten in der Milch etwa 10 Minuten kochen. Danach den Honig unterrühren und die Masse auskühlen lassen. Eigelb und Zucker schaumig rühren, in die ausgekühlte Mohnmasse geben, dann geschlagene Sahne unterheben.

Mokkaparfait

1 l Sahne
8 Eigelb
2 Eier
350 g Zucker
2 EL Mokkapulver (Geschmacksprobe notwendig!)
4 cl Mokkalikör

Eigelb, Eier und Zucker warm und kalt schlagen. Mokkapulver mit etwas Wasser auflösen und mit dem Likör unter die Eier-Zucker-Masse rühren. Geschlagene Sahne unterheben.

Pistazienparfait

Zutaten für etwa 16 Portionen

1 l Sahne
8 Eigelb
2 Eier
300 g Zucker
60 g Pistazienmark (Geschmacksprobe notwendig!)
50 g gehackte Pistazien
4 cl Maraschino

Eigelb, Eier und Zucker warm und kalt schlagen. Pistazienmark und Maraschino unterrühren. Geschlagene Sahne und Pistazien einmelieren.

Pralinenparfait

8 Eigelb
250 g Zucker
150 g Nugat
6 cl Kirschwasser
80 g Schokoladenspäne
1 l Sahne

Eigelb mit Zucker warm und kalt schlagen. Nugat leicht erwärmen, mit Kirschwasser verrühren und dann mit der Eigelb-Zucker-Masse vermischen. Die geschlagene Sahne und Schokoladenspäne unterheben.

Sauerkirschenparfait

8 Eigelb
350 g Zucker
800 g Sauerkirschen
1 Prise Zimt
6 cl Amaretto
3/4 l Sahne
3 Eiweiß

Die Sauerkirschen waschen, entsteinen, mit etwas Wasser weich dünsten, pürieren und passieren.

Eigelb mit 250 g Zucker warm und kalt aufschlagen. Kirschenpüree mit Amaretto, Zimt und der Eigelb-Zucker-Masse gut verrühren. Eiweiß mit dem Rest des Zuckers zu Schnee schlagen und zusammen mit der geschlagenen Sahne unterheben.

Schokoladenparfait

Zutaten für etwa 16 Portionen

1 l Sahne
10 Eigelb
250 g Zucker
150 g Kuvertüre
30 g Kakaopulver
1/8 l Wasser
4 cl Weinbrand

Eigelb und 200 g Zucker warm und kalt schlagen. Kuvertüre, Kakaopulver und restlichen Zucker in Wasser kochen. Den Sirup abkühlen lassen, Weinbrand unterrühren, mit der Eigelb-Zucker-Masse vermischen. Geschlagene Sahne unterheben.

Schokoladen- und Himbeerparfait

Zwei Portionsförmchen in Halbkugelform je mit Schokoladen- und Himbeerparfaitmasse füllen und ausfrieren. Danach die Hälften zusammensetzen, ausformen und mit in Himbeersauce leicht gebundenen Himbeeren und dünnen Kiwischeiben anrichten.

Ein großer Tupfen Sahne und ein Ornament aus Baisermasse bilden den Abschluß dieses fruchtigen, zartschmelzenden Eisdesserts.

Für dieses Eisdessert müssen hergestellt werden:

Schokoladen-Parfaitmasse Seite 91
Himbeer-Parfaitmasse Seite 90
Himbeersauce Seite 123
Baisermasse I Seite 237

Sahneeis-Rehrücken im Schokoladenmantel mit Pistaziensauce

Rundung einer gut vorgekühlten Rehrückenform etwa 1/3 voll mit Schokoladen-Parfaitmasse füllen und darauf eine etwa 1 cm starke Schicht Vanille-Parfaitmasse streichen. Dann mit Spritzbeutel und großer Lochtülle einen Strang Pistazien-Parfaitmasse in die Mitte aufdressieren. Das Ganze gut anfrieren lassen. Danach die Form bis zum oberen Rand mit Mokka-Parfaitmasse füllen, mit einer Schicht aus Schokoladen-Rouladenmasse abdecken und ausfrieren.

Nach dem Stürzen den geeisten Rehrücken mit sehr dünnflüssiger Kuvertüre überziehen und in etwa 1,5 cm starke Scheiben schneiden. Jede Portion mit Sahne, bestreut mit einigen grobgehackten Pistazien, sowie Pistaziensauce, eingelassen in vorgespritzte Blätter aus Schokoladenspritzglasur, und Eisgebäck aus Hippenmasse anrichten.

Für dieses Dessert müssen hergestellt werden:
Schokoladen-Parfaitmasse Seite 91
Vanille-Parfaitmasse Seite 90
Pistazien-Parfaitmasse Seite 91
Mokka-Parfaitmasse Seite 91
Schokoladen-Rouladenmasse Seite 233
Pistaziensauce Seite 125
Hippenmasse Seite 234
Kuvertüre Seite 181, 182
Schokoladenspritzglasur Seite 184

Erdbeerparfait mit Sahne und Mandelsauce

– „Zur Verlobung und Hochzeit" –

Boden einer flachen ovalen Glasschale (Länge etwa 30 cm, Höhe 3 cm) etwa 0,5 cm stark mit Mandelsauce ausgießen. In der Längsachse nur wenig vom Schalenrand entfernt rechts und links je ein Herz aus Erdbeerparfait, in Portionsförmchen hergestellt, plazieren und mit je einem aus Baisermasse gespritzten Täubchen versehen. In die Mitte mit Spritzbeutel und Lochtülle einen großen Tupfen Sahne dressieren. Diesen dann mit einer herzförmigen Blüte aus Brand- und Hippenmasse sowie Schokoladenspritzglasur und einer Erdbeere garnieren.

Mit in Grand Marnier marinierten Erdbeerscheiben und gehobelten, gerösteten Mandelplättchen dieses attraktive und aussagekräftige Eisdessert für 2 Personen vervollständigen.

Für diese Eiskreation müssen hergestellt werden:
Erdbeerparfait Seite 90
Mandelsauce Seite 125
Baisermasse I Seite 237
Brand-/Hippenmasse zum Spritzen, Einlassen
Seite 187

Pfefferminzgelee

100 g Aprikosenkonfitüre
4 cl Crème de Menthe (Pfefferminzlikör)
2 cl Läuterzucker
1 Blatt Gelatine

Die Gelatine in kaltem Wasser einweichen.

Konfitüre passieren und mit Läuterzucker kurz aufkochen. Ausgedrückte Gelatine unterrühren. Likör bei etwa 30 °C einrühren.

Es müssen für dieses Dessert hergestellt werden:
Schokoladenparfait Seite 91
Baisermasse I Seite 237
Schokoladen-Biskuitmasse Seite 237
Schokoladenspritzglasur Seite 184
Läuterzucker Seite 197, 199

Schokoladenparfait mit Sahne-Baiserschwan und Pfefferminzgelee

Dieses attraktive Eisdessert eignet sich sowohl für das À-la-carte-Geschäft als auch für spezielle Anlässe. Die reizvolle Komposition ist kulinarisch besonders ansprechend.

Den kleinen Schwan aus Baisermasse mit Sahne füllen und auf einen Tupfen Sahne setzen. Schokoladenparfait auf einen kleinen ovalen Boden aus Schokoladen-Biskuitmasse stürzen, mit einem ausgestochenen dünnen Marzipanblättchen belegen und mit Himbeerkonfitüre, ausgelassener Schokoladenspritzglasur und kleiner Baiserblüte garnieren.

Pfefferminzgelee in vorgespritzte Blätter aus Schokoladenspritzglasur einlassen. Dazu knuspriges Eisgebäck als Beilage reichen.

Sorbets

Besonders in den letzten Jahren sind Sorbets wieder zu neuen Ehren gekommen. Aufgrund ihrer leichten Beschaffenheit und hohen Bekömmlichkeit erfreuen sie sich großer Beliebtheit. Ja, man könnte sagen, Sorbets sind erfrischende, schlank machende Desserts, denn sie bestehen vor allem aus vitaminreichen Früchten, Fruchtsäften oder Fruchtpürees. Im wesentlichen unterscheiden sie sich vom üblichen Speiseeis dadurch, daß sie kalorienärmer, im Zuckergehalt niedriger und in der Konsistenz weicher sind. Salopp ausgedrückt: Sie sind in der Festigkeit eigentlich vergleichbar mit Schneematsch, denn sie werden nur halb ausgefroren. Charakteristisch ist daher auch ihre etwas rauhe Ungeschliffenheit, die sich jedoch nicht nachteilig, sondern eher vorteilhaft auf den fruchtigen Geschmack auswirkt. Der Zuckeranteil in der Sorbetmasse wird vorwiegend mit der Zuckerwaage ermittelt und sollte 14 bis 15 °Bé betragen.

Während in früheren Jahren Sorbets fast ausschließlich als Desserts gereicht wurden, hat sie inzwischen die „Neue Küche" zur Neutralisierung der Geschmacksnerven innerhalb eines mehrgängigen Menüs ebenfalls entdeckt und bietet alternativ Sorbetvarianten aus frischen Gemüsesäften an.

Da Sorbets in der Regel nur in kleinen Mengen zubereitet werden, ist zur Herstellung eine Sorbetiere äußerst praktisch und vorteilhaft. Aber sie ist nicht unbedingt erforderlich, denn die Sorbetmasse kann genausogut in jeder anderen Eismaschine halb ausgefroren werden. In der Regel werden Sorbets in hohen Gläsern angerichtet.

Fruchtsorbet-Grundmasse

1/4 l Fruchtsaft oder Fruchtpüree
1/4 l Wasser
1/2 l Wein oder Champagner
Saft von 1 Zitrone
Läuterzucker (Wasser/Zucker 1:1) nach Bedarf

Fruchtsaft oder -püree mit Wasser kochen und auskühlen lassen. Wein oder Champagner sowie Zitronensaft zugeben und mit Läuterzucker auf 14 bis 15 °Bé nach der Zuckerwaage einstellen.

Masse in der Sorbetiere oder Eismaschine halb ausfrieren, dann Sorbet in hohen Gläsern anrichten.

Diese Grundmasse läßt sich leicht geschmacklich verändern, und zwar zu:

Cassissorbet

1/2 l Cassispüree
1/2 l Rotwein
1/4 l Pernod
Saft von 2 Orangen
Läuterzucker nach Bedarf (15 °Bé)

Erdbeersorbet

1/2 l Erdbeermark
1/4 l Wasser
1/2 l Weißwein
Saft von 2 Zitronen
Läuterzucker nach Bedarf (14 °Bé)

Himbeersorbet

1/2 l Himbeermark (passiert)
1/4 l Rotwein
1/2 l Schaumwein
4 cl Himbeergeist
Läuterzucker nach Bedarf (14 °Bé)

Kiwisorbet

400 g Kiwipüree
1/4 l Wasser
1/2 l Champagner
Saft von 1 Zitrone
Läuterzucker nach Bedarf (15 °Bé)

Mangosorbet

1/4 l Mangopüree
1/4 l Wasser
1/2 l Weißwein
Saft von 1 Zitrone
Läuterzucker nach Bedarf (15 °Bé)

Maracujasorbet

1/2 l Maracujasaft
1/2 l Schaumwein
4 cl Arrak
Saft von 1 Zitrone
Läuterzucker nach Bedarf (15 °Bé)

Orangensorbet

1/4 l frischer Orangensaft
1/4 l Wasser
100 g Sandzucker
4 cl Cointreau (Orangenlikör)
1/2 l Weißwein
Schalen von 2 unbehandelten Orangen
Läuterzucker nach Bedarf

Wasser, Sandzucker und Orangenschalen kochen und etwas reduzieren. Schalen herausnehmen, Sirup auskühlen lassen. Wein, Orangensaft und -likör zugeben und mit Läuterzucker auf 15 °Bé einstellen.

Pfefferminzsorbet

1/2 l Pfefferminztee
1/2 l Schaumwein
4 cl Crème de Menthe
Läuterzucker nach Bedarf (14 °Bé)

Pflaumensorbet

1/2 l Pflaumenpüree
1/4 l Wasser
1/2 l Rotwein
4 cl Armagnac
1/2 TL Zimt
Läuterzucker nach Bedarf (14 °Bé)

Zitronensorbet

1/8 l Zitronensaft
1/4 l Wasser
1/2 l Weißwein oder Champagner
Läuterzucker nach Bedarf (15 °Bé)

Diverse Sorbets (Seite 95)
von links nach rechts

Erdbeersorbet
Zitronensorbet
Mangosorbet
Cassissorbet
Kiwisorbet

Jeweilige Sorbetmasse in einer Sorbetiere oder Eismaschine halb ausfrieren. Die Konsistenz sollte matschig sein und das Sorbet etwas rauh schmecken. Dann Sorbet mit Spritzbeutel und großer Sterntülle in gut vorgekühltes Glas dressieren. Unmittelbar vor dem Service mit etwas Sekt oder Schaumwein übergießen und mit passender Fruchtsauce und eventuell mit Früchten garnieren.

Sorbet mit Trinkhalm und Eislöffel servieren.

Spooms

Zur Gruppe besonders leichter und schaumiger Eisspezialitäten werden die Spooms gezählt. Sie sind eine Ableitung aus Sorbetkompositionen, unter die nach dem Ausfrieren schwere Baisermasse gezogen wird. Demzufolge handelt es sich bei dieser Eisspeise um eine ziemlich süße Sache.

Campari-Soda-Spoom

- 1/4 l Campari
- 1/4 l Sodawasser (Sprudelwasser)
- 1/2 l Schaumwein oder Champagner
- 4 Eiweiß
- 250 g Sandzucker
- Saft von 2 Orangen
- Läuterzucker (Wasser/Zucker 1:1) nach Bedarf

Campari, Sodawasser, Schaumwein oder Champagner und Orangensaft mit Läuterzucker auf 14 °Bé einstellen und gut ausfrieren. Eiweiß und Sandzucker zu einer stabilen Baisermasse schlagen und unter das gefrorene Sorbet melieren.

Spoom in gut vorgekühlte Gläser füllen und sofort servieren oder im Froster bis auf Abruf deponieren.

Heidelbeer-Joghurt-Spoom

- 1/2 l Heidelbeerpüree
- 250 g Joghurt
- 1/2 l Gewürztraminer (Weißwein)
- 1/4 l Läuterzucker (Wasser/Zucker 1:1)
- Saft von 1 Zitrone
- 4 Eiweiß
- 250 g Sandzucker

Heidelbeerpüree, Joghurt, Wein, Läuterzucker und Zitronensaft kräftig verrühren und gut ausfrieren. Eiweiß und Sandzucker zu einer stabilen Baisermasse schlagen und unter das gefrorene Sorbet melieren.

Spoom in gut vorgekühlte Gläser füllen und sofort servieren oder im Froster bis auf Abruf deponieren.

Eissoufflés

Eissoufflés sind eigentlich Nachbildungen der Soufflés. In der Regel wird die Eismasse in Portionskokotten gefroren. Vor dem Service wird die Oberfläche der Soufflés mit Kakaopulver besiebt, auch kann sie mit Sahne oder Früchten, Kuvertüre oder Hippen ausgarniert werden.

Zur Herstellung von Eissoufflés können Parfaitmassen jeder beliebigen Geschmacksrichtung sowie mit oder ohne Einlagen verwendet werden. Besonders zarten Schmelz erhalten hauptsächlich Fruchteissoufflés, wenn der Eismasse Gelatine zugesetzt wird, die eine starke Kristallisierung während des Gefrierens weitgehend verhindert.

Der für Soufflés charakteristische überstehende Rand wird erreicht, wenn vor dem Einfüllen der Eismasse um die Formen Papiermanschetten gelegt werden, die nach dem Ausfrieren ohne Schwierigkeiten abgenommen werden können.

Eissoufflés eignen sich hervorragend für das À-la-carte-Geschäft, weil sie auf Vorrat hergestellt und im Froster bis auf Abruf deponiert werden können.

Erdbeereissoufflé

8 Eigelb
250 g Sandzucker
500 g Erdbeerpüree
50 g Staubzucker
4 cl Grand Marnier (Orangenlikör)
3 Eiweiß
1/2 l Sahne
3 Blatt Gelatine

Gelatine etwa 20 Minuten in kaltem Wasser einweichen.

Eigelb und 200 g Sandzucker warm und kalt aufschlagen. Das mit Staubzucker gut verrührte Püree, Likör und aufgelöste Gelatine unterrühren. Zuletzt das mit dem restlichen Sandzucker zu Schnee geschlagene Eiweiß und die geschlagene Sahne unter die Erdbeermasse heben. Damit die mit Papiermanschetten präparierten Kokotten bis etwa 1,5 cm über ihren Rand füllen.

Haselnuß-Eissoufflé mit Hippen-Baiserblüte und Mandelzungen

Portionskokotte (Durchmesser 6 cm) mit einer etwa 2 cm über den Rand stehenden Manschette aus Pergamentpapier umgeben und diese mit einem Stückchen Klebeband leicht befestigen.

Dann Haselnuß-Parfaitmasse bis etwa 1 cm über den Kokottenrand einfüllen und ausfrieren. Vor dem Service Manschette abnehmen.

Eissoufflé mit Kakaopulver besieben und mit Hippen-Baiserblüte sowie Mandelzungen anrichten.

Für dieses Eissoufflé müssen hergestellt werden:
Haselnuß-Parfaitmasse Seite 90
Hippenmasse I Seite 234
Baisermasse I Seite 237
Duchessemasse Seite 236

Fruchteis

Fruchteis kann sowohl mit Milch und Sahne als auch mit Trinkwasser hergestellt werden. Entscheidend für die Geschmacksbildung und Geschmeidigkeit des Eises sind Frucht- und Zuckeranteil sowie Bindemittel.

Ist der Zuckeranteil zu gering, kann sich das Aroma der Früchte nicht richtig entfalten. Das Eis wird beim Gefrieren rauh und grießig. Bei zu süßer Masse wird der Geschmack zerschlagen, das Eis friert nicht richtig aus.

Um den Zuckeranteil konstant zu halten und genau zu ermitteln, bedient man sich am besten einer Zuckerwaage. Sie stellt die Dichte des Zuckers in der Flüssigkeit fest, so daß man unabhängig vom unterschiedlichen Säuregehalt der Früchte immer die richtige Zuckermenge hat.

Fruchteis soll nach der Zuckerwaage 17 bis 18 °Bé haben. Ist der Zuckeranteil nach der jeweiligen Rezeptur dennoch zu hoch, muß die Regulierung durch Zusatz von Flüssigkeit erfolgen. Bei zu niedrigem Zuckergehalt dagegen muß Zucker, und zwar am besten in Form von Läuterzucker (Wasser und Zucker im Verhältnis 1:1), zugegeben werden.

Ananaseis

3/4 l Wasser
600 g frische Ananas
300 g Zucker
5 g Fruchteis-Bindemittel
100 g Crème double
6 cl Ananassirup

400 g Fruchtfleisch der Ananas pürieren und den Rest fein hacken. Zucker mit Eisbindemittel mischen und unterrühren. Crème double und Ananassirup beigeben und mit dem Wasser gut verrühren. Die feingehackten Ananasstückchen erst zugeben, wenn das Eis ausgefroren ist.

Aprikoseneis

1 l pasteurisierte Milch
300 g Aprikosenmark
350 g Zucker
5 g Fruchteis-Bindemittel
4 cl Apricot Brandy
Saft von 2 Zitronen

Zucker und Bindemittel gut mischen, mit Aprikosenmark verrühren. Milch und Apricot Brandy zugeben. Masse mit Zitronensaft abschmecken, auf 18 °Bé einstellen.

Bananeneis

1 l pasteurisierte Milch
500 g vollreife Bananen
350 g Zucker
Mark von 1 Vanilleschote
5 g Fruchteis-Bindemittel
4 cl weißer Rum

Bananen passieren, mit dem Mark der Vanilleschote, Zucker und Bindemittel mischen. Milch und Rum in das Bananenmus geben und alles gut verrühren.

Birneneis

1 l Wasser
600 g Zucker
1000 g Williams Christbirnen
1/8 l Zitronensaft
200 g Crème double
8 cl Edelbranntwein Williamsbirne
5 g Fruchteis-Bindemittel

Gewaschene Birnen schälen, vierteln, vom Kernhaus befreien und mit dem Zucker in Wasser weich kochen. In ein Sieb geben, Flüssigkeit auffangen und Birnen pürieren. Zitronensaft, Crème double, Branntwein und Bindemittel ins Püree geben, alles gut verrühren, dann aufgefangene Flüssigkeit unterziehen.

Brombeer-Joghurt-Eis

250 g Zucker
1/8 l Wasser
6 cl Brombeergeist
700 g Brombeermark (passiert)
1/2 l Joghurt
1/4 l Sahne

Zucker mit Wasser kurz aufkochen. Brombeergeist, Brombeermark und Joghurt mit dem Zuckerwasser und der flüssigen Sahne gut verrühren.

Erdbeereis

1 l pasteurisierte Milch
300 g Erdbeermark
300 g Zucker
5 g Fruchteis-Bindemittel
Saft von 2 Zitronen

Zucker und Bindemittel gut mischen und mit dem Erdbeermark verrühren. Milch dazugeben, Masse mit Zitronensaft abschmecken und auf 18 °Bé einstellen.

Himbeereis

1 l pasteurisierte Milch
400 g Himbeermark (passiert)
350 g Zucker
5 g Fruchteis-Bindemittel

Den Zucker mit Eis-Bindemittel mischen und mit dem Himbeermark und der Milch gut verrühren.

Orangeneis

1 l frisch gepreßter Orangensaft
Abgeriebenes von 2 Orangen
400 g Zucker
5 g Fruchteis-Bindemittel
1/4 l Wasser
6 cl Cointreau (Orangenlikör)

Orangensaft und Abgeriebenes der Orangen, Wasser und 300 g Zucker aufkochen, dann passieren. Restlichen Zucker und Bindemittel mischen, dann mit dem Likör der Flüssigkeit zugeben. Masse abkühlen lassen und auf 18 °Bé einstellen.

Zitroneneis

1/2 l Wasser
1/4 l Weißwein
400 g Zucker
5 g Fruchteis-Bindemittel
1/4 l frisch gepreßter Zitronensaft

Eisbomben

Unter „Eisbomben" versteht man Eiskreationen, die in einer Halbkugelform im Froster ausgefroren werden. Sie werden vor allem für festliche Anlässe angefertigt.
Die Halbkugelform wird zuerst gut vorgekühlt, dann wird deren Innenseite mit einer etwa 1,5 cm starken Schicht aus Creme- oder Fruchteis ausgekleidet (chemisiert). Ist diese Schicht angefroren, so wird die Sahneeismasse (Parfait) in die Form gegeben und ausgefroren.

Soll die Bombe serviert werden, so hält man die Form kurz in heißes Wasser, damit die äußere Speiseeisschicht etwas anschmilzt. Dadurch läßt sich die Bombe gut stürzen, und zwar zweckmäßigerweise auf einen dünnen Biskuitboden entsprechender Größe, der dann auf einen Teller oder eine Platte gesetzt wird. Das Gefrorene schmilzt nicht sofort weg, so daß man die Bombe ohne Hast ausgarnieren kann.

Weihnachtliche Eisbombe in Spinnzucker mit Schokoladensauce

Eine vorgekühlte 1-l-Halbkugelform etwa 1,5 cm stark mit Karameleis auskleiden (chemisieren). Eisschicht 15 Minuten anfrieren lassen, dann Schokoladenparfait in die Form geben und ausfrieren.

Bombe auf Biskuitboden entsprechender Größe stürzen, Zuckergespinst darübersetzen, mit Sahnetupfen, halb in Kuvertüre getauchten Hippenbäumchen und Sternchen aus Kuvertüre ausgarnieren.

Karameleis Seite 86
Schokoladenparfait Seite 91
Hippenmasse Seite 234
Kuvertüre Seite 181, 182, 186
Spinnzucker Seite 198, 215
Biskuit Seite 232

Omelettes surprise

Omelettes surprise (Überraschungsomeletten) sind eine Eisspezialität, die zweifellos zu den Evergreens im Speiseeisangebot zählt. Obwohl schon lange kein Geheimtip mehr, hat dieses Dessert noch nichts an Popularität verloren, es ist immer wieder attraktiv und gefragt.
Die „Überraschung" ist darin zu sehen, daß trotz Hitzeeinwirkung unter der gebräunten Oberfläche das Speiseeis erhalten bleibt.
Für die geschmackliche Zusammensetzung gibt es keine Regeln, sie bleibt dem Verfertiger überlassen. Da das Omelette surprise ein ausgesprochenes À-la-carte-Dessert ab 2 Personen ist, wird es erst bei Bestellung zubereitet.

Grundrezept

Dünnen Boden aus Biskuitkapsel entsprechend der Plattengröße oval ausschneiden und – wenn gewünscht – mit etwas Alkohol beträufeln. Darauf Speiseeis verschiedener Geschmacksrichtungen dressieren. Diesen „Eisberg" in dünnen Biskuitboden einhüllen, mit Soufflémasse gleichmäßig etwa 1 cm stark einstreichen und fantasievoll ausgarnieren, eventuell mit Früchten belegen. Dann das Dessert im Ofen bei starker Oberhitze oder unter dem Salamander überbacken. Zuletzt die Omelette surprise mit Staubzucker leicht bestäuben und sofort servieren.

Omelette-Soufflé-Masse

5	Eiweiß
3	Eigelb
120 g	Zucker
10 g	Stärkemehl
	Abgeriebenes von 1 Orange
	Mark von 1/2 Vanilleschote

Eigelb, Abgeriebenes, Mark der Vanilleschote und 40 g Zucker schaumig rühren. Eiweiß und restlichen Zucker zu Schnee schlagen, der weder schmierig noch flockig werden darf. Stärkemehl darübersieben und vorsichtig einrühren, dann unter die Eigelb-Zucker-Masse ziehen.

Cassatas

Diese Eisspezialiät, die aus Italien stammt, ist seit vielen Jahren international bekannt und hat sich einen festen Platz in der breitgefächerten Skala der Eisspeisen errungen. Durch die Herstellungsweise kann sie dem Parfait zugeordnet werden. Das wesentliche Merkmal der Cassatas ist die süße Füllung, die aus einer Mischung von italienischer Baisermasse, Schlagsahne, kandierten Früchten, mazerierten Mandelmakronen und Krokant besteht. Die rezeptuelle Kombination dieser Zutaten variiert und bleibt dem Einfallsreichtum des Herstellers überlassen, auch ist eine bestimmte Form nicht vorgeschrieben, doch sind Bombe und Timbale wohl am zweckmäßigsten.

Cassataeisfüllung

- 1/2 l Sahne
- 4 Eigelb
- 3 Eiweiß
- 230 g Zucker
- 50 g Mandelmakronen
- 50 g gestoßener Krokant
- 80 g gewürfelte kandierte Früchte
- 4 cl Maraschino (Kirschlikör)

Makronen grob zerkleinern und in Likör legen. Eigelb mit geschlagener Sahne vermischen. Früchte, Krokant und auch mazerierte Makronen unterziehen.

Eiweiß mit 30 g Zucker zu Schnee schlagen. Restlichen Zucker mit Wasser zum Kettenflug (115 °C) kochen, in den Eischnee einlaufen lassen, langsam kalt schlagen und mit der Eigelb-Sahne-Masse melieren.

Cassata „Napoli"

Eisbombenform gut vorkühlen, Innenseite mit jeweils einer etwa 1 cm starken Schicht der 3 Speiseeissorten Vanille, Erdbeer und Pistazien auskleiden (chemisieren). Schichten anfrieren lassen. Cassatafüllung in die Form geben, glattstreichen und dann ausfrieren.

Bombe auf dünnen Biskuitboden stürzen und dann nach Belieben ausgarnieren.

Vanilleeis Seite 86
Erdbeereis Seite 86
Pistazieneis Seite 86
Biskuit Seite 232

Cassataeis-Baiserwaffel mit Schokoladensauce

Zur Herstellung der Baiserwaffeln auf Pergamentpapier mit Spritzbeutel und Lochtülle etwa 7 cm breite und 40 cm lange Streifen aus Baisermasse dressieren und diese trocknen. Danach die Streifen vorsichtig in etwa 8 cm lange Stükke schneiden und deren Enden in Kuvertüre tauchen.

Eine etwa 1 cm stark aufgestrichene und ausgefrorene Cassataeiskapsel entsprechend der Größe der Waffeln aufschneiden und je 1 Stück Cassataeis als Füllung zwischen 2 Baiserwaffeln legen. Mit einem Tupfen Sahne und kleinem Blütenornament aus Kuvertüre garnieren.

Schokoladensauce und einige frische Süßkirschen ergänzen die geschmackliche Harmonie dieses schlichten Eisdesserts.

Für dieses Dessert müssen hergestellt werden:

Baisermasse I Seite 237
Cassataeisfüllung Seite 101
Schokoladensauce I Seite 126
Kuvertüre Seite 181, 182, 184

Eistorten

In die Reihe wirkungsvoller und schmackhafter Eisspeisen gehören auch Eistorten. Sie eignen sich hervorragend als Tagesdesserts, aber auch für besondere Gelegenheiten und Feste sowie Feiertage.

Ihre Herstellung entspricht der von Cremetorten. Als Füllung eignet sich jede Speiseeismasse, besonders eine Sahneeismasse. Als Einlagen finden dünne Biskuitböden unterschiedlicher Geschmacksrichtung, Baiserböden und Grillage- sowie Japonaise-Böden oder Löffelbiskuit Verwendung. Eingesetzt werden Eistorten am besten in Alu-Tortenringe oder Alu-Tortenformen, aus denen sie sich nach dem Ausfrieren wieder gut herausnehmen lassen. Sie werden mit Sahne eingestrichen und ausgarniert oder mit dünnflüssiger Kuvertüre überzogen.

Als Beigaben eignen sich besonders Früchte, Frucht- oder Cremesaucen und diverses Eisgebäck.

Eistorte mit Florentiner Ecken und Papayasauce

Für diese Eistorte müssen hergestellt werden:

Schokoladen-Rouladenmasse S. 233
Biskuitmasse Seite 232
Mandelmakronenmasse III Seite 238
Florentiner Masse Seite 235
Hippenmasse I Seite 234
Papayasauce Seite 124
Pralinen-Parfaitmasse Seite 91
Sauerkirschen-Parfaitmasse Seite 91

Einen Kleintortenring (Durchmesser 16 cm, Höhe 4 cm) mit einem dünnen Boden aus Schokoladen-Rouladenmasse auslegen und diesen leicht mit Kirschwasser-Läuterzucker tränken. Darauf eine etwa 2 cm starke Schicht Pralinen-Parfaitmasse geben und mit Schokoladenspänen bestreuen. Nun den Ring mit kandierten Kischenhälften und Mandelmakronen versetzter Sauerkirschen-Parfaitmasse füllen und mit dünnem Biskuitboden abdecken.

Nach dem Ausfrieren und Ausformen Torte mit Sahne einstreichen und mit Sahnetupfen umranden. Oberfläche in 8 Stücke einteilen und mit Florentiner Ecken fächerartig belegen.

Die einzelnen Tortenstücke mit Papayasauce und einer Spirale aus Hippenmasse anrichten.

Grillage-Eistorte
Füllung für 2 Torten

- 1 l Sahne
- 3 Eigelb
- 50 g Zucker
- 100 g Honig
- 100 g geröstete, grobgehackte Haselnüsse
- 100 g grobgemahlene halbbittere Kuvertüre
- 4 cl Cointreau (Orangenlikör)

Eigelb, Zucker, Honig und Likör cremig rühren. Geschlagene Sahne unterziehen. Haselnüsse und Kuvertüre vermischen, in die Masse einstreuen und melieren.

Dann 3 Grillage-Böden (Durchmesser 26 cm, Höhe 1 cm) dünn mit Kuvertüre bestreichen, in Alu-Tortenring im Wechsel mit der Füllung bis zum oberen Rand der Form einsetzen. Torte mit Pergamentpapier abdecken und im Froster ausfrieren.

Oberfläche in 16 Stücke einteilen. Jedes Stück mit Sahne und Baisergebäck garnieren und auf einem Dessertteller anrichten.

Für diese Eistorte müssen hergestellt werden:
Grillage-Masse Seite 235
Sahneeismasse Seite 90
Baisermasse Seite 237
Kuvertüre Seite 181, 182

Kastanien-Eistorte
Füllung für 2 Torten

- 3/4 l Sahne
- 8 Eigelb
- 3 Eiweiß
- 1/8 l Läuterzucker (Wasser/Zucker 1:1)
- 250 g Sandzucker
- 4 cl Rum
- 400 g Kastanienpüree
- Mark von 1 Vanilleschote

Eigelb, 150 g Sandzucker und Mark der Vanilleschote warm und kalt schlagen. Püree, Läuterzucker und Rum glattrühren und mit der Eigelb-Zucker-Masse gut vermischen.

Eiweiß und restlichen Zucker zu Schnee schlagen und mit der geschlagenen Sahne unter die Masse heben.

Als Einlagen 3 mit Milchkuvertüre bestrichene Japonaise-Böden (Seite 236) verwenden. Nach dem Ausfrieren Torte mit dünnflüssiger Milchkuvertüre überziehen.

Pralinen-Eistorte
Füllung für 2 Torten

- 1 l Sahne
- 8 Eigelb
- 1/8 l Läuterzucker (Wasser/Zucker 1:1)
- 200 g Sandzucker
- Mark von 1 Vanilleschote
- 150 g Nugat
- 6 cl Kirschwasser
- 50 g Schokoladenspäne

Eigelb, Sandzucker und Mark der Vanilleschote warm und kalt schlagen. Nugat leicht anwärmen, mit Läuterzucker glattrühren und mit der Eigelb-Zucker-Masse gut vermischen. Kirschwasser einrühren und geschlagene Sahne unterheben. Zuletzt Schokoladenspäne vorsichtig einmelieren.

Als Einlagen Böden aus Schokoladen-Rouladenmasse (Seite 233) verwenden.

Orangen-Eistorte
Füllung für 2 Torten

- 3/4 l Sahne
- 8 Eigelb
- 250 g Zucker
- 1/3 l frischer Orangensaft
- 6 cl Bénédictine (Kräuterlikör)
- 3 Blatt Gelatine
- 3 Eiweiß
- Mark von 1 Vanilleschote

Gelatine etwa 20 Minuten in kaltem Wasser einweichen.

Eigelb, 150 g Zucker und Mark der Vanilleschote warm und kalt schlagen. Orangensaft, aufgelöste Gelatine und Likör einrühren. Masse so weit zurücktemperieren, bis sie sämig wird. Eiweiß und restlichen Zukker zu Schnee schlagen und mit der geschlagenen Sahne unter die Masse heben.

Als Boden und Decke Böden aus Schokoladen-Rouladenmasse (Seite 233) und als Mitte Löffelbiskuit (Seite 232) verwenden.

Eis-Charlotten

Wie der Name sagt, handelt es sich bei diesen Eisspeisen um in der Form gefrorene Sahneeismassen mit dem Merkmal „Umrandung".

Wie bei Cremecharlotten wird die Form mit Biskuitstreifen, Löffelbiskuit oder einer anderen gebackenen Masse ausgelegt, mit Sahneeismasse der gewünschten Geschmacksrichtung gefüllt und im Froster ausgefroren. Danach wird die Charlotte auf einen Biskuitboden gestürzt, gegebenenfalls mit Sahne und Früchten ausgarniert und mit einer passenden Frucht- oder Cremesauce angerichtet.

Statt die Form vor dem Einfüllen der Sahneeismasse auszulegen, kann man die Umrandung – mit oder ohne Abdeckung – auch nach dem Ausfrieren der Sahneeismasse anbringen.

Der Name einer Charlotte richtet sich entweder nach Bezeichnung und Geschmack der Sahneeisfüllung oder der Umrandung und Abdeckung. Vielfach werden auch Fantasienamen verwendet, die personen-, orts- oder landschaftsbezogen sind.

Eis-Charlotte „Royal"

Zutaten für etwa 8 Portionen

- 3/8 l geschlagene Sahne
- 3 Eigelb
- 80 g Zucker
- 2 EL Honig
- 4 cl Cointreau
- Abgeriebenes und Saft von 2 Orangen
- 1 Erdbeerroulade (3 cm Durchmesser, etwa 25 cm lang), gefüllt mit etwa 300 g passierter Erdbeerkonfitüre
- 100 g Aprikotur
- 1/4 l Nugatsauce
- 20 g gehackte Pistazien
- 8 Kapstachelbeeren (bot. Physalis peruviana)
- etwas Crème fraîche

Eigelb, Zucker, Honig und Abgeriebenes schaumig schlagen. Saft der Orangen und Cointreau einrühren und 1/4 l geschlagene Sahne unterheben.

Erdbeerroulade in etwa 5 mm starke Scheiben schneiden und Portionsförmchen, Timbale oder einfache Kaffeetassen damit ganz auslegen. Sahneeismasse einfüllen, mit Biskuitbödchen abdecken und im Froster ausfrieren.

Beim Anrichten Spiegel aus Nugatsauce auf Teller gießen, 2 Linien aus mit Sahne verdünnter Crème fraîche einspritzen, mit Holzstäbchen Muster einziehen und einige gehackte Pistazien aufstreuen. Charlotte stürzen, dünn aprikotieren und einsetzen. Mit restlicher Sahne Rosette aufdressieren und mit einer aufgefalteten Kapstachelbeere garnieren.

Für dieses Dessert müssen hergestellt werden:
Biskuit-Rouladenmasse (1/2 Masse) Seite 232
Aprikotur Seite 194
Nugatsauce Seite 125

Himbeer-Eis-Charlotte mit Himbeersauce
– für eine kleine Gesellschaft oder für 6 bis 8 Portionen –

Rand einer kannelierten Charlottenform (Durchmesser 15 cm, Höhe 5 cm) mit entsprechend großen Löffelbiskuits auslegen. Dann auf den Boden eine etwa 1 cm starke Schicht Himbeer-Parfaitmasse geben und anfrieren lassen. Darauf eine etwa 2 cm starke Schicht Vanilleeismasse geben und diese mit Nugatwürfeln versetzen. Schließlich Form bis zum oberen Rand mit Schokoladen-Parfaitmasse füllen und diese mit einem dünnen Boden aus Schokoladen-Rouladenmasse abdecken.

Nach dem Ausfrieren Charlotte stürzen und mit Sahnetupfen umranden. Den oberen Rand mit Himbeeren belegen und diese mit Himbeersauce nappieren. In die Mitte einen großen Tupfen Sahne geben. Darauf eine Blüte aus Vollmilchkuvertüre und weißer Schokolade setzen.

Vor dem Service Portionen mit Himbeersauce anrichten.

Für dieses Dessert müssen hergestellt werden:
Biskuitmasse – Löffelbiskuit Seite 232
Schokoladen-Rouladenmasse Seite 233
Himbeer-Parfaitmasse Seite 90
Vanilleeismasse Seite 86
Schokoladen-Parfaitmasse Seite 91
Himbeersauce Seite 123
Vollmilchkuvertüre Seite 181,186

Eisrouladen

Eisrouladen werden auf dieselbe Weise hergestellt wie Cremerouladen. Die Biskuitkapsel der gewünschten Geschmacksrichtung wird mit etwas alkoholisiertem Läuterzucker leicht getränkt, mit beliebiger Speiseeismasse etwa 1 cm stark gefüllt, zusammengerollt und im Froster ausgefroren.

Danach können die Rouladen entweder mit Baisermasse eingestrichen und abgeflämmt oder mit Sahne eingestrichen und mit Kakaopulver besiebt werden. Man kann sie auch auf andere Weise ausgarnieren. Sie werden mit passenden Frucht- oder Cremesaucen oder mit Früchten portionsweise angerichtet.

Schokoladenroulade mit Bananeneis, Schokoladensauce und Erdbeersauce

Eine gut vorgekühlte Kapsel (30 cm × 50 cm) aus Schokoladen-Rouladenmasse mit 1 l Bananeneis füllen, aufgerollt in Pergamentpapier einpacken und tiefgefrieren.

Vor dem Service Roulade mit Staubzucker besieben und in etwa 2 cm starke Scheiben schneiden. Jede Scheibe gegen einen großen Tupfen Sahne etwas schräg auf einen Teller setzen. Mit Schokoladen- und Erdbeersauce, Bananenscheiben und Eisgebäck aus Hippenmasse anrichten.

Für dieses Dessert müssen hergestellt werden:
Schokoladen-Rouladenmasse Seite 233
Bananeneis Seite 98
Schokoladensauce I Seite 126
Erdbeersauce Seite 123
Hippenmasse I Seite 234

Eisgetränke

Orangen-Eispunsch

1/2 l schwarzer Tee
1/2 l Champagner
100 g Sandzucker
3 Eiweiß
Saft und Abgeriebenes von 3 Orangen
Saft von 2 Zitronen
Läuterzucker (Wasser/Zucker 1:1) nach Bedarf

Tee und Abgeriebenes der Orangen kochen, dann auskühlen lassen und durch ein Tuch passieren. Orangen- sowie Zitronensaft einrühren und mit Läuterzucker auf 15 °Bé einstellen. Champagner zugeben, alles in der Eismaschine halb ausfrieren. Eiweiß und Sandzucker zu Schnee schlagen und mit der Eismasse vermischen.

Eisschokolade

1/2 Glas Vollmilch
3 cl Schokoladensauce
1 Kugel Vanilleeis

Milch und Sauce gut verrühren, in ein Melangeglas füllen und Vanilleeis zugeben. Mit Sahnering garnieren und wenige Schokoladenspäne daraufgeben.

Eiskaffee

1/2 Glas Vollmilch
1 TL Löskaffee
1 Kugel Vanilleeis

Milch und Kaffee gut verrühren, in ein Melangeglas füllen und Vanilleeis zugeben. Mit Sahnering garnieren und etwas gemahlenen Kaffee daraufgeben.

Eistee

1/2 Glas kalter schwarzer Tee
1 TL Bienenhonig
1 Kugel Vanilleeis

Tee und Honig gut verrühren, in ein Melangeglas füllen und Vanilleeis zugeben. Mit Sahnering garnieren und mit 2 oder 3 Stückchen Teegebäck servieren.

Orangeneispunsch mit Sahne und Hippenrolle

Innenwand gut vorgekühlter Glaskelche unregelmäßig mit stabiler Schokoladensauce ausspritzen. Dann Kelche 3/4 voll mit Eischnee versetztem Orangeneispunsch füllen und mit einem großen Tupfen Sahne sowie einer Hippenrolle garnieren.

Für diesen Orangeneispunsch müssen hergestellt werden:
Orangeneispunsch Seite 107
Schokoladensauce I Seite 126
Hippenmasse I Seite 234

Eiscremesodas

Diese erfrischenden, wohlschmeckenden Durstlöscher sind schnell herzustellen und üben bei richtiger Zubereitung durch ihr farbenfrohes Aussehen eine große Anziehungskraft aus. Sie werden in hohen Limonadengläsern angerichtet, mit Eis- oder Joghurtlöffel und Trinkhalm serviert. Garniert werden Eiscremesodas mit Sahne und einer passenden Frucht.

Zuerst wird der Sirup in das Glas gegeben. Darauf kommen die erste Kugel Eis und flüssige Sahne. Dann wird das Glas 3/4 voll mit Sodawasser gefüllt, die zweite Kugel Eis eindressiert und die Garnitur aufgesetzt.

Die folgenden Rezepte beziehen sich auf einen Glasinhalt von 0,20 l.

Ananas-Eiscremesoda

3 cl Ananassirup
2 cl feingehackte Ananas
2 cl Sahne
1 Kugel Vanilleeis
Sodawasser
1 Kugel Ananaseis
Garnitur: Tupfen Sahne, 1/4 Scheibe Ananas

Erdbeer-Eiscremesoda

2 cl Erdbeersirup
2 cl Erdbeermark
2 cl Sahne
1 Kugel Vanilleeis
Sodawasser
1 Kugel Erdbeereis
Garnitur: 1 Erdbeere

Himbeer-Eiscremesoda

3 cl Himbeersirup
2 cl Sahne
1 Kugel Himbeereis
Sodawasser
1 Kugel Vanilleeis
Garnitur: Tupfen Sahne, 3 Himbeeren

Schoko-Ananas-Eiscremesoda

2 cl Ananassirup
2 cl Schokoladensauce
2 cl feingehackte Ananas
2 cl Sahne
1 Kugel Vanilleeis
Sodawasser
1 Kugel Schokoladeneis
Garnitur: Tupfen Sahne, Schokoladenspäne

Sanddornvollfrucht-Eiscremesoda

3 cl Sanddornvollfruchtsirup
2 cl Sahne
1 Kugel Vanilleeis
Sodawasser
1 Kugel Aprikoseneis
Garnitur: Tupfen Sahne, 1 TL Sanddornsirup

Orangen-Eiscremesoda

3 cl Orangensirup
2 cl Sahne
1 Kugel Vanilleeis
Sodawasser
1 Kugel Orangeneis
Garnitur: Tupfen Sahne, 1/2 Scheibe Orange

Zitronen-Eiscremesoda

3 cl Zitronensirup
2 cl Sahne
1 Kugel Zitroneneis
Sodawasser
1 Kugel Vanilleeis
Garnitur: Tupfen Sahne, 1/2 Scheibe Zitrone

6.
KAPITEL

MILCHMIXGETRÄNKE

Milchmixgetränke

Da man um den hohen Nährwert der Milch weiß, ist sie besonders in der heutigen Zeit zu einem sehr wichtigen Bestandteil der menschlichen Ernährung geworden. Deshalb müssen auch Erzeugnisse aus Milch, die mit Zusatz von besten Geschmacksträgern unter dem Begriff Milchmixgetränke bekannt sind, einen hohen Stellenwert im Speisen- und Getränkeangebot einnehmen.

Wie diese Bezeichnung zum Ausdruck bringt, handelt es sich dabei um Getränke mit dem Grundrohstoff Milch in Komposition mit anderen Zutaten, die mit Hilfe eines Mixgeräts gemischt werden. Angerichtet und serviert werden derartige erfrischende Getränke vorwiegend in hohen, meist bunten besonderen Gläsern mit einem Trinkhalm.

Die Rezepte beziehen sich auf einen Glasinhalt von 0,25 l.

Kalte Milchmixgetränke Alle Zutaten werden mit kalter Milch gemixt.

Bananenmilch

1/2 vollreife Banane
1/2 TL Zitronensaft
1 cl Läuterzucker
1/6 l Vollmilch

Aprikosenmilch

2 cl Aprikosenmark
2 cl Aprikosensirup
1/2 TL Zitronensaft
1/5 l Vollmilch

Mandelmilch

1 TL Marzipanrohmasse
1 Tropfen Bittermandelöl
2 cl Läuterzucker
1/5 l Vollmilch

Mokkamilch

1 TL Instantkaffee
2 cl Läuterzucker
1/5 l Vollmilch

Haselnußmilch

1 TL Haselnußpaste
1 TL Läuterzucker
1/5 l Vollmilch

Himbeermilch

2 cl Himbeersirup
1/5 l Vollmilch

Erdbeermilch

2 cl Erdbeersirup
2 cl frisches Erdbeermark
1/5 l Vollmilch

Orangenmilch

3 cl Orangensirup
1/5 l Vollmilch

Ananasmilch

2 cl Ananassirup
2 cl Ananas, geraspelt
1/5 l Vollmilch

Sanddorn-Vollfruchtmilch

3 cl Sanddorn-Vollfruchtsirup
1/5 l Vollmilch

Schokoladenmilch

4 cl Schokoladensauce
1/5 l Vollmilch

Heiße Milchmixgetränke Alle Zutaten werden mit heißer Milch gemixt.

Honigmilch

1 EL Bienenhonig
1 Eigelb
1/5 l Vollmilch

Mokka-Malz-Milch

1/2 TL Instantkaffee
1 TL Malztrockenpulver
1 TL Karamelsirup
1/5 l Vollmilch

Honig-Malz-Milch

1 EL Bienenhonig
2 TL Malztrockenpulver
1/5 l Vollmilch

Nuß-Schokoladen-Milch

1/2 TL Haselnußpaste
2 cl Schokoladensauce
1/5 l Vollmilch

Karamel-Schokoladen-Milch

2 cl Schokoladensauce
2 cl Karamelsirup
1/5 l Vollmilch

Nußmilch

1 EL Haselnußpaste (passiert)
1 TL Läuterzucker
1/5 l Vollmilch

Heiße Milchmixgetränke mit Alkohol

Schokoladenmilch mit Weinbrand

3 cl Schokoladensauce
4 cl Weinbrand
1/8 l Vollmilch

Mexiko-Spezial-Milch

1 TL Instantkaffee
2 cl Läuterzucker
4 cl Rum
1/8 l Vollmilch

Honigmilch mit Rum

1 EL Bienenhonig
4 cl Rum
1/6 l Vollmilch

Milchshakes ohne Alkohol

Orangen-Milchshake

3 cl Orangensirup
1 20er Kugel Orangeneis
1/8 l Vollmilch

Ananas-Milchshake

2 cl Ananassirup
2 cl feingehackte Ananas
1 20er Kugel Ananaseis
1/10 l Vollmilch

Heidelbeer-Milchshake

2 cl Heidelbeer-Vollfruchtsirup
1 20er Kugel Vanilleeis
1/8 l Vollmilch

Schoc-Mocc-Shake

2 cl Schokoladensauce
1 TL Instantkaffee
1 20er Kugel Vanilleeis
1/8 l Vollmilch

Erdbeer-Milchshake

3 frische Erdbeeren
1 cl Läuterzucker
1 20er Kugel Erdbeereis
1/8 l Vollmilch

Kirsch-Mandel-Milchshake

2 cl Kirschsirup
1 Tropfen Bittermandelöl
1 20er Kugel Vanilleeis
1/8 l Vollmilch

Göttertrank-Milchshake

2 cl Zitronensaft
2 cl Orangensirup
2 cl Schokoladensauce
1 20er Kugel Vanilleeis
1 20er Kugel Schokoladeneis
1/16 l Vollmilch

Apfel-Friate Milchshake

3 cl Apfel-Friatesirup
1 20er Kugel Vanilleeis
1/8 l Vollmilch

Zitronen-Milchshake

3 cl Zitronensirup
1 20er Kugel Zitroneneis
1/8 l Vollmilch

Milchshakes mit Alkohol

Bel-Ami

2 cl Weinbrand
2 cl Apricot Brandy
4 cl Sahne
1 20er Kugel Vanilleeis

Lustige Witwe

2 cl Whisky
2 cl Cherry-Brandy
4 cl Sahne
1 20er Kugel Erdbeereis

Lumumba

2 cl Weinbrand
3 cl Schokoladensauce
4 cl Sahne
1 20er Kugel Schokoladeneis

Alkoholfreie Flips

Ananas-Flip

2 cl Ananassirup
2 cl Ananas, geraspelt
1 Ei
1 20er Kugel Ananaseis

Bananen-Flip

$1/2$ vollreife Banane
$1/2$ TL Zitronensaft
1 cl Läuterzucker
4 cl Sahne
1 Ei
1 20er Kugel Bananeneis

Erdbeer-Flip

2 cl Erdbeersirup
2 cl frisches Erdbeermark
4 cl Sahne
1 Ei
1 20er Kugel Erdbeereis

Mokka-Flip

1 TL Instantkaffee
1 TL Läuterzucker
4 cl Sahne
1 Ei
1 20er Kugel Vanilleeis

Sanddorn-Flip

3 cl Sanddorn-Vollfruchtsirup
4 cl Sahne
1 Ei
1 20er Kugel Vanilleeis

Schokoladen-Flip

4 cl Schokoladensauce
3 cl Sahne
1 Ei
1 20er Kugel Schokoladeneis

Flips mit Alkohol

Brandy-Flip

3 cl Weinbrand
3 cl Sahne
2 cl Läuterzucker
1 Ei
1 20er Kugel Zimteis

Mokka-Flip

2 cl Weinbrand
2 cl Mokkalikör
$1/2$ TL Instantkaffee
3 cl Sahne
1 Ei
1 20er Kugel Mokkaeis

Portwein-Flip

6 cl Portwein
4 cl Sahne
1 Ei
1 20er Kugel Vanilleeis

Flip Siziliana

2 cl Curaçao
2 EL frischer Orangensaft
1 TL Grenadinesirup
2 cl Sahne
1 Ei
1 20er Kugel Orangeneis

Flip Weißer Traum

2 cl Gin
2 cl Bénédictine
4 cl Sahne
1 Ei
1 20er Kugel Vanilleeis

Flip Hawaiimelodie

2 cl Ananaslikör
2 cl Gin
2 cl feingehackte Ananas
2 cl Sahne
1 Ei
1 20er Kugel Ananaseis

Eggnogs mit Alkohol

Whisky-Eggnog

3 cl Whisky
2 cl Läuterzucker
1 Eigelb
$1/8$ l Vollmilch
etwas abgeriebener Muskat

Madeira-Eggnog

4 cl Madeirawein
2 cl weißer Rum
1 Eigelb
$1/8$ l Vollmilch
etwas abgeriebener Muskat

Apricot-Brandy-Eggnog

3 cl Apricot-Brandy
1 cl Läuterzucker
1 cl Weinbrand
$1/8$ l Vollmilch
etwas abgeriebener Muskat

7.
KAPITEL

GRÜTZEN
GELEES
KALTSCHALEN

Grützen

Grützen, allgemein als „rote oder grüne Grütze" bekannt, sind herzhaft schmeckende Fruchtspeisen aus frischen Wald- und Gartenbeeren sowie aus Kern- und Steinobst. Während sie in früheren Jahren hauptsächlich mit Sago, Tapioka oder Stärkemehl gebunden wurden, werden sie heute vielfach auch mit Gelatine hergestellt. Ursprünglich waren Grützen vorwiegend in skandinavischen Ländern und in Norddeutschland zu finden, inzwischen jedoch sind sie weit verbreitet und erfreuen sich großer Beliebtheit.

Himbeer-Johannisbeer-Grütze

Zutaten für etwa 10 bis 12 Portionen

- 1/4 l Wasser
- 3/8 l Rotwein
- 500 g rotes Johannisbeergelee
- 500 g Johannisbeeren
- 500 g Himbeeren
- Saft von 2 Zitronen
- 12 Blatt Gelatine

Gelatine etwa 20 Minuten in kaltem Wasser einweichen, Himbeeren und Johannisbeeren waschen, je 250 g pürieren, passieren und mit Wasser, Wein, Zitronensaft und Johannisbeergelee aufkochen. Vom Feuer nehmen, ausgedrückte Gelatine einrühren, die Masse auf etwa 40 °C abkühlen lassen und die restlichen Früchte zugeben. Portionsweise in Gläser, Glasschalen oder Glasschüsseln füllen und zum Absteifen kalt stellen. Beim Anrichten mit Sahne und einer schönen Himbeere oder einer kleinen Johannisbeertraube garnieren. Als Beilage zwei Löffelbiskuits anlegen. Die Grütze schmeckt auch sehr gut mit Vanilleeis, Vanillesauce oder mit flüssiger Sahne.

Löffelbiskuits Seite 232
Vanillesauce Seite 124
Vanilleeis Seite 86

Heidelbeer-Brombeer-Grütze
Zutaten für etwa 10 bis 12 Portionen

800 g Heidelbeeren
500 g Brombeeren
250 g Farinzucker
100 g Bienenhonig
3/4 l Rotwein
Saft von 2 Zitronen
1 Vanilleschote
12 Blatt Gelatine

Gelatine etwa 20 Minuten in kaltem Wasser einweichen. Heidelbeeren und Brombeeren waschen. Dann die Brombeeren pürieren und passieren. Den Rotwein mit Farinzucker, Honig, Zitronensaft und dem Mark der Vanilleschote kochen. Brombeermark und ausgedrückte Gelatine einrühren, ziemlich abkühlen lassen und die Heidelbeeren zugeben. In Gläser, Glasschalen oder tiefe Teller füllen und kalt stellen. Vor dem Servieren mit einem kleinen Löffel cremig gerührten Joghurt und etwas Eierlikör anrichten.

Kirschen-Erdbeer-Grütze
Zutaten für etwa 10 bis 12 Portionen

1/4 l Wasser
1/2 l trockener Weißwein
300 g Erdbeerkonfitüre
100 g Bienenhonig
200 g Walderdbeeren
700 g Sauerkirschen
6 cl Amaretto
12 Blatt Gelatine

Gelatine etwa 20 Minuten in kaltem Wasser einweichen.

Kirschen waschen, entsteinen, im Wasser-Wein-Honig-Gemisch blanchieren, abschütten und 200 g davon pürieren. Ausgedrückte Gelatine im heißen Fond auflösen, Erdbeerkonfitüre und Kirschpüree einrühren und die restlichen blanchierten Kirschen mit Amaretto und Walderdbeeren zugeben. Etwas abkühlen lassen, in Gläser oder Portionsschalen füllen und kalt stellen.

Vor dem Anrichten jede Portion mit einem Tupfen Sahne, schöner frischer Kirsche und lindgrünem Marzipanblättchen garnieren.

Rote Grütze
Zutaten für 10 Portionen

750 g rote Johannisbeeren
600 g vollreife Himbeeren
1/2 l Weißwein
1/4 l Wasser
300 g Zucker
4 cl Rum
100 g Sago oder Tapioka

Johannisbeeren und Himbeeren vorsichtig waschen. Je 500 g Beeren im Wasser breiartig kochen, dann auspressen. Den aufgefangenen Saft mit Wein und Zucker verrühren. Sago oder Tapioka einrieseln lassen und unter ständigem Rühren etwa 15 Minuten leicht kochen lassen.

Nach kurzem Abkühlen die restlichen Beeren und den Rum einrühren. In Gläser oder Glasschalen geben und kalt stellen.

Grütze gut gekühlt mit Vanillesauce (Seite 124) servieren.

Stachelbeer-Pfirsich-Grütze
Zutaten für etwa 10 Portionen

500 g Stachelbeeren
700 g weiße Pfirsiche
200 g Zucker
1/2 l Apfelsaft
1/4 l Weißwein
50 g Stärkemehl
Saft von 1 Zitrone
2 Stangen Zimt

Stachelbeeren waschen und putzen. Pfirsiche blanchieren, Haut abziehen und das Fruchtfleisch in Scheiben schneiden. Stärkemehl mit etwas Wein kalt anrühren. Rest des Weines mit Apfelsaft, Zucker, Zitrone und Zimtstangen einige Minuten kochen. Vom Feuer nehmen, Zimtstangen entfernen, Stachelbeeren zugeben, nur ganz kurz dünsten und mit Schaumlöffel wieder vorsichtig herausnehmen. Die Flüssigkeit wieder auf die Brennstelle setzen, das angerührte Stärkemehl einrühren und alles gut durchkochen lassen. Die Pfirsichscheiben vorsichtig einrühren, in Gläser oder Glasschalen füllen und Stachelbeeren einlegen. Dann kalt stellen und mit kurz angeschlagener, leicht gesüßter Sahne und gehackten Pistazien anrichten.

Bananen-Kiwi-Grütze
Zutaten für 6 Portionen

1/2 l milder Weißwein
40 g Zucker
1 Stange Zimt
1 Gewürznelke
4 cl Whisky
Saft von 1 Zitrone
35 g Speisestärke
3 mittelgroße Bananen
4 Kiwis
1/8 l Sahne
1/2 TL Vanillezucker

Die Speisestärke mit etwas Wein kalt anrühren.

Den restlichen Wein mit Zucker, Zimtstange, Gewürznelke, Zitronensaft und 2 pürierten Kiwis kochen. Zimtstange und Nelke herausnehmen, die angerührte Speisestärke zugeben und alles gut durchkochen lassen.

Die zwischenzeitlich geschälten Bananen und restlichen 2 Kiwis in Scheiben und Würfel schneiden, mit Whisky marinieren und dem heißen Fond vorsichtig unterrühren. Sofort in Glasschalen oder Gläser abfüllen und kalt stellen.

Vor dem Service die Oberfläche mit einem Löffel angeschlagener vanillierter Sahne versehen.

Gelees

Gelees werden hauptsächlich aus Wein, Champagner, Wermut oder klaren Fruchtsäften hergestellt und mit Früchten, Likören, Spirituosen verfeinert. Auch kombiniert mit Fruchtsaucen, Sahne oder Joghurt sind sie von erfrischendem, harmonischem Geschmack. Als Gebäckbeilagen eignen sich besonders Baisergebäck, Hippengebäck oder Löffelbiskuits. Die Qualität hängt sowohl von den Zutaten als auch von der Bindung durch Gelatine ab. Ein Gelee von hohem Genußwert sollte zartschmelzend sein, d. h., daß man den Gelatinezusatz so gering wie möglich hält.

Bei sturzfähigen Gelees ist ein etwas höherer Zusatz jedoch unvermeidbar. Es ist deshalb ratsam, ihn in niedrige Förmchen abzufüllen und stocken zu lassen.

Himbeer-Wein-Gelee

Zutaten für etwa 4 Portionen

600 g frische oder gefrostete Himbeeren
150 g Zucker
1/4 l Rotwein
2 Gewürznelken
4 cl Himbeergeist
4 Blatt Gelatine

Gelatine in kaltem Wasser etwa 20 Minuten einweichen.

500 g Himbeeren, Zucker, Rotwein und Gewürznelken einmal aufkochen lassen, pürieren und passieren. Gelatine in dem heißen Fond auflösen, Himbeergeist zugeben und alles abgedeckt auf etwa 10 °C abkühlen lassen.

Restliche Himbeeren bis auf 4 Stück auf Gläser verteilen, Himbeer-Wein bis etwa 1 cm unterhalb des Glasrands darübergeben, dann Gläser kühl stellen.

Vor dem Service jede Portion mit Sahnerosette, kleiner Marzipanblüte, mit Himbeere und Blatt aus Hippenmasse garnieren.

Für dieses Dessert muß hergestellt werden:

Hippenmasse Seite 234

Melonen-Wein-Gelee mit Joghurt und Kiwi
(Im Bild links)
Zutaten für 4 bis 5 Portionen

Gelee

- 1/4 l Marsalawein
- 30 g Zucker
- 2 cl Zitronensaft
- 2 cl Grand Marnier
- 1 kleine vollreife Honigmelone
- 3 Blatt Gelatine

Joghurtcreme

- 250 g Joghurt, natur
- 30 g Zucker
- 2 cl Zitronensaft
- 1 Kiwi
- 3 Blatt Gelatine

Die Gelatine in kaltem Wasser etwa 20 Minuten einweichen.

Joghurt, Zucker und Zitronensaft cremig rühren und ganz leicht erwärmen. Gelatine warm auflösen und einrühren. Gläser schräg stellen, mit einer Kiwischeibe auslegen, Joghurtcreme bis etwa 1 cm unterhalb des Glasrands einfüllen und zum Absteifen kalt stellen.

Marsalawein mit Zucker auf 60 °C erhitzen, Gelatine darin auflösen, Zitronensaft und Grand Marnier einrühren und alles auf etwa 10 °C abkühlen lassen.

Honigmelone schälen und daraus Kugeln stechen. Sobald die Joghurtcreme fest geworden ist, Gläser senkrecht stellen. In jedes Glas 3 bis 4 Melonenkugeln einlegen. Abgekühltes bis etwa 1 cm unterhalb des Glasrands daraufgeben und Gläser kalt stellen.

Dessert ohne Garnitur servieren.

Champagner-Pfefferminz-Gelee
(Im Bild rechts)
Zutaten für 4 Portionen

- 1/2 l Champagner
- 4 cl Läuterzucker
- 4 cl Pfefferminzlikör
- 4 frische Süßkirschen
- 4 Blatt Gelatine

Gelatine in kaltem Wasser etwa 20 Minuten einweichen.

Champagnergläser am oberen Rand etwas mit Läuterzucker befeuchten und in Raffinade tauchen.

Champagner mit Läuterzucker und Pfefferminzlikör vermischen. Gelatine warm auflösen, Champagner-Pfefferminz einrühren, Gläser damit etwa 1/3 füllen und kühl stellen.

Sobald das Gelee angezogen hat, in jedes Glas eine entsteinte Kirsche einlegen.

Champagner-Pfefferminz darübergeben, und zwar bis etwa 2 cm unterhalb des Glasrands. Gläser kalt stellen. Dessert ohne Garnitur servieren.

Rhabarber-Erdbeer-Gelee
(Im Bild links)

Zutaten für etwa 5 bis 7 Portionen

- 1/4 l Apfelsaft
- 1/4 l Weißwein
- 80 g Zucker
- 4 cl Bacardi-Rum
- 6 Blatt Gelatine
- 180 g Rhabarber
- 100 g Erdbeeren
- 1/4 l Wasser
- 50 g Zucker

Gelatine etwa 20 Minuten in kaltem Wasser einweichen. Rhabarber schälen, in etwa 5 cm lange Stücke schneiden, waschen, mit 1/4 l Wasser und 50 g Zucker übergießen, blanchieren und abgießen. Den Rhabarberfond passieren, mit Apfelsaft, Weißwein, Rum und 80 g Zucker auf etwa 60 °C erhitzen, Gelatine darin auflösen und auf etwa 10 °C zurücktemperieren.

Gläser mit halbierten Erdbeeren, blanchierten Rhabarbersticks anfüllen, mit dem Wein-Rhabarber-Apfelsaft-Fond bis etwa 1 cm unterhalb des Glasrandes aufgießen und kühl stellen.

Ohne Beilagen anrichten.

Pfirsich-Wein-Gelee *(Im Bild Mitte)*

Zutaten für etwa 5 bis 6 Portionen

- 1/2 l milder Weißherbst
- 70 g Zucker
- 2 cl Zitronensaft
- 4 cl Weinbrand
- 5–6 vollreife Pfirsiche
- 5 Blatt Gelatine

Gelatine etwa 20 Minuten in kaltem Wasser einweichen. Pfirsiche blanchieren, Haut abziehen, halbieren, vom Kern lösen, in Spalten schneiden und mit Zitronensaft mazerieren.

Weißherbst mit Zucker auf etwa 60 °C erhitzen, Gelatine darin auflösen, Weinbrand zugeben und auf etwa 10 °C abkühlen lassen.

Gläser mit mazerierten Pfirsichspalten anfüllen, mit dem Wein bis etwa 1 cm unterhalb des Glasrandes aufgießen und kühl stellen.

Ohne Beilagen anrichten.

Weingelee mit gemischten Früchten *(Im Bild rechts)*

Zutaten für etwa 12 Portionen

- 1 l Weißwein
- 180 g Zucker (Geschmacksprobe)
- Saft 1 Zitrone
- 6 cl Arrak
- 10 Blatt Gelatine
- gemischte Früchte nach Belieben

Gelatine etwa 20 Minuten in kaltem Wasser einweichen. Den Wein mit Zucker und Zitronensaft auf etwa 60 °C erhitzen. Gelatine darin auflösen, Arrak zugeben und auf etwa 10 °C abkühlen lassen.

Gläser oder Glasschalen etwa 1/3 mit bunt gemischten Früchten anfüllen, Wein bis etwa 1 cm unterhalb des Glasrandes aufgießen und kühl stellen.

Sollten die Früchte gleichmäßig im Glas verteilt sein, ist es erforderlich, das Einlegen der Früchte und Auffüllen des Weines in entsprechenden Zeitabständen vorzunehmen, damit das Gelee jeweils abstocken kann.

Ohne Beilagen anrichten.

Maracuja-Gelee mit Erdbeersauce

Zutaten für etwa 8 bis 10 Portionen

- 1/4 l Maracujasaft
- 1/4 l frisch gepreßter, passierter Orangensaft
- 3 EL Bienenhonig
- 6 cl Noilly Prat
- 2 cl Zitronensaft
- 4 cl Cointreau
- 10 Blatt Gelatine
- 1/2 l Erdbeersauce

Gelatine in kaltem Wasser etwa 20 Minuten einweichen.

Maracujasaft, Orangensaft und Honig auf etwa 60 °C erhitzen und Gelatine darin auflösen. Noilly Prat, Zitronensaft und Cointreau einrühren, auf etwa 10 °C abkühlen lassen, in Portionsförmchen geben und diese kühl stellen.

Vor dem Service jede Portion auf Teller stürzen, mit Erdbeersauce umgießen, mit Sahnerosette, Ornament aus Brand-/Hippenmasse mit Pünktchen aus Johannisbeergelee und Pistazienhälften garnieren.

Für dieses Dessert müssen hergestellt werden:

Erdbeersauce Seite123
Brand-/Hippenmasse zum Spritzen, Einlassen Seite 187

Burgunder-Gelee

Zutaten für etwa 6 bis 8 Portionen

- 1 l Burgunder (Rotwein)
- 250 g Zucker (Geschmacksprobe)
- Saft von 1 Zitrone
- 4 cl Rum
- 14 Blatt Gelatine

Gelatine in kaltem Wasser einweichen (etwa 20 Minuten). Den Wein mit Zucker, Rum und Zitronensaft auf 50 °C erwärmen, die ausgedrückte Gelatine zugeben und unterrühren. In Gläser oder Glasschalen bis etwa 1 cm unterhalb des Randes einfüllen und kalt stellen.

Rhabarber-Gelee

Zutaten für etwa 10 Portionen

- 700 g Rhabarber
- 1/4 l Läuterzucker (1:1)
- 1/2 l Apfelsaft
- 1/4 l Weißwein
- 4 cl Maraschino
- Saft von 1 Zitrone
- 300 g Zucker (Geschmacksprobe)
- 1 Vanilleschote
- 14 Blatt Gelatine

Gelatine in kaltem Wasser einweichen (etwa 20 Minuten). Den Rhabarber schälen, in etwa 3 cm große Stücke schneiden, Wein, Apfelsaft, Zitronensaft, Zucker und das Mark der Vanilleschote kochen, den Rhabarber zugeben und blanchieren. Danach abschütten und den Fond durch ein Tuch passieren. Ausgedrückte Gelatine beigeben und unterrühren. Die gedünsteten Rhabarberstücke im Läuterzucker mit Maraschino etwa 20 Minuten ziehen lassen. In Gläser oder Glasschalen verteilen, mit dem Fond bis etwa 1 cm unterhalb des Randes einfüllen und sofort kalt stellen.

Kaltschalen

Unter diesem Begriff versteht man im allgemeinen kalt zubereitete Frucht- oder Milchsuppen von herzhaftem, mäßig süßem Geschmack. Als Einlage eignen sich kleingeschnittene Früchte, Mandelmakronen, Profiteroles oder Rosetten aus Baisermasse.

Kirschkaltschale mit Mandelmakronen

Zutaten für 10 Portionen

1/2 l Wasser
1/2 l Kirschsaft
250 g Zucker
70 g Sago
1000 g Sauerkirschen
1/2 l Rotwein
4 cl Amaretto (Bittermandellikör)
Saft von 3 Zitronen
kleine Mandelmakronen

Gewaschene und entsteinte Kirschen in Wasser, Kirschsaft und Zucker halbweich kochen. Alles in ein Sieb schütten und Flüssigkeit auffangen. 300 g Kirschen pürieren. Sago in der Flüssigkeit so lange kochen lassen, bis er durchsichtig klar ist.

Püree und restliche Kirschen zugeben, unterheben und kalt stellen. Nach dem Auskühlen Wein, Likör und Zitronensaft einrühren.

Speise anrichten, jede Portion mit 4 bis 5 Mandelmakronen (Mandel-Makronenmasse III, Seite 238) servieren.

Gemischte Fruchtkaltschale

Zutaten für 10 Portionen

1/2 l Weißwein
1/2 l Wasser
300 g Zucker
1000 g Walderdbeeren
350 g Himbeeren
350 g schwarze Johannisbeeren
40 g Sago
Saft von 3 Orangen

Früchte waschen und putzen. Eine Hälfte der Walderdbeeren pürieren. Wasser, Zucker und Sago so lange kochen lassen, bis der Sago durchsichtig klar ist.

Püree und alle anderen Beeren zugeben, unterheben und kalt stellen. Nach dem Auskühlen Wein und Orangensaft einrühren.

Speise anrichten und mit Rosetten aus Baisermasse (Seite 237) und gerösteten Mandelblättchen garnieren.

Apfelkaltschale

Zutaten für 10 Portionen

1000 g säuerliche Äpfel
200 g Zucker
15 g Geleegußpulver
1 l Weißwein
6 cl Calvados (Apfelbranntwein)
1 TL Zimt
Mark von 1 Vanilleschote

Gewaschene Äpfel schälen, vierteln, vom Kernhaus befreien und in Würfel schneiden. Wein mit Zucker, Zimt und dem Mark der Vanilleschote aufkochen, dann Apfelwürfel zugeben und blanchieren.

Alles in ein Sieb schütten, Flüssigkeit auffangen. Eine Hälfte der blanchierten Apfelwürfel pürieren und mit der Flüssigkeit vermischen, nun das mit wenig kaltem Wasser angerührte Geleegußpulver zufügen. Unter ständigem Rühren nochmals gut durchkochen, kalt stellen und öfters durchrühren. Nach dem Auskühlen Branntwein und die zweite Hälfte der blanchierten Apfelwürfel unterheben.

Speise anrichten und mit leicht geschlagener Sahne und grobgehacktem Krokant (Seite 198) garnieren.

Milchkaltschale mit Heidelbeeren

Zutaten für 6 Portionen

1 l Milch
80 g Zucker
20 g Stärkemehl
500 g Heidelbeeren
3 Eigelb
Mark von 1 Vanilleschote
Schale von 1 unbehandelten Zitrone

Stärkemehl mit etwas kalter Milch anrühren. Restliche Milch mit dem Mark der Vanilleschote und der Zitronenschale aufkochen. Zucker und Eigelb schaumig rühren, die kochende Milch dazupassieren, dann die angerührte Stärke zugeben und alles gut durchkochen. In Eiswasser kalt rühren.

Die gewaschenen Heidelbeeren erst beim Anrichten der Kaltschale beigeben.

Buttermilchkaltschale mit Bananen

Zutaten für 6 Portionen

1 l Buttermilch
1/8 l Sahne
100 g Zucker
100 g Pumpernickel
3 Bananen
Saft von 1 Zitrone

Bananen in Scheiben schneiden, mit Zitronensaft, Zucker und geriebenem Pumpernickel ganz leicht vermischen. Dann in tiefe Teller oder Portionsschalen verteilen.

Buttermilch mit der flüssigen Sahne verrühren und über die Portionen geben.

8. KAPITEL

FRUCHTSAUCEN
CREMESAUCEN
WEINSCHAUM
FRUCHTSCHAUM-SAUCEN

Fruchtsaucen

Saucen als Beilagen zu Süßspeisen sind in vielen Fällen das sogenannte Tüpfelchen auf dem i. Sie runden den Geschmack eines Desserts harmonisch ab.

Die Möglichkeiten zur Herstellung von Fruchtsaucen sind unendlich groß und variationsreich. Welche Sauce, kalt oder warm, zu welchem Dessert am besten paßt, ist meistens eine Frage, die sich der Patissier selbst stellen und beantworten muß. Seinem Geschmacksempfinden, seiner Kreativität und Fähigkeit, Zutaten zu kombinieren, sollte es weitestgehend überlassen bleiben, zu beurteilen, mit welcher Fruchtsauce das von ihm zubereitete Dessert den größten Erfolg hat.

Entscheidend für die Qualität und Feinheit von Fruchtsaucen sind immer die Rohstoffe und die Zutaten. Für die Herstellung dieser Saucen ist das Angebot an frischen Früchten aus aller Welt noch nie so groß und vielseitig gewesen wie heutzutage. Daraus ergibt sich wie von selbst eine abwechslungsreiche Verwertbarkeit und Nutzbarmachung.

Früchte entfalten erst, wenn sie vollreif sind, das intensivste und beste Aroma, weshalb dann ein gelegentlicher Zuckerzusatz sehr gering gehalten werden sollte. Häufig genügt es, das Fruchtfleisch zu pürieren und zu passieren, um – ohne weitere Zutaten – eine vollmundig schmeckende Fruchtsauce zu bekommen.

Geschmackliche Verfeinerungen können durch wohldosierte Zusätze von Weinen, Spirituosen, vor allem Likören, und Gewürzen erzielt werden.

Soweit nicht unbedingt erforderlich, sollten Fruchtsaucen möglichst nicht durch Stärkemehl gebunden werden, weil ihr Geschmack ohne Bindemittel am reinsten ist. Sind die Fruchtsäfte und -pürees jedoch zu dünnflüssig und bedürfen sie einer Bindung, dann lautet die Devise: So wenig wie möglich.

Ananassauce
Zutaten für 8 bis 10 Portionen

1 große, frische Ananas
140 g Zucker
Mark von 1 Vanilleschote
1/4 l Wasser
4 cl weißer Rum

3/4 des sauber hergerichteten Fruchtfleisches der Ananas pürieren, 1/4 in feine Würfel schneiden. Wasser, Zukker und Mark der Vanilleschote zum starken Faden kochen, mit Ananas vermischen, nochmals durchkochen lassen. Zuletzt Rum einrühren.

Apfelsauce
Zutaten für 8 bis 10 Portionen

600 g säuerliche grüne Äpfel
80 g Staubzucker
1/8 l Apfelsaft
4 cl Apfelbrand
Saft von 2 Zitronen
1 Prise Zimt

Äpfel schälen, dann vom Kernhaus befreien und in Wasser und Zitronensaft weich kochen. Danach Äpfel pürieren und alle restlichen Zutaten unterrühren.

Aprikosensauce
Zutaten für 8 bis 10 Portionen

600 g vollreife Aprikosen
130 g Zucker
1/8 l Wasser
4 cl Apricot-Brandy
Saft von 2 Zitronen

Aprikosen blanchieren, Haut abziehen, entsteinen und pürieren. Wasser, Zucker, Saft zum schwachen Faden kochen, mit Püree vermischen, und zum Schluß Apricot-Brandy einrühren.

Bananensauce
Zutaten für 8 bis 10 Portionen

4 große, vollreife Bananen
4 cl Läuterzucker
Saft von 2 Zitronen
8 cl Sahne
4 cl Rum

Bananen schälen. Saft, Zucker und Rum zugeben, dann Bananen pürieren. Die Sahne leicht anschlagen und unterrühren.

Birnensauce
Zutaten für 8 bis 10 Portionen

800 g vollreife Williams Christbirnen
4 cl Läuterzucker
8 cl trockener Weißwein
2 cl Edelbranntwein Williamsbirne
1 Prise Zimt

Birnen schälen, vom Kernhaus befreien und, sofern erforderlich, weich dünsten. Danach pürieren und alle restlichen Zutaten unterrühren.

Brombeersauce
Zutaten für 8 bis 10 Portionen

500 g frische Brombeeren
140 g Zucker
8 cl Rotwein
2 cl Cassislikör
Saft von 1 Zitrone

Wein, Zucker und Saft zum schwachen Faden kochen. Beeren pürieren und passieren. Weinfond und Likör unterrühren.

Cassissauce
Zutaten für 8 bis 10 Portionen

600 g vollreife schwarze Johannisbeeren
100 g Staubzucker
1/8 l Malagawein
Saft von 1 Zitrone
2 cl Cassislikör

Beeren waschen, mit heißem Wein übergießen und 60 Minuten durchziehen lassen. Danach Zucker und Saft zugeben. Die Beeren pürieren und passieren. Sauce mit Likör abschmecken.

Erdbeersauce
Zutaten für 8 bis 10 Portionen

400 g vollreife Erdbeeren
120 g Zucker
8 cl Wasser
Schale von 1 Orange
4 cl Grand Marnier

Orangenschale (ohne das Weiße) in Streifen schneiden, in Wasser und Zucker kochen, etwas reduzieren, in ein Sieb geben, Flüssigkeit auffangen und erkalten lassen. Beeren pürieren. Grand Marnier und Flüssigkeit zugeben, unterrühren.

Feigensauce
Zutaten für 8 bis 10 Portionen

700 g reife Smyrnafeigen
4 cl Läuterzucker
6 cl Portwein
Saft von 1 Zitrone

Feigen schälen, pürieren und passieren. Dann Zucker, Wein und den Saft unterrühren.

Hagebuttensauce
Zutaten für 8 bis 10 Portionen

500 g vollreife Hagebutten
180 g Staubzucker
1/4 l Weißwein
Saft von 2 Orangen
4 cl Sahne

Hagebutten entkernen und im Wein weich kochen. Danach in ein Sieb geben, pürieren und passieren. Saft, Zucker und Sahne unterrühren.

Heidelbeersauce
Zutaten für 8 bis 10 Portionen

600 g vollreife Heidelbeeren
60 g Staubzucker
Saft von 1 Zitrone
4 cl Crème fraîche

Beeren waschen, Zucker zugeben, dann Beeren pürieren. Saft und Crème fraîche unterrühren.

Himbeersauce
Zutaten für 8 bis 10 Portionen

500 g frische Himbeeren
130 g Zucker
8 cl Rotwein
2 cl Himbeergeist
Saft von 1 Zitrone

Wein, Zucker und Saft kochen, etwas reduzieren und abkühlen lassen. Beeren pürieren und passieren. Weinfond und Himbeergeist unterrühren.

Holundersauce
Zutaten für 8 bis 10 Portionen

500 g Holunderbeeren
1/4 l Madeirawein
120 g Zucker
1 Prise gemahlene Nelken
Saft von 2 Orangen

Beeren, Wein, Zucker, Gewürz und Saft kochen, bis Beeren weich sind, dann alles durchziehen lassen. Danach pürieren und passieren.

Kirschsauce
Zutaten für 8 bis 10 Portionen

700 g Schattenmorellen
1/8 l roter Burgunderwein
180 g Zucker
Saft von 2 Zitronen
4 cl Kirschwasser
1 Prise Zimt

Kirschen waschen und entsteinen. Danach in Wein, Zucker, Saft und Zimt weich kochen, pürieren und passieren. Kirschwasser in die erkaltete Sauce einrühren.

Kiwisauce
Zutaten für 8 bis 10 Portionen

6 Kiwis
4 cl Weißwein
Saft von 1 Zitrone
4 cl Crème fraîche

Kiwis schälen, pürieren, mit Wein und Saft abschmecken. Dann Crème fraîche unterrühren.

Mangosauce
Zutaten für 8 bis 10 Portionen

600 g Fruchtfleisch von vollreifen Mangos
4 cl Weinbrand
2 cl Läuterzucker
Saft von 2 Zitronen

Fruchtfleisch pürieren. Zucker, Weinbrand und Saft unterrühren.

Melonensauce
Zutaten für 8 bis 10 Portionen

700 g Fruchtfleisch von (1) reifen Netzmelone
50 g Staubzucker
1 Prise Zimt
4 cl Cointreau

Zum Fruchtfleisch Zucker, Zimt und Cointreau geben, dann Fruchtfleisch pürieren.

Orangen-Honig-Sauce
Zutaten für 8 bis 10 Portionen

1/4 l frisch gepreßter Orangensaft
200 g Bienenhonig
6 cl Haut-Sauternes (französischer Weißwein)
4 cl Weinbrand
Zeste von 2 Orangen

Zeste in feine Streifen schneiden und zusammen mit Saft, Honig und Wein zu einem Sirup kochen. Erkalteten Sirup mit Weinbrand abschmecken.

Orangensauce
Zutaten für 8 bis 10 Portionen

1/4 l frisch gepreßter Orangensaft
150 g Zucker
4 cl Cointreau
Zeste von 2 Orangen

Zeste in feine Streifen oder kleine Würfel schneiden und zusammen mit Saft und Zucker zum schwachen Faden kochen. Cointreau in erkaltete Sauce einrühren.

Papayasauce
Zutaten für 8 bis 10 Portionen

700 g Fruchtfleisch von (2) Papayas
80 g Staubzucker
4 cl Portwein
4 cl Weinbrand
1 EL Crème double
Mark von 1/2 Vanilleschote

Papayas halbieren, Kerne entfernen und Fruchtfleisch mit einem Löffel herausnehmen. Zucker, Wein und Weinbrand zugeben, dann Fruchtfleisch pürieren. Crème double mit dem Mark der Vanilleschote vermischen und unterrühren.

Pfirsichsauce
Zutaten für 8 bis 10 Portionen

1000 g vollreife Pfirsiche
150 g Staubzucker
1/8 l Weißwein
Saft von 1 Zitrone

Pfirsiche blanchieren, Haut abziehen, entsteinen, Zucker zugeben, dann Früchte pürieren. Wein und Saft unterrühren.

Preiselbeersauce
Zutaten für 8 bis 10 Portionen

700 g vollreife Preiselbeeren
1/4 l Wasser
180 g Zucker
1 Prise Kardamom
4 cl Weinbrand
2 EL Crème double

Beeren in Wasser und Zucker weich kochen. Danach in ein Sieb geben, pürieren, passieren und auskühlen lassen. Weinbrand, Crème double und Gewürz einrühren. Bei Bedarf etwas aufgefangene Flüssigkeit unterrühren.

Zitronensauce
Zutaten für 8 bis 10 Portionen

8 cl Zitronensaft
1/4 l lieblicher, süßer Weißwein
150 g Zucker
10 g Speisestärke
4 cl Wasser

Stärke mit Wasser kalt auflösen. Wein, Saft und Zucker kochen. Aufgelöste Stärke zugeben. Sauce gut durchkochen lassen, dann langsam kalt rühren.

Cremesaucen

Cremesaucen sind sehr wohlschmeckend und beliebt. Sie werden – kalt oder warm – zu den verschiedensten Süßspeisen gereicht und runden deren Geschmack harmonisch ab.

Als Grundsauce ist die Vanillesauce zu nennen. Zusätze, so z. B. Schokolade, Nüsse und Liköre, verändern ihren Geschmack sowie ihre Konsistenz und damit die Möglichkeiten ihrer Verwendung und sind namengebend.

Alle mit Vanille-Cremepulver gebundenen Cremesaucen müssen sofort nach Fertigstellung und vor dem Auskühlen mit Folie bedeckt werden, damit eine Hautbildung vermieden wird.

Vanillesauce I
Zutaten für 10 bis 12 Portionen

1/4 l Vollmilch
1/4 l Sahne
120 g Zucker
6 Eigelb
Mark von 1 Vanilleschote

Milch, Sahne und Mark der Vanilleschote kochen. Eigelb und Zucker gut verrühren. Vanille-Sahne-Milch passieren, der Eigelb-Zucker-Masse unter ständigem Rühren beigeben, zur Rose abziehen.

Heiß kann die Sauce sofort verwendet werden. Wird sie kalt gebraucht, sollte sie in Eiswasser langsam kalt gerührt werden. Ihre Stabilität in der cremigen Fließbarkeit wird dadurch erhöht und erhalten.

Vanillesauce II
Zutaten für 10 bis 12 Portionen

1/4 l Vollmilch
1/4 l Sahne
120 g Zucker
2 Eigelb
Mark von 1 Vanilleschote
15 g Vanille-Cremepulver

Cremepulver mit Eigelb und etwas Milch kalt anrühren. Restliche Milch, Sahne, Mark der Vanilleschote und Zucker kochen, dann passieren. Angerührtes Cremepulver hineingeben. Sauce gut durchkochen lassen.

Haselnußsauce
Zutaten für 12 bis 15 Portionen

1/4 l Vollmilch
1/4 l Sahne
120 g Zucker
1 EL Haselnußmark
50 g geriebene, geröstete Haselnüsse
10 g Vanille-Cremepulver

Cremepulver mit Eigelb und etwas Milch kalt anrühren. Restliche Milch, Sahne, Haselnußmark und -nüsse kochen. Angerührtes Cremepulver hineingeben. Sauce gut durchkochen lassen.

Honig-Weinbrand-Sauce
Zutaten für 10 bis 12 Portionen

1/2 l Sahne
150 g Bienenhonig
Mark von 1/2 Vanilleschote
6 Eigelb
6 cl Weinbrand

Sahne mit Mark der Vanilleschote kochen, dann passieren. Honig mit Eigelb schaumig rühren. Vanille-Sahne hineingeben, zur Rose abziehen. Zuletzt Weinbrand einrühren.

Joghurt-Calvados-Sauce
Zutaten für etwa 10 Portionen

500 g Joghurt, natur
100 g Zucker
Saft von 1 Zitrone
8 cl Calvados

Alle Zutaten kräftig miteinander verrühren.

Krokantsauce
Zutaten für 10 bis 12 Portionen

1/4 l Vollmilch
1/4 l Sahne
80 g Zucker
2 Eigelb
80 g Krokantstaub
Mark von 1/2 Vanilleschote
10 g Vanille-Cremepulver

Cremepulver mit Eigelb und etwas Milch kalt anrühren. Restliche Milch, Sahne, Mark der Vanilleschote und Zucker kochen, dann passieren. Angerührtes Cremepulver hineingeben. Sauce gut durchkochen lassen. Zuletzt Krokantstaub einrühren.

Lebkuchensauce
Zutaten für 12 bis 15 Portionen

1/4 l Vollmilch
1/4 l Sahne
50 g Bienenhonig
50 g Farinzucker
80 g geriebene Lebkuchen
2 Eigelb
1/2 TL Lebkuchengewürz
10 g Vanille-Cremepulver

Cremepulver mit Eigelb, Gewürz und etwas Milch kalt anrühren. Restliche Milch, Sahne, Honig und Zucker kochen. Angerührtes Cremepulver hineingeben. Sauce gut durchkochen lassen und zuletzt Lebkuchenbrösel einrühren.

Mandelsauce
Zutaten für 12 bis 15 Portionen

1/4 l Vollmilch
1/4 l Sahne
100 g Zucker
2 Eigelb
150 g Marzipanrohmasse
Mark von 1/2 Vanilleschote
10 g Vanille-Cremepulver
6 cl Mandellikör

Marzipanrohmasse mit Eigelb glattarbeiten. Mit etwas Milch und dem Cremepulver flüssig anrühren. Restliche Milch, Sahne, Mark der Vanilleschote und Zucker kochen, dann passieren. Marzipan-Milch einrühren. Sauce gut durchkochen lassen. Zuletzt Likör einrühren.

Mokkasauce
Zutaten für 12 bis 15 Portionen

1/4 l Vollmilch
1/4 l Sahne
120 g Farinzucker
2 TL Instantkaffee
3 Eigelb
15 g Vanille-Cremepulver

Cremepulver mit Eigelb, Instantkaffee und etwas Milch kalt anrühren. Restliche Milch, Sahne und Zucker kochen. Angerührtes Cremepulver hineingeben. Sauce gut durchkochen lassen.

Nugatsauce I
Zutaten für 10 bis 12 Portionen

1/4 l Vollmilch
1/4 l Sahne
80 g Zucker
2 Eigelb
130 g Nugat
Mark von 1/2 Vanilleschote
10 g Vanille-Cremepulver

Cremepulver mit Eigelb und etwas Milch kalt anrühren. Restliche Milch, Sahne, Mark der Vanilleschote, Nugat und Zucker kochen, dann passieren. Angerührtes Cremepulver hineingeben. Sauce gut durchkochen lassen.

Nugatsauce II
Zutaten für 10 Portionen

150 g Nugat
3 Eigelb
1/8 l Sahne

Nugat mit Eigelb glattarbeiten. Flüssige Sahne gut unterrühren.

Orangen-Karamel-Sauce
Zutaten für 12 bis 15 Portionen

1/2 l Sahne
400 g Staubzucker
150 g Sandzucker
Abgeriebenes von 4 Orangen
Saft von 4 Orangen
6 cl Grand Marnier

Sahne kochen. Staubzucker goldbraun schmelzen und mit der Sahne nach und nach ablöschen. Unter Rühren so lange köcheln lassen, bis sich der Staubzucker vollkommen aufgelöst hat. Abkühlen lassen.

Saft, Abgeriebenes und Sandzucker zu einem Sirup kochen und zusammen mit dem Orangenlikör in die Karamelsauce einrühren.

Pistaziensauce
Zutaten für 12 bis 15 Portionen

1/4 l Vollmilch
1/4 l Sahne
100 g Zucker
50 g Pistazienmark
2 Eigelb
10 g Vanille-Cremepulver

Cremepulver mit Eigelb, Pistazienmark und etwas Milch kalt anrühren. Restliche Milch, Sahne und Zucker kochen. Angerührtes Cremepulver hineingeben. Die Sauce gut durchkochen lassen.

Pralinensauce
Zutaten für 12 bis 15 Portionen

- 1/4 l Vollmilch
- 1/4 l Sahne
- 60 g Zucker
- 130 g Nugat
- Mark von 1/2 Vanilleschote
- 3 Eigelb
- 6 cl Kirschwasser
- 10 g Vanille-Cremepulver
- 50 g Schokoladenspäne

Cremepulver mit Eigelb und etwas Milch kalt anrühren. Restliche Milch, Sahne, Mark der Vanilleschote, Nugat und Zucker kochen, dann passieren. Angerührtes Cremepulver hineingeben. Sauce gut durchkochen lassen. Kirschwasser und Schokoladenspäne in die erkaltete Sauce einrühren.

Rum-Sahne-Trüffel-Sauce
Zutaten für 10 bis 12 Portionen

- 1/4 l Sahne
- 30 g Bienenhonig
- 220 g Kuvertüre (60/40)
- 6 cl Rum

Sahne mit Honig kochen. Gefäß von der Kochstelle nehmen. Kleingeschnittene Kuvertüre einrühren und in der heißen Honig-Sahne auflösen. Dann Rum in die erkaltete Sauce einrühren.

Sahne-Karamel-Sauce
Zutaten für 10 bis 12 Portionen

- 1/2 l Sahne
- 350 g Staubzucker
- Mark von 1/2 Vanilleschote

Sahne mit Mark der Vanilleschote kochen, dann passieren. Den Zucker goldbraun schmelzen und mit der Sahne nach und nach ablöschen. Unter ständigem Rühren so lange köcheln lassen, bis sich der Zucker vollkommen aufgelöst hat.

Sollte die Sauce in erkaltetem Zustand zu dickflüssig sein, kann sie durch Zugabe von Sahne auf die richtige Konsistenz gebracht werden. Ein vorheriges Abkochen der Sahne ist deshalb ratsam, weil dadurch die Gefahr des Gerinnens ausgeschlossen wird.

Schokoladensauce I
Zutaten für 12 bis 15 Portionen

- 1/4 l Wasser
- 80 g Kuvertüre (60/40)
- 50 g Kakaopulver
- 100 g Zucker

Für diese feinherbe und geschmacksintensive Schokoladensauce alle Zutaten zusammen gut vermischen und unter ständigem Rühren aufkochen.

Diese Sauce ist heiß und kalt verwendbar.

Schokoladensauce II
Zutaten für 12 bis 15 Portionen

- 1/4 l Sahne
- 50 g Kuvertüre (60/40)
- 130 g Vollmilchkuvertüre
- 30 g Bienenhonig
- Mark von 1/2 Vanilleschote

Sahne, Honig und Mark der Vanilleschote kochen, dann passieren. Kleingeschnittene Kuvertüre einrühren und in der heißen Honig-Sahne auflösen.

Diese Sauce ist mild im Geschmack. Sie ist heiß und kalt verwendbar.

Walnußsauce
Zutaten für 12 bis 15 Portionen

- 1/4 l Vollmilch
- 1/4 l Sahne
- 50 g Bienenhonig
- 80 g Zucker
- 100 g geriebene, leicht geröstete Walnüsse
- Mark von 1/2 Vanilleschote
- 3 Eigelb
- 15 g Vanille-Cremepulver

Cremepulver mit Eigelb und etwas Milch kalt anrühren. Restliche Milch, Sahne, Honig, Mark der Vanilleschote und Zucker kochen, dann passieren. Angerührtes Cremepulver und Walnüsse hineingeben. Sauce gut durchkochen lassen.

Zimtsauce
Zutaten für 10 bis 12 Portionen

- 1/4 l Vollmilch
- 1/4 l Sahne
- 6 Eigelb
- 6 Stangen Zimt
- 120 g Zucker
- Mark von 1/2 Vanilleschote

Milch, Sahne, Mark der Vanilleschote und Zimt gut kochen, dann passieren. Eigelb und Zucker schaumig schlagen. Vanille-Sahne-Milch einrühren, zur Rose abziehen.

Weinschaum (Sabayon)

Favorit unter den leichten Cremesaucen ist zweifellos der Weinschaum oder, wie er im fachlichen Sprachgebrauch genannt wird, „Sabayon".

Die geschmacklichen Variationsmöglichkeiten werden hauptsächlich von der zur Herstellung verwendeten Weinsorte und den zusätzlichen Geschmacksträgern, wie z. B. Zitronen- und Orangensaft oder Spirituosen bestimmt. Seine volumenreiche Leichtigkeit erhält er durch eingeschlagene Luft in Verbindung mit einem relativ hohen Ei- bzw. Eigelbanteil und durch Einwirkung von Hitze. Die Herstellung ist sehr einfach, wobei allerdings einige Kriterien beachtet werden müssen, die für den Erfolg äußerst wichtig sind. Ausschlaggebend für einen schönen, stabilen Weinschaum ist die Bindung zwischen Flüssigkeit und Eianteil. Das Verfahren ist ähnlich wie bei der Zubereitung einer Vanillesauce ohne Cremepulver.

Je nach Rezept werden Eier und Eigelb mit Zucker warm aufgeschlagen. Der Wein wird dem gewünschten Geschmack entsprechend aromatisiert, bis zum Siedepunkt erhitzt, mit der Eier-Zucker-Masse vermischt und auf der Brennstelle so lange kräftig weitergeschlagen, bis er einmal richtig aufpufft. Kochen im Sinne des Wortes darf er selbstverständlich nicht, weil sonst die Eier gerinnen würden. Frisch aufgeschlagener Weinschaum ist sofort verwendungsfähig. Wird er als kalte Weinschaumsauce gebraucht, sollte er möglichst in Eiswasser langsam und gleichmäßig kalt gerührt werden. Dadurch verliert er zwar an Volumen, aber eine gewisse Stabilität bleibt erhalten, ein Zusammenfallen wird vermieden.

Die gleiche Herstellungsweise trifft für Fruchtschaum-Saucen zu, die ebenfalls heiß oder kalt angerichtet werden können.

Marsala-Weinschaum

1/4 l Marsala
1 Ei
5 Eigelb
100 g Zucker
Saft einer 1/2 Zitrone
2 cl Arrak

Den Wein mit Zitronensaft sieden. Ei, Eigelb und Zucker warm aufschlagen. Den erhitzten Wein zuschütten und auf der Brennstelle so lange kräftig weiterschlagen, bis die Masse einmal richtig aufpufft. Arrak zum Schluß unterrühren.

Portwein-Schaum

1/4 l Portwein
6 Eigelb
80 g Bienenhonig
Saft von 2 Orangen

Die Herstellung ist dieselbe wie bei Marsala-Weinschaum.

Gewürztraminer-Weinschaum

1/4 l Gewürztraminer
7 Eigelb
80 g Zucker
Saft von 1 Zitrone
1 Msp. gemahlene Nelken

Die Herstellung ist dieselbe wie bei Marsala-Weinschaum.

Tokajer-Weinschaum

1/4 l Tokajer
6 Eigelb
100 g Farinzucker
2 cl Rum
Saft von 1 Orange

Die Herstellung ist dieselbe wie bei Marsala-Weinschaum.

Burgunder-Weinschaum

1/4 l Burgunder (rot)
6 Eigelb
120 g Zucker
Saft einer 1/2 Zitrone
Saft einer 1/2 Orange
1 Msp. Zimt

Die Herstellung ist dieselbe wie bei Marsala-Weinschaum.

Muskateller-Weinschaum

1/4 l Muskateller
6 Eigelb
80 g Farinzucker
1 Prise geriebener Muskat
2 cl Weinbrand

Die Herstellung ist dieselbe wie bei Marsala-Weinschaum.

Fruchtschaum-Saucen

Erdbeerschaum

1/8 l Rotwein
1/4 l Erdbeerpüree
150 g Zucker
1 Ei
5 Eigelb
4 cl Grand Marnier
Saft von 1 Zitrone

Der Rotwein wird mit Erdbeerpüree und Zitronensaft unter ständigem Rühren zum Sieden gebracht. Ei, Eigelb und Zucker warm aufschlagen. Den erhitzten Erdbeerwein hinzuschütten und so lange kräftig weiterschlagen, bis die Masse einmal richtig aufpufft. Zum Schluß Grand Marnier unterrühren.

Himbeerschaum

1/8 l Burgunder
1/4 l Himbeerpüree (passiert)
130 g Zucker
7 Eigelb
2 cl Himbeergeist

Die Herstellung ist dieselbe wie bei Erdbeerschaum.

Orangenschaum

1/4 l frischer Orangensaft
120 g Zucker
6 Eigelb
Saft von 1 Zitrone
4 cl Cointreau

Die Herstellung ist dieselbe wie bei Erdbeerschaum.

Cassisschaum

1/8 l Malaga
1/4 l Püree von schwarzen Johannisbeeren
100 g Bienenhonig
1 Ei
5 Eigelb
4 cl Cassislikör
Saft von 1 Zitrone

Die Herstellung ist dieselbe wie bei Erdbeerschaum.

Mangoschaumdessert mit Kiwi

Zutaten für 6 bis 8 Portionen

10 cl Mangovollfruchtsirup
10 cl Apfelsaft
150 g frisches Mangopüree
1 Ei
5 Eigelb
Saft von 1 Zitrone
200 g geschlagene Sahne
3 Kiwis
6–8 Kuvertüreornamente
6–8 kleine Baiserknöpfe
1/2 frische Mango für Ecken
50 g Johannisbeergelee

Den Mangosirup mit Mangopüree und Zitronensaft gut verrühren. Ei und Eigelbe zugeben und das Ganze im heißen Wasserbad auf einer Brennstelle so lange schaumig schlagen, bis die Masse einmal richtig aufpufft. Danach sofort auf Eiswasser gleichmäßig und vorsichtig kalt rühren.

Beim Anrichten zuerst einen Ring aus kleinen Sahnetupfen (etwa 9 cm Durchmesser) auf Teller dressieren und kleine Punkte aus Johannisbeergelee aufspritzen. Den Innenraum des Ringes mit Mangoschaum anfüllen und halbierte Kiwischeiben und Ecken aus frischer Mango anlegen. Zum Schluß mit kleinem Ornament aus Kuvertüre, welches auf einem Baiserknopf befestigt ist, garnieren.

Für dieses Dessert müssen hergestellt werden:
Ornamente aus Kuvertüre Seite 184
Baisermasse I Seite 237

9. KAPITEL

TEEGEBÄCK
PETITS FOURS
EISGEBÄCK

1 2 3 4 5 6 7 8 9 10 11

Teegebäckmischung

1 **Schokoladenovale**

Schokoladen-Mürbeteig etwa 2 mm stark ausrollen, daraus gezackte Ovale (Länge 4 cm) stechen, dann diese backen.

Nach dem Auskühlen je 2 Ovale mit zum Faden gekochter Johannisbeerkonfitüre zusammensetzen und zur Hälfte in temperierte weiße Schokolade tauchen. Mittelachse mit je 2 Streifen Schokoladenspritzglasur betonen und dann mit Johannisbeerkonfitüre auslassen.

Für diese Ovale müssen hergestellt werden:
Schokoladen-Mürbeteig Seite 228
Schokoladenspritzglasur Seite 184

2 **Karamelisierte Himbeerherzen**

Vanille-Mürbeteig etwa 2 mm stark ausrollen. Aus der Teigplatte Herzen stechen.

Eine Hälfte dieser Herzen backen und später mit zum Faden gekochter Himbeerkonfitüre bestreichen.

Aus der anderen Hälfte der Herzen mit kleinerem herzförmigem Ausstecher vorsichtig und sehr flach Teig stechen, dann die großen Herzen mit Milch bestreichen, in Zucker tauchen und backen. Nach dem Auskühlen unter dem Salamander an der Oberfläche karamelisieren und mit der unteren Seite auf die Himbeerkonfitüre setzen. Herzförmige Aussparung an der Oberfläche mit aromatisiertem Himbeerfondant auslassen. Zuletzt Herzen in halbbitterer Kuvertüre absetzen.

Für diese Herzen muß hergestellt werden:
Vanille-Mürbeteig Seite 227

3 **Schokoladenhalbmonde**

Schokoladen-Mürbeteig etwa 2 bis 3 mm stark ausrollen, dann riefen, daraus Halbmonde stechen, dann diese backen.

Nach dem Kaltwerden je 2 Halbmonde mit Kirschwasser-Läuterzucker streichfähig gemachter Marzipanrohmasse zusammensetzen, dann Halbmonde bis zu etwa $^1/_3$ in Vollmilchkuvertüre tauchen.

Für diese Halbmonde muß hergestellt werden:
Schokoladen-Mürbeteig Seite 228

4 **Glasierte Blüten aus Mürbeteig**

Vanille-Mürbeteig etwa 2 mm stark ausrollen, daraus dreiblättrige Blüten stechen, dann diese hellbraun backen.

Nach dem Auskühlen je 2 Blüten mit passierter, zum Faden gekochter Erdbeerkonfitüre zusammensetzen. Die Oberfläche mit Fondant, aromatisiert mit Apricot-Brandy, glasieren und mit der Schokoladenspritzglasur einfassen. Blüten in Vollmilchkuvertüre absetzen und mit großem Tupfen Erdbeerkonfitüre verzieren.

Für diese Blüten müssen hergestellt werden:
Vanille-Mürbeteig Seite 227
Schokoladenspritzglasur Seite 184

5 **Mandelstangen**

250 g Marzipanrohmasse
125 g Aprikosenkonfitüre
75 g feingehacktes Orangeat
2 cl Kirschwasser
100 g gehackte Mandeln

Alle Zutaten ohne Mandeln miteinander anwirken. Aus der Masse mit Spritzbeutel und kleiner Lochtülle 3 cm lange Stangen dressieren. Diese in gehackten Mandeln wälzen, auf mit Backpapier ausgelegtes Backblech setzen, bei 200 °C etwa 5 Minuten backen und sofort mit Gummiarabikum oder Zuckerlack abglänzen.

Nach dem Auskühlen die eine Längsseite der Stangen in halbbittere und die andere in Vollmilchkuvertüre tauchen.

6 **Pariser Rahmtaler**

80 g Staubzucker
80 g Mehl
180 g Sahne
Mark von 1 Vanilleschote

Alle diese Zutaten zu einer Grundmasse gut verrühren.

3 Eiweiß
40 g Zucker
140 g Mehl

Eiweiß und Zucker zu Schnee schlagen und mit gesiebtem Mehl unter die Grundmasse melieren. Aus der Masse mit Spritzbeutel und kleiner Lochtülle kleine Punkte auf leicht gefettete, bemehlte Backbleche dressieren und bei 220 °C backen, so daß der äußere Rand hellbraun bleibt.

Nach dem Auskühlen je 2 Stück mit Rum abgeschmeckter Pariser Creme zusammensetzen. Auf einer Hälfte die Taler zweimal versetzt in Vollmilchkuvertüre tauchen, so daß die Kuvertüre an der Ansatzstelle zusammenläuft. In die Mitte der Taler einen kleinen Tupfen weiße Schokolade setzen und diesen mit einer Pistazienhälfte garnieren.

Für diese Taler muß außerdem hergestellt werden:
Pariser Creme Seite 242

7 **Mokkazwillinge**

Vanille-Mürbeteig etwa 2 mm stark ausrollen, daraus mit kleinem Zwillingsausstecher Stücke stechen, dann diese hellbraun backen.

Nach dem Auskühlen je 2 Stück mit streichfähiger, mit Kirschwasser aromatisierter Marzipanrohmasse zusammensetzen. Oberfläche aprikotieren, mit Mokkafondant glasieren, mit Schokoladenspritzglasur einfassen, mit 1/2 Kaffeebohne garnieren.

Für dieses Gebäck müssen hergestellt werden:
Vanille-Mürbeteig Seite 227
Schokoladenspritzglasur Seite 184

8 **Haselnußrosetten**

Haselnuß-Mürbeteig etwa 2 mm stark ausrollen, dann daraus Rosetten (Durchmesser 4 cm) stechen. Eine Hälfte dieser Rosetten hellbraun backen und später mit streichfähiger Nugatmasse bedecken. Die andere Hälfte der Rosetten mit Milch bestreichen, mit geriebenen rohen Haselnüssen bestreuen und dann hellbraun backen. Diese Rosetten nach dem Auskühlen mit der unteren Seite auf die Nugatmasse setzen, an der Oberfläche mit kleinem Punkt Himbeerfondant garnieren.

Für diese Rosetten muß hergestellt werden:
Haselnuß-Mürbeteig Seite 228

9 **Glasierte Arrakblüten**

Vanille-Mürbeteig etwa 2 mm stark ausrollen, daraus mit Vierblattausstecher Blüten stechen, dann diese hellbraun backen.

Nach dem Auskühlen je 2 Stück mit Orangenkonfitüre zusammensetzen. Oberfläche aprikotieren, mit Arrakfondant glasieren und mit Schokoladenspritzglasur umranden. Blüten in Vollmilchkuvertüre absetzen, dann mit kleiner Rosette aus Pariser Creme und gehackten Pistazien garnieren.

Für diese Blüten müssen hergestellt werden:
Vanille-Mürbeteig Seite 227
Schokoladenspritzglasur Seite 184
Pariser Creme Seite 242

10 **Schokoladenaugen**

200 g Butter
175 g Staubzucker
3 Eier
250 g Mehl
30 g Kakaopulver

Butter und Staubzucker leicht schaumig rühren. Eier nach und nach zugeben. Mehl und Kakaopulver sieben und zusammen in die Eier-Staubzucker-Masse einrühren.

Aus dieser Masse mit Spritzbeutel und kleiner Lochtülle auf leicht gefettete Backbleche Tupfen (Durchmesser etwa 2 cm) dressieren und diese dann bei 180 °C etwa 10 Minuten backen. (Masse läuft ziemlich flach.) Nach dem Auskühlen je 2 Tupfen mit streichfähiger Nugatmasse zusammensetzen und dann bis zu 1/3 in halbbittere Kuvertüre tauchen.

11 **Gefüllte Zitronenschiffchen**

Vanille-Mürbeteig etwa 2 mm stark ausrollen, daraus schiffchenförmige Stücke stechen, dann diese hellbraun backen.

Nach dem Auskühlen je 2 Stück mit streichfähiger, mit Zitronensaft aromatisierter Marzipanrohmasse zusammensetzen. Oberfläche aprikotieren, mit Zitronenfondant glasieren und Schiffchen in der Vollmilchkuvertüre absetzen, dann mit Schokoladenspritzglasur und Punkten aus Johannisbeergelee garnieren.

Für diese Schiffchen müssen hergestellt werden:
Vanille-Mürbeteig Seite 227
Schokoladenspritzglasur Seite 184

Die folgenden Rezepte sind nicht abgebildet

Schokoladenrauten

Mandel-Mürbeteig etwa 2 bis 3 mm stark ausrollen, daraus Rauten stechen, dann diese hellbraun backen.

Nach dem Auskühlen je 2 Rauten mit Canache-Creme zusammensetzen. Oberfläche aprikotieren, mit Schokoladenfondant glasieren und dann Rauten in Vollmilchkuvertüre absetzen. Oberfläche mit Schokoladenspritzglasur einfassen und in einer der Diagonalen mit einem Punkt weiße Schokolade sowie zwei Pünktchen Johannisbeergelee garnieren.

Für diese Rauten müssen hergestellt werden:
Mandel-Mürbeteig Seite 227
Canache-Creme Seite 243
Schokoladenspritzglasur Seite 184

Gefüllte Rumzungen

Aus Pariser-Creme-Masse mit Spritzbeutel und kleiner Lochtülle auf leicht gefettete, bemehlte Backbleche etwa 3 cm lange und ganz schmale Zungen dressieren. Diese bei 220 °C so backen, daß der Rand nur hellbraun wird.

Nach dem Auskühlen zwischen je 2 Zungen mit Rum-Läuterzucker dressierfähig gemachte Marzipanrohmasse geben, dann eine Hälfte der zusammengesetzten Zungen diagonal in halbbittere Kuvertüre tauchen.

Für die Zungen muß außerdem hergestellt werden:
Pariser-Creme-Masse Seite 242

Florentiner

Aus Florentiner Masse auf leicht gefettete, bemehlte Bleche etwa 10 bis 15 g schwere Häufchen setzen. Diese flach drücken (Durchmesser etwa 3 cm) und bei 180 °C anbacken. Dann mit einem etwas größeren, leicht gefetteten runden Ausstecher in Form bringen, auskühlen lassen und fertigbacken.

Rückseite der erkalteten Florentiner mit halbbitterer oder Vollmilchkuvertüre bestreichen, dann mit dem Garnierkamm Kuvertüre wellenartig durchziehen.

Für die Florentiner muß hergestellt werden:
Florentiner Masse Seite 235

Aprikosen-Marzipan-Hütchen

Auf gebackene Plätzchen aus Schokoladen-Mürbeteig (Durchmesser 3 bis 4 cm) mit Spritzbeutel und Sterntülle mittlerer Größe etwas hochgezogene Tupfen aus mit Aprikosenkonfitüre und etwas Kirschwasser spritzfähig gemachter Marzipanrohmasse dressieren.

Dann nach einigen Stunden die abgetrocknete Masse aprikotieren, mit Kirschwasserfondant überziehen und Hütchen in Vollmilchkuvertüre absetzen sowie mit einem Punkt Johannisbeergelee garnieren.

Für diese Hütchen muß hergestellt werden:
Schokoladen-Mürbeteig Seite 228

Walnuß-Canache-Gebäck

Vanille-Mürbeteig 2 bis 3 mm stark ausrollen. Aus der Teigplatte Ovale stechen und diese hellbraun backen.

Nach dem Auskühlen je 2 Ovale mit passierter Kirschkonfitüre zusammensetzen. Auf die Oberfläche kleine Spirale aus Canache-Creme dressieren und mit 1/4 Walnuß belegen. Gebäck in halbbitterer Konfitüre absetzen.

Für dieses Gebäck müssen hergestellt werden:
Vanille-Mürbeteig Seite 227
Canache-Creme Seite 234

Schwarz-Weiß-Gebäck

Voraussetzung für die erfolgreiche und auch rationelle Herstellung von Schwarz-Weiß-Gebäck – vom Fachmann als holländisches oder eingelegtes Teegebäck bezeichnet – sind einwandfreie Vanille- und Schokoladen-Mürbeteige. Sie müssen geschmeidig und zart, dürfen keinesfalls brandig oder brüchig sein. Dabei ist es von großem Vorteil, wenn man beide Teige getrennt zubereitet und nicht der Einfachheit halber unter den Vanille-Mürbeteig Kakaopulver arbeitet, um auf diese Weise Schokoladen-Mürbeteig zu erhalten. Dieser Teig würde durch die längere Bearbeitung zäh, könnte sich beim Backen zusammenziehen, und das hätte eine ungleichmäßige Lockerung und Struktur des Gebäcks zur Folge.

Sortiment Schwarz-Weiß-Gebäck in verschiedenen Formen und Mustern.

Vanille-Mürbeteig

600 g Mehl
400 g Butter, gut gekühlt
200 g Zucker
1 Ei
2 Eigelb
Abgeriebenes von
1 unbehandelten Zitrone
3 g Salz
Mark von 1 Vanilleschote

Schokoladen-Mürbeteig

570 g Mehl
30 g Kakaopulver
400 g Butter, gut gekühlt
200 g Zucker
1 Ei
2 Eigelb
3 g Salz

Aus den Zutaten je einen Mürbeteig herstellen. Dann Vanille- und Schokoladen-Mürbeteige einzeln ausrollen, Teigplatten in Streifen unterschiedlicher Stärke schneiden. Diese nach gewünschtem Muster und in gewünschter Form zusammensetzen und in einen dünnen Mantel aus Vanille- oder Schokoladen-Mürbeteig einschlagen.

Teigstangen und -rollen gut durchkühlen lassen. Danach leicht mit Milch bestreichen, in Zucker wälzen und in etwa 3 mm starke Scheiben schneiden. Diese auf mit Backpapier versehene Bleche legen und dann bei offenem Zug und 200 °C hellbraun backen.

Herstellen von Schwarz-Weiß-Gebäck

Vanille- und Schokoladen-Mürbeteige ausrollen. Teigplatten in Streifen schneiden. Diese zu gewünschten Formen zusammensetzen, so daß Stangen und Rollen mit Schwarz-Weiß-Mustern entstehen. Die verschiedenen Formen in einen dünnen Mantel aus Vanille- oder Schokoladen-Mürbeteig einschlagen.

Gut durchgekühlte Teigstangen und -rollen mit Milch bestreichen und überzukkern, dann in etwa 3 mm starke Scheiben schneiden und diese auf ein mit Backpapier ausgeschlagenes Blech legen. Anschließend bei offenem Zug und 200 °C hellbraun backen.

1 2 3 4 5 6 7 8 9

Petits fours

Diesen kleinen, süßen, mundgerechten Leckerbissen galt schon immer das große Interesse anspruchsvoller Genießer und Feinschmecker. Petits fours sind vielfältig in der Form, dezent, aber auch bunt im Aussehen und abwechslungsreich im Geschmack. Sie zeichnen sich durch hochwertige Mandel- oder Nußmassen, Biskuit- oder Schokoladenmassen sowie durch entsprechende Füllungen aus, so durch besonders haltbare Cremes, herbe Konfitüren, Nugat, Canache, Buttercreme oder fein abgeschmeckte Marzipanrohmasse.

Petits fours sollten nicht größer als 3 × 3 × 3 cm oder 2 × 4 × 3 cm sein, wenn sie ihrem Ruf als Kleindessert gerecht werden sollen.

Bei eingesetzten gefüllten Kapseln ist es empfehlenswert, die Oberfläche mit einer etwa 1 mm starken Marzipanschicht einzudecken, die Kapselform auf eine glatte Unterlage zu stürzen und vor dem Aufteilen oder Ausstechen gut zu pressen und zu kühlen. Dadurch erreicht man einen exakten kantigen Schnitt oder Ausstich. Sowohl geschnittene als auch ausgestochene und aufdressierte gefüllte Petits fours aus Biskuitmasse sollten, ehe man sie mit Fondant überzieht, aprikotiert werden. Dadurch bleiben diese Dessertstücke saftig, auch wird der Glanz der Glasur intensiver.

Glasiert werden Petits fours mit Fondant, der mit Frucht, Mokka oder Haselnuß aromatisiert oder mit Alkohol abgeschmeckt wird, aber auch mit Schokoladenüberzugsmassen unterschiedlicher Geschmacksrichtung.

Ihren besonderen, unwiderstehlichen Reiz erhalten diese süßen Kostbarkeiten durch feinste handwerkliche Garnituren aus Schokoladen- und Eiweißspritzglasur, durch eingelassene Gelees, kandierte Früchte, Veilchen und Angelikas oder durch Schmuckelemente aus Kuvertüre und Brandmasse. Eine zusätzliche geschmackliche Note erreicht man durch Absetzen des Fußes in halbbitterer oder Vollmilchkuvertüre.

1 **Pfefferminzfours**

Mandelkapsel aus Petits-fours-Masse 3mal etwa 2 mm stark mit Canache-Creme füllen. Oberfläche hauchdünn mit Marzipan eindecken, Kapsel gut pressen und kühl stellen. Danach in 3 x 3 cm große Quadrate schneiden, diese aprikotieren und mit Pfefferminzlikör abgeschmecktem, temperiertem Fondant überziehen. Mit Schokoladenspritzglasur und einer kleinen Rosette aus Marzipan mit rotem Punkt aus Johannisbeergelee ausgarnieren. Fuß in halbbitterer Kuvertüre absetzen:

Für diese Dessertstücke müssen hergestellt werden:
Petits-fours-Masse I Seite 233
Canache-Creme Seite 243
Schokoladenspritzglasur Seite 184

2 **Schokoladenrautenfours**

Mandelkapsel aus Petits-fours-Masse 3mal etwa 2 mm stark mit Pariser Creme füllen. Oberfläche hauchdünn mit Marzipan eindecken, Kapsel gut pressen und kühl stellen. Danach in 2 x 4 cm große Rauten schneiden, diese aprikotieren und mit temperiertem Schokoladenfondant überziehen.

Mit Schokoladenspritzglasur, leicht rosa gefärbten Fondantpünktchen und kleiner Raute aus kandierter Angelika garnieren. Fuß in halbbitterer Kuvertüre absetzen.

Für diese Dessertstücke müssen hergestellt werden:
Petits-fours-Masse I Seite 233
Pariser Creme Seite 242
Schokoladenspritzglasur Seite 184

3 **Himbeerherzen**

Mandelkapsel aus Petits-fours-Masse 3mal etwa 2 mm stark mit Himbeergeist abgeschmeckter französischer Buttercreme füllen. Dann Oberfläche hauchdünn mit Marzipan eindecken, Kapsel gut pressen und kühl stellen. Kleine Herzen ausstechen, aprikotieren und mit Himbeergeist abgeschmecktem, leicht rosa gefärbtem, temperiertem Fondant überziehen. Mit Schokoladenspritzglasur, halber Pistazie und Pünktchen aus Johannisbeergelee ausgarnieren. Fuß in halbbitterer Kuvertüre absetzen.

Für diese Dessertstücke müssen hergestellt werden:
Petits-fours-Masse I Seite 233
französische Buttercreme Seite 240
Schokoladenspritzglasur Seite 184

4 **Aprikosen-Mandelfours**

Aus Mohrenkopfmasse hergestellte kleine Doppelpunktbiskuits werden mit Aprikosenkonfitüre dressierfähig gemachter und mit Amarettolikör abgeschmeckter Marzipanrohmasse gefüllt. Oberfläche aprikotieren, mit temperiertem weißem Fondant überziehen, mit Schokoladenspritzglasur und spritzfähigem Fondant sowie einem Mimosendragee garnieren. Fuß in halbbitterer Kuvertüre absetzen.

Für diese Dessertstücke müssen hergestellt werden:
Mohrenkopfmasse Seite 233
Schokoladenspritzglasur Seite 184

5 **Arrak-Schokoladencremefours**

Je 2 kleine aus Mohrenkopfmasse hergestellte Biskuitschalen leicht aushöhlen, mit französischer Schokoladen-Buttercreme füllen und kalt stellen. Oberfläche aprikotieren und mit Arrak abgeschmecktem, temperiertem Fondant glasieren. Die Garnitur besteht aus kleinem Ornament aus Brandmasse mit roten Pünktchen aus Johannisbeergelee und einem Golddragee. Fuß in halbbitterer Kuvertüre absetzen.

Für diese Dessertstücke müssen hergestellt werden:
Mohrenkopfmasse Seite 233
französische Buttercreme Seite 240
Brandmasse Seite 187

6 **Mokkafours**

Aus Mohrenkopfmasse hergestellte kleine Biskuitbohnen mit französischer Mokka-Buttercreme füllen und kalt stellen. Oberfläche aprikotieren, mit Mokka abgeschmecktem, temperiertem Fondant überziehen und mit Schokoladenspritzglasur und einer frischen Mokkabohne garnieren. Dann Fuß in halbbitterer Kuvertüre absetzen.

Für diese Dessertstücke müssen hergestellt werden:
Mohrenkopfmasse Seite 233
Schokoladenspritzglasur Seite 184
französische Buttercreme Seite 240

7 **Ananasecken**

Mandelkapsel aus Petits-fours-Masse 3mal etwa 2 mm stark mit Ananaskonfitüre dressierfähig gemachter und mit Zitronensaft abgeschmeckter Marzipanrohmasse füllen. Oberfläche hauchdünn mit Marzipan eindecken, Kapsel gut pressen und kühl stellen. Danach in 3 x 3 cm große Dreiecke schneiden, diese aprikotieren und je eine kleine kandierte Ananasecke auflegen. Mit Rum abgeschmecktem, leicht gelb gefärbtem, temperiertem Fondant überziehen. Ananasecke mit Schokoladenspritzglasur umranden und mit etwas rosarotem Fondant auslassen. Fuß in halbbitterer Kuvertüre absetzen.

Für diese Dessertstücke müssen hergestellt werden:
Petits-fours-Masse III Seite 233
Schokoladenspritzglasur Seite 184

8 **Kirschfours**

Mandelkapsel aus Petits-fours-Masse 3mal mit zum starken Faden gekochter Sauerkirschkonfitüre füllen. Oberfläche hauchdünn mit Marzipan eindecken, Kapsel gut pressen und kühl stellen. Danach in 2 x 4 cm große Rechtecke schneiden, diese aprikotieren und mit einer halben kandierten Kirsche belegen. Mit Kirschwasser abgeschmecktem, temperiertem Fondant überziehen und mit Schokoladenspritzglasur ausgarnieren. Fuß in halbbitterer Kuvertüre absetzen.

Für diese Dessertstücke müssen hergestellt werden:
Petits-fours-Masse III Seite 233
Schokoladenspritzglasur Seite 184

9 **Zitronenfours**

Mandelkapsel aus Petits-fours-Masse 3mal mit Zitronenlikör abgeschmeckter französischer Buttercreme füllen. Oberfläche hauchdünn mit Marzipan eindecken, Kapsel gut pressen und kalt stellen. Glatte Kreise (Durchmesser 3 cm) ausstechen, aprikotieren und mit temperiertem, mit Zitronensaft abgeschmecktem Fondant überziehen. Als Garnitur kleine Blüte aus halbbitterer und Vollmilchkuvertüre auflegen. Fuß in halbbitterer Kuvertüre absetzen.

Für diese Dessertstücke müssen hergestellt werden:
Petits-fours-Masse III Seite 233
französische Buttercreme Seite 240
Blüte aus Kuvertüre Seite 182/184

Vorbereitete gefüllte Petits fours nach dem Aprikotieren mit auf etwa 36 °C temperiertem, dünnflüssigem Fondant überziehen und zum Abtrocknen auf Gitter setzen.

Baisergebäck

Als Beilage und zur Garnitur für Eisdesserts jeder Art eignet sich Schaumgebäck aus Baisermasse. Mit seiner leichten und zarten, aber doch knusprigen Beschaffenheit bildet es einen besonders guten Kontrast zum Eis. Dieses Sortiment aus Baisermasse I ist zum Teil mit Kakao-Baiser-Masse kombiniert, mit halbbitterer und Vollmilchkuvertüre überzogen oder abgesetzt, mit geriebenen, gerösteten Mandeln bestreut oder mit Kakaopulver besiebt und mit Schokoladenspritzglasur garniert.

Herstellen von Baisermasse I
(Rezept Seite 237)

Unter den mit Raffinade aufgeschlagenen Eischnee den Zuckerrest mit dem gesiebten Staubzucker-Stärke-Gemisch vorsichtig einmelieren.

Aus der fertigen Baisermasse Spiralen und Garnituren spritzen.

Für Sahne-Baiserschwäne etwa 7 cm und 3 cm große tropfenförmige Schalen sowie etwa 3 cm große Hälse in Form einer „2" spritzen. Die kleinen Schalen mit geriebenen, gerösteten Haselnüssen bestreuen.
Nach dem Trocknen die großen Schalen an der Spitze zu 1/3 in halbbittere Kuvertüre tauchen und die kleinen mit Spritzglasur schräg nach oben an ihnen befestigen. Je 2 Schalen mit Eiweiß auf eine flache runde Baiserschale setzen, mit Sahne füllen und einen Hals hineinschieben. Den Schnabel, aus rot gefärbtem Marzipan kegelförmig modelliert, mit Eiweiß ansetzen. Die Augen aus halbbitterer Kuvertüre aufspritzen.

1 2 3 4 5 6 7 8 9 10 11

Kleine Auswahl Eisgebäck

1 **Hippenröllchen**
in Kuvertüre getaucht
Rezept siehe Seite 234

2 **Hippentütchen**
in Kuvertüre getaucht
Rezept siehe Seite 234

3 **Eigelbmakronensterne**
in Kuvertüre abgesetzt
Rezept siehe Seite 238

4 **Gefüllte Mandelmakronen mit Pariser Creme**
in Kuvertüre abgesetzt
Rezept siehe Seite 238, 242

5 **Gefüllte Haselnuß-Baiser-Zungen**
in Kuvertüre abgesetzt
Rezept siehe Seite 237

6 **Hippenblätter**
in Kuvertüre getaucht
Rezept siehe Seite 234

7 **Gefüllte Duchesse mit Canache**
in Kuvertüre abgesetzt
Rezept siehe Seite 236, 243

8 **Mandel-Duchesse-Zungen**
Rezept siehe Seite 236

9 **Hippen-Baiserblüten**
Rezept siehe Seite 234, 237

10 **Hippen-Schmetterlinge**
Rezept siehe Seite 234

11 **Hippen-Herzen**
Rezept siehe Seite 234

10.
KAPITEL

KÄSEGEBÄCK
KÄSEFOURS
PASTETENHAUS
BLÄTTERTEIG

Käsegebäck – Käsefours

Im Gegensatz zum süßen Teegebäck oder zu leckeren Petits fours bilden würzige Käsegebäckmischungen und herzhaft schmeckende Käsefours stets eine willkommene Abwechslung bei Bier und Wein. Sie werden ausschließlich aus ungesüßten Teigarten und Massen wie Käse-Mürbeteig, Käse-Blätterteig, geriebenem Pastetenteig oder Brandmasse hergestellt.

Als Geschmacksträger finden dabei vorwiegend besonders aromatische Käsesorten, so geriebener Emmentaler, Edamer, Parmesan- oder Chesterkäse, und Gewürze wie Salz, Paprika und Pfeffer Verwendung.

Käsegebäck wird zwar verschiedenförmig ausgestochen und geschmacklich noch mit Nüssen, Mandeln, schwarzem oder weißem Sesam, Kümmel, Mohn, Pinienkernen, Pistazien oder geriebenem Käse verfeinert, bleibt jedoch in der Regel ungefüllt.

Käsefours dagegen werden sehr vielseitig mit pikant abgeschmeckten Käsecremes aus diversen Weichkäsesorten gefüllt und mit farblich harmonierenden und geschmacksverbessernden Garnituren geschmückt. Dazu eignen sich vorzüglich Kapern, Sardellen, Kaviar, Gewürzgurken, Gurkenscheiben, Perlzwiebeln, Schnittlauch, Petersilie, Dill, Champignonscheibchen, Oliven, Kirschtomaten und Radieschen ebenso wie geriebener Pumpernickel, gehackte Pistazien, Salzmandeln, Paprikaschoten und Tomatenmark. Schmuckelemente aus Brandmasse verfehlen auch hier ihre eindrucksvolle Wirkung nicht.

Um ein frisches appetitliches Aussehen von Käsefours auch dann zu gewährleisten, wenn sie situationsbedingt einige Zeit stehen müssen, bevor sie zum Verzehr kommen, ist es ratsam, hauptsächlich die Garnituren von Fall zu Fall mit etwas Aspik zu überglänzen.

Käsegebäck

Zur Herstellung dieser Auswahl an Käsegebäck werden Käse-Mürbeteig und Käse-Blätterteig verwendet.

Den gut ausgekühlten Käse-Mürbeteig etwa 5 mm stark, den Käse-Blätterteig etwa 2 mm stark ausrollen, dann zum Teil riefen, verschiedenförmig ausstechen bzw. einrollen (so für Schweineöhrchen). Teigstücke mit verquirltem Eigelb bestreichen, mit Kümmel, Mohn, halben weißen Mandeln, geriebenem Emmentaler, weißem und schwarzem Sesam, Pinienkernen, geviertelten Walnüssen, geschälten Haselnüssen, gehackten Pistazien oder gehackten Mandeln bestreuen bzw. belegen und bei 200 °C mittelbraun backen.

Käse-Blätterteig

500 g Blätterteig
300 g Käse-Mürbeteig

Den Käse-Mürbeteig (Seite 228) mit 3 einfachen Touren in den Blätterteig einziehen.

Gebackenes Körbchen aus Modellierteig mit Salzmandeln und Salznüssen

Modellierteig

450 g Mehl Type 405
180 g Staubzucker
80 g Marzipanrohmasse
50 g Butter
100 g Eiweiß
Eigelb
Karamelzucker

Marzipanrohmasse, Staubzucker und Butter (nicht schaumig) anwirken und mit Eiweiß glattarbeiten. Gesiebtes Mehl zugeben, einen Teig kneten und vor der Verarbeitung abgedeckt etwa 1 Stunde kühl stellen.

Für das Körbchen den Teig etwa 3 mm stark ausrollen und über mit Alufolie eingedeckte Bombenform oder kleine konische Schüssel legen. Teig mit halben weißen Mandeln und mit Mohn bestreuten Teigplättchen garnieren, mit verquirltem Eigelb bestreichen und bei 200 °C ausbacken. Nach dem Erkalten nochmals kurz anwärmen, dann Form oder Schüssel herausnehmen.

Abdeckring, Henkel, Blüte, Blätter und Bodenplatte aus demselben Teig herstellen. Abdeckring, Blüte und Blätter mit verquirltem Eigelb bestreichen, Blüte mit Mohn bestreuen, dann alle 5 Teile backen.

Mit klarem Karamelzucker zunächst Blüte mit Blättern am Henkel, dann erst verzierten Henkel am Abdeckring und zuletzt Körbchen auf der Bodenplatte befestigen.

Modellierteig bäckt gleichmäßig, treibt nicht, behält die Form, ist sehr stabil und eignet sich besonders zur Herstellung von Büfettdekorationen und Gebäcknachbildungen.

Salzmandeln – Salznüsse

500 g geschälte Mandeln
500 g geschälte Haselnüsse
10 g Eiweiß
20 g Salz

Mandeln und Nüsse mit Eiweiß ganz leicht anfeuchten und mit Salz bestreuen, dann auf einem Backblech ausbreiten und bei 180 °C hell bis mittelbraun rösten.

1 2 3 4 5 6 7 8 9 10

Käsefours

1 **Pumpernickelecken**

Zwischen 3 Scheiben Pumpernickel Gervaiscreme geben, dann kalt stellen und anschließend diagonal halbieren, so daß 2 Dreiecke entstehen. Diese mit einem Tupfen Käsecreme und einem mit Sesam bestreuten Plättchen aus Käse-Mürbeteig garnieren.

Für diese Pumpernickelecken muß hergestellt werden:
Käse-Mürbeteig Seite 228

Gervaiscreme

250 g Gervais
35 g geriebener Parmesankäse
2 cl Sahne
1 Prise Salz

Alle Zutaten zu einer dressierfähigen Creme verarbeiten.

2 **Ovale Kräuter-Käse-fours**

Kleine ovale Torteletts aus Käse-Mürbeteig mit Kräuter-Käse-Creme füllen, dann mit einem Tupfen Creme, einer halbierten Radieschenscheibe und einer mit Paprika gefüllten Olivenscheibe garnieren.

Für diese Käsefours muß hergestellt werden:
Käse-Mürbeteig Seite 228

Kräuter-Käse-Creme

350 g Kräuter-Käse-Creme
10 g gehackter Dill
5 g Kümmel
1 Msp. Salz
1 Msp. Paprika
2 cl Sahne

Alle Zutaten zu einer dressierfähigen Creme verarbeiten.

3 **Salami-Käse-Creme-Torteletts**

Kleine runde Torteletts aus Käse-Mürbeteig mit Salami-Käse-Creme füllen und dann mit Ornament aus Brandmasse, Punkten aus Tomatenmark und etwas Kaviar garnieren.

Für diese Torteletts müssen hergestellt werden:
Käse-Mürbeteig Seite 228
Brandmasse zum Spritzen Seite 187

Salami-Käse-Creme

300 g Salami-Weichkäse
1 Msp. Salz
1 Msp. Paprika
2 cl Sahne
20 g feingehackte Petersilie

Alle Zutaten zu einer dressierfähigen Creme verarbeiten.

4 **Tartare-Käse-Scheibchen**

Aus Vollkornbrot Scheibchen (Durchmesser 3 cm) ausstechen. Zwischen je 2 Scheibchen Tartare-Käse-Creme geben. Oberfläche mit großem Tupfen Creme und Kirschtomatenhälfte garnieren.

Tartare-Käse-Creme

300 g Tartare-Käse
50 g Butter
1 Msp. Salz
2 cl Weinbrand

Butter und Salz schaumig rühren, dann mit Tartare-Käse und Weinbrand gut vermischen.

5 **Bavaria-blu-Rosetten**

Zwischen 2 Rosetten aus Käse-Mürbeteig Bavaria-blu-Creme geben. Oberfläche mit kleinem Tupfen Creme und einem Stückchen Gewürzgurke garnieren.

Für diese Rosetten muß hergestellt werden:
Käse-Mürbeteig Seite 228

Bavaria-blu-Creme

500 g Bavaria-blu-Käse
125 g Butter
1 Prise Salz
1 Prise Pfeffer
2 cl Sahne

Käse passieren und mit Butter, Salz und Pfeffer schaumig rühren. Zum Schluß Sahne einrühren.

6 **Käse-Blätterteigstreifen mit Doppelrahm-Käse-Creme**

Auf gebackene Rechtecke aus Käse-Blätterteig (2 × 4 cm) spiralenförmig Doppelrahm-Käse-Creme dressieren, mit kleinem Zweig frischem Dill und kleiner Perlzwiebel garnieren.

Für diese Streifen muß hergestellt werden:
Käse-Blätterteig Seite 140

Doppelrahm-Käse-Creme

350 g Doppelrahmkäse
1 Prise Salz
1 Msp. weißer Pfeffer
2 cl Bacardi-Rum

Alle Zutaten zu einer dressierfähigen Creme gut miteinander verrühren.

7 **Gefüllte Käse-Blätterteigmedaillons**

Mit gezacktem rundem Ausstecher (Durchmesser 3 cm) Medaillons aus Käse-Blätterteig stechen. Diese mit verquirltem Eigelb bestreichen, mit geriebenem Edamer bestreuen und backen. Zwischen je 2 Medaillons Bavaria-blu-Creme geben. Oberfläche mit Tupfen Kräuter-Käse-Creme, kleiner, ausgestochener Scheibe von pochierter Karotte und ausgestochenem Punkt von dünngeschnittener Trüffelscheibe garnieren.

Für diese Medaillons müssen hergestellt werden:
Käse-Blätterteig Seite 140
Bavaria-blu-Creme Seite 143
Kräuter-Käse-Creme Seite 142

8 **Pumpernickelfours mit Champignon-Käse-Creme**

Zwischen 3 Scheiben Pumpernickel Champignon-Käse-Creme geben. Oberfläche mit Kräuter-Käse-Creme bestreichen. Scheiben kalt stellen und nach gutem Auskühlen in 2 × 3,5 cm große Stücke schneiden. Dann einen Tupfen Käsecreme aufdressieren und diesen mit kleinem Ornament aus Brandmasse sowie einer Kapernbeere garnieren.

Für diese Pumpernickelfours müssen hergestellt werden:
Kräuter-Käse-Creme Seite 142
Brandmasse zum Spritzen Seite 187

Champignon-Käse-Creme

300 g Champignon-Schmelzkäse
50 g feingeriebener Parmesankäse
30 g Butter
1 Prise Salz
3 g Kümmel
2 cl Sahne

Butter, Salz, Kümmel und Sahne mit Parmesankäse glattarbeiten und mit Champignon-Schmelzkäse gut vermischen.

9 **Käse-Mürbeteigblüten**

Zwischen 2 dreiblättrige Blüten aus Käse-Mürbeteig Tartare-Käse-Creme geben. Auf die Oberfläche einen Tupfen Käsecreme dressieren und diesen mit wenig Petersilie sowie einer kleinen Krabbe garnieren.

Für diese Blüten müssen hergestellt werden:
Käse-Mürbeteig Seite 228
Tartare-Käse-Creme Seite 143

10 **Käse-Mürbeteigschiffchen**

In Schiffchen, aus Käse-Mürbeteig gebacken, Käse-Butter-Creme geben und diese Creme auch satteldachförmig aufstreichen. Rand der Schiffchen mit feingehackten Pistazien einstreuen und Dreiecke, aus Käse-Blätterteig gebacken, als Segel auf die Creme setzen.

Für diese Schiffchen müssen hergestellt werden:
Käse-Mürbeteig Seite 228
Käse-Blätterteig Seite 140

Käse-Butter-Creme

1/4 l Vollmilch
1 Eigelb
20 g Weizenpuder
1 Msp. Salz
125 g feingeriebener Emmentaler
100 g Schmelzkäse
250 g Butter
1 Prise Paprika
1 Prise Pfeffer
2 cl Zitronensaft

Milch, Eigelb, Weizenpuder und Salz zu einer Creme kochen. Emmentaler zugeben und alles gut verrühren.

Nach dem Auskühlen Butter und Schmelzkäse schaumig schlagen, Käsecreme einrühren und mit Paprika, Pfeffer, eventuell noch etwas Salz und Zitronensaft, abschmecken.

Käse-Butter-Creme läßt sich auch sehr gut mit anderen pikanten Geschmacksträgern wie Tomatenmark, Senf oder feingeriebenem Meerrettich variieren.

Pastetenhaus (Vol-au-vent)

Zur klassischen Form, Vorspeisen für kleine Gesellschaften anzurichten, gehört das Pastetenhaus aus Blätterteig. Dazu eignet sich Abfallblätterteig besser als frischer Blätterteig, weil er in diesem Falle nicht zu stark aufgehen soll. Die Herstellung ist unkompliziert und einfach.

Zunächst wird mit Hilfe einer 1-l-Eisbombenform eine Halbkugel aus Pergamentpapier, mit feiner Papierwolle gefüllt, hergestellt, deren Verschluß mit Klebestreifen zusammengeklebt wird.

Nun wird ein etwa 1 bis 2 mm starker Boden (Durchmesser etwa 23 cm) aus Blätterteig ausgerollt, auf ein mit Backpapier ausgelegtes Blech gelegt und die Halbkugel daraufgesetzt. Der Rand des Bodens wird mit Wasser bestrichen. Über die Kuppel wird eine etwa 2 bis 3 mm starke Blätterteigdecke gelegt und durch leichtes Andrücken mit dem Rand verbunden. Das Ganze wird leicht mit Wasser bestrichen und nach eigener Fantasie mit Blätterteigstreifen, -ringen, -herzen, -blättern oder -rosetten, nach Wunsch auch mit Mohn, Sesam und gehackten Mandeln versehen, jeweils ganz nach Belieben ausgarniert.

Vor dem Backen sollte das Pastetenhaus mindestens 3 Stunden im Kühlschrank stehen, damit sich der Teig genügend entspannen kann und ein Abrutschen oder Aufreißen der Oberfläche vermieden wird. Außerdem ist es erforderlich, die Teigdecke von oben mit einer Spicknadel oder einem Holzspieß etwas einzustechen, damit während des Backens die heiße Luft entweichen kann und keine Blasen entstehen.

Nun wird das fertige Pastetenhaus auf der ganzen Oberfläche mit verquirltem Eigelb bestrichen und bei 190 °C goldbraun ausgebacken.

Da frisch gebackener Blätterteig sehr zart und empfindlich ist, sollte erst nach völligem Erkalten der Deckel (Durchmesser etwa 7 cm) mit Hilfe eines entsprechenden glatten Ausstechers herausgeschnitten werden.

Durch diese Öffnung wird ganz vorsichtig zuerst die Papierwolle und dann die Papierhülle herausgezogen. Schließlich wird das Pastetenhaus mit der Masse gefüllt. Der Deckel wird danach wieder aufgesetzt.

Blätterteigpasteten

Bei der Herstellung von Blätterteigpasteten muß der Teig besonders sorgfältig verarbeitet werden. Voraussetzung für ein Gelingen ist in erster Linie ein einwandfrei tourierter frischer Teig. Abfallblätterteig eignet sich zwar besonders gut für Bödchen und Deckel der Pasteten, nicht aber für die hochziehenden Ringe, weil bei Abfallblätterteig das schichtweise und gleichmäßige Anheben der vielen Fett- und Teigschichten beim Backprozeß nicht mehr gewährleistet ist.

Pasteten sind hülsenartige Gebäcke, sie werden hauptsächlich gefüllt und warm serviert. Es eignen sich würzige Fisch- und Gemüsefüllungen genauso wie Füllungen aus Fleisch von Schlachttieren und Geflügel.

Zuerst wird Abfallblätterteig etwa 1 mm stark ausgerollt, dann werden daraus Bödchen (Durchmesser 6 cm) gestochen und auf ein mit Wasser angefeuchtetes Backblech gelegt, welches sich während des Backens nicht werfen sollte.

Die Deckel für die Pasteten werden ebenfalls aus ausgerolltem Abfallblätterteig gestochen, ihr Durchmesser sollte etwas größer sein als der der Ringe, da ein leichtes Zusammenziehen nicht ausgeschlossen werden kann.

Dann wird frischer Blätterteig etwa 1 cm stark ausgerollt. Daraus werden 1,5 cm breite Ringe (Durchmesser innen 4,5 cm) gestochen, deren Unterseite mit verquirltem Eigelb bestrichen wird. Die Ringe werden mit der Unterseite auf die Bödchen gesetzt. Die Teiglinge müssen zunächst etwa 60 Minuten kühl gestellt werden, dann können sie bei 190 °C gebacken werden.

Um ein „Kippen" während der Backzeit möglichst zu vermeiden, ist es empfehlenswert, in die Öffnung einen 4 cm hohen Streifen Pergamentpapier ringförmig einzulegen oder die im Fachhandel erhältlichen Pastetenhalter einzusetzen.

Wenn die Oberfläche der Ringe mit verquirltem Eigelb bestrichen wird, muß dies vorsichtig geschehen, und es muß darauf geachtet werden, daß Eigelb an den Seiten nicht hinunterläuft, da sonst die Fett- und Teigschichten verkleben und ein gleichmäßiges Hochziehen der Ringe verhindert wird.

Herstellen eines Pastetenhauses

(Rezept Blätterteig Seite 225)

Mit Papierwolle gefüllte Halbkugel aus Pergamentpapier in Blätterteig einhüllen, Pastetenhaus ausgarnieren.

Ausgarniertes Pastetenhaus vor dem Backen mit verquirltem Eigelb bestreichen.

Deckel des fertiggebackenen Pastetenhauses mit einem Ausstecher herausschneiden, dann Papierwolle und Papierhülle vorsichtig herausziehen.

Drei verschieden ausgarnierte Pastetenhäuser:
für alle Gelegenheiten (im Bild vorne)
für Ostern (im Bild hinten links)
für Verlobung und Hochzeit (im Bild hinten rechts)

Beilagen aus Blätterteig

Fleurons, Käse-, Kümmel-, Mohn- und Sesamstangen

Wenn man auch allgemein unter Fleurons Halbmonde aus Blätterteig versteht, so schließt dies andere Gebäckformen für denselben Zweck nicht aus. Sie werden sowohl als Beilagen für Suppen als auch für Fischgerichte und Gerichte aus Fleisch von Schlachttieren und Geflügel gebraucht. Zur Herstellung dieser Beilagen wird vorzugsweise entweder Abfall- oder holländischer Blätterteig verwendet. Er geht nicht zu stark auf, und die Beilagen halten besser die Form. Sie werden mit verquirltem Eigelb bestrichen, teilweise mit Sesam, Kümmel und Mohn bestreut oder je nach Verwendungszweck zusätzlich noch profiliert.

Für Käsestangen findet der gleiche Blätterteig Verwendung, allerdings wird vielfach noch geriebener Käse eingerollt. Der Teig wird gut gekühlt, längsseitig etwa 12 cm breit ausgerollt, in 15 mm breite Streifen geschnitten und korkenzieherähnlich eingedreht. Man läßt ihn etwa 15 Minuten ruhen, dann wird er bei 180 °C etwa 12 bis 15 Minuten gebacken.

Der Teig für Kümmel-, Mohn- und Sesamstangen wird auf dieselbe Weise wie oben ausgerollt, geschnitten und gebacken.

Verschiedene Pasteten aus Blätterteig.

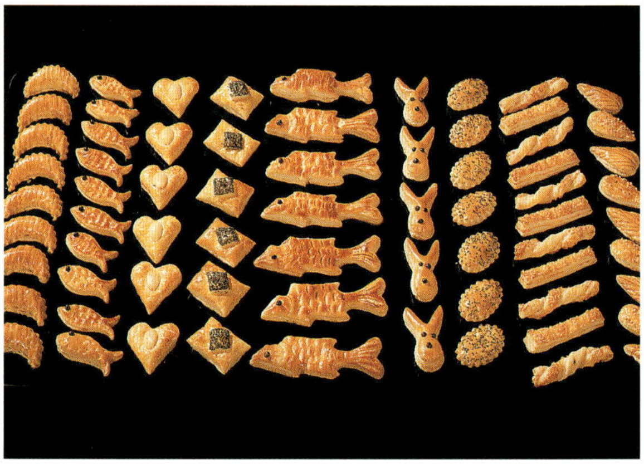

Beilagen aus Blätterteig.

Stangen aus Blätterteig mit Käse, Mohn, Sesam, Salz und Kümmel.

Pastetchen,
gefüllt mit Ragout (im Bild hinten)
gefüllt mit Pfifferlingen (im Bild Mitte)
gefüllt mit Krevetten (im Bild vorne)

11. KAPITEL

WEIHNACHTSGEBÄCK
LEBKUCHEN
CHRISTSTOLLEN

Weihnachtsgebäck – Lebkuchen – Christstollen

Wenn man von Weihnachtsgebäck spricht, so ist von Feingebäck die Rede, das vorwiegend in der Weihnachtszeit hergestellt und angeboten wird. Man versteht darunter spezielle Gebäckarten, die sich insbesondere von anderem Teegebäck durch aromatische Gewürze, Früchte, Mandeln, Haselnüsse, Marzipan, Nugat, Schokolade, Zuckerglasur und Honig unterscheiden. Als Geschmacksträger finden Zimt, Nelken, Kardamom, Anis, Vanille, Muskat, Piment und Ingwer häufig Verwendung.

Um eine harmonische Geschmacksausbildung zu erreichen, werden vielfach auch individuelle Gewürzmischungen verwendet, so hat jeder Fachmann eigene, streng gehütete Rezeptzusammenstellungen. Auch gibt es Mischungen, die sich speziell für eine Gebäckart eignen, zum Beispiel zur Herstellung von Honig- und Lebkuchen, lebkuchenartigen Erzeugnissen wie Elisen-Lebkuchen, Dominosteinen, Printen, Spitzkuchen oder von Christstollen verschiedener Art oder von Spekulatius.

In der Weihnachtsbäckerei hat der Patissier einmal mehr Gelegenheit, seine fachmännische Qualifikation zu beweisen und zu zeigen, daß sich seine Erzeugnisse durch hohe Qualität auszeichnen.

Kokosmakronen

250 g Zucker
280 g feingeriebene Kokosraspel
8 Eiweiß
30 g Mehl
250 g Staubzucker
Abgeriebenes von
1 unbehandelten Orange
Backoblaten
(Durchmesser 3 bis 4 cm)

Zucker, Kokosraspel, Eiweiß und Abgeriebenes auf etwa 60 bis 70 °C erhitzen und abrösten. Staubzucker mit gesiebtem Mehl vermischen, unterrühren und Masse bis auf etwa 30 °C abkühlen lassen. Masse auf Oblaten dressieren. Bei 180 °C etwa 8 bis 10 Minuten backen.

Johannisbeermakronen

250 g Marzipanrohmasse
30 g Staubzucker
3–4 Eigelb
Abgeriebenes von
1 Zitrone
etwa
150 g Johannisbeer-Gelee

Marzipanrohmasse mit Zucker, Zitrone und Eigelb glattarbeiten. Mit Spritzbeutel und Lochtülle kleine Kugeln auf Backpapier dressieren, mit angefeuchteter Fingerkuppe kleine Vertiefungen eindrücken und bei 180 °C anbacken. Nach etwa halber Backzeit Vertiefung nachdrücken und ausbacken. Johannisbeer-Gelee zum schwachen Faden kochen und die Vertiefungen auslassen.

Anisplätzchen

6 Eier
500 g Zucker
470 g Mehl
etwa
20 g Anis

Eier und Zucker leicht warm und kalt aufschlagen. Gesiebtes Mehl mit Anis mischen und in die Masse einmelieren. Mit Lochtülle Nr. 4 Plätzchen (Durchmesser etwa 2 bis 3 cm) auf ein leicht gefettetes, bemehltes Blech dressieren und an einem warmen Ort so lange antrocknen lassen, bis sich auf der Oberfläche eine feste Haut gebildet hat. Bei etwa 170 °C etwa 10 Minuten ohne Schwaden backen.

Eigelb-Walnuß-Makronen

350 g Marzipanrohmasse
7 Eigelb
2 cl Kirschwasser
etwa
100 g halbe Walnüsse
Kuvertüre

Marzipanrohmasse mit Eigelb und Kirschwasser glattarbeiten. Auf mit Backpapier ausgelegtes Blech kleine Rosetten dressieren und mit Walnußhälften belegen. Makronen bei starker Oberhitze (etwa 250 °C) etwa 4 Minuten backen. Anschließend sofort mit Gummiarabikum abglänzen und nach dem Auskühlen jeden Fuß in Vollmilchkuvertüre absetzen.

Gewürzschnitten

125 g Mehl
150 g Butter
125 g Zucker
1 Ei
1 Msp. Salz
1 Msp. Zimt
1 Msp. Nelkenpulver
1 Msp. Muskat
Abgeriebenes von
1 unbehandelten Zitrone
125 g geriebene Haselnüsse
100 g Biskuitbrösel
Zitronat
Orangeat

Butter, Zucker, alle Gewürze und Ei verkneten. Dann gesiebtes Mehl mit Haselnüssen und Bröseln mischen, der Butter-Zucker-Masse beigeben, zu einem Mürbeteig anwirken und kalt stellen.

Danach Teig 3 bis 4 mm stark ausrollen, in 3 × 5 cm große Rechtecke schneiden und bei 180 °C etwa 8 bis 10 Minuten ohne Schwaden backen. Nach dem Backen Schnitten aprikotieren, mit Fondant glasieren und mit feingeschnittenen Streifen Zitronat und Orangeat garnieren.

Schwäbische Springerle

(Im Bild hinten)

8 Eier
1000 g Zucker
1000 g Mehl
Abgeriebenes von
1 unbehandelten Zitrone
Mark von 1 Vanilleschote
Anis

Eier, Zucker, Abgeriebenes und das Mark der Vanilleschote leicht warm und kalt aufschlagen. Dann gesiebtes Mehl zugeben, alles zu einem Teig anwirken und diesen kühl stellen. Danach Teig etwa 1 cm stark ausrollen, in Modeln drücken, herausklopfen und parieren. Springerle auf leicht gefettete, locker mit Anis bestreute Bleche setzen und so lange antrocknen lassen, bis sich eine Haut gebildet hat. Bei 170 °C etwa 12 bis 15 Minuten backen. Nach halber Backzeit mit Pergamentpapier abdecken, damit sie möglichst keine Farbe nehmen.

Frankfurter Bethmännchen

(Im Bild vorne)

500 g Marzipanrohmasse
50 g Staubzucker
2 cl Rum
etwa
100 g halbe weiße Mandeln

Marzipanrohmasse mit Staubzucker und Rum anwirken. Masse zu einer Rolle (Durchmesser etwa 2 cm) formen, diese in etwa 5 g schwere Stükke teilen und diese zu Kugeln rollen. Je 3 mit Wasser angefeuchtete halbe Mandeln in gleichmäßigen Abständen an den Kugeln ansetzen, etwas andrücken und unter dem Salamander kurz und leicht abflämmen. Danach mit Gummiarabikum oder Zukkerglanz abglänzen.

Besonders gut schmecken Bethmännchen, wenn ihr Fuß etwas in Kuvertüre abgesetzt wird.
Kuvertüre Seite 181, 182

Schokoladenmuscheln

(Im Bild rechts)

6 Eiweiß
250 g Zucker
500 g geriebene rohe Mandeln
40 g Kakaopulver
5 g Zimt
1 Msp. Kardamom
250 g Staubzucker

Eiweiß und Zucker zu stabilem Schnee schlagen. Mandeln mit Kakaopulver, Zimt und Kardamom gut vermischen und mit Staubzucker in den Eischnee melieren.

Masse tupfenartig in Zucker dressieren und zu kleinen Kugeln formen. Diese auf ein mit Backpapier ausgelegtes Blech setzen und mit einer Muschelform (einem Model) profilieren. Bei 180 °C etwa 10 Minuten backen. Nach dem Auskühlen etwa bis zu 1/3 in Kuvertüre tauchen.
Kuvertüre Seite 181, 182

Honig-Mandelkuchen
(Im Bild hinten)

480 g Bienenhonig
250 g Farinzucker
1/8 l Öl
360 g Weizenmehl
360 g Roggenmehl
260 g geriebene braune Mandeln
6 g Ammonium
3 EL Milch
1 TL Zimt
1 Msp. Nelkenpulver
2 TL Lebkuchengewürz
1 kleine Prise Salz
3 Eier
100 g gehacktes Zitronat
100 g gehacktes Orangeat
halbe weiße Mandeln, Zitronat und halbe kandierte Kirschen

Honig, Zucker und Öl gut erhitzen (nicht kochen) und auf etwa 35 °C zurücktemperieren. Ammonium mit etwas Milch auflösen und mit der Masse gut verrühren. Das gesiebte Mehl mit allen übrigen Zutaten dazugeben, einen ausrollbaren Teig kneten, abdecken und kühl stellen.

Danach etwa 1 cm stark ausrollen, auf mit Backpapier ausgelegtes Blech legen, in 6 × 6 cm große Quadrate einteilen, mit Milch bestreichen und mit je 4 halben Mandeln, 1/2 kandierten Kirsche und 4 Stückchen Zitronat belegen. Bei 200 °C etwa 35 Minuten ohne Schwaden backen. (Nadelprobe).

Zimtsterne *(Ohne Bild)*

325 g Staubzucker
3 Eiweiß
125 g Marzipanrohmasse
250 g feingeriebene Mandeln
8 g Zimt

Eiweiß und Staubzucker zu einer Glasur schaumig schlagen. Alle übrigen Zutaten mit etwa 2/3 der Glasur zu einem Teig anwirken und etwa 1 Stunde kühl stellen. Teig etwa 6 mm stark in Biskuitbröseln ausrollen und mit der restlichen Glasur dünn bestreichen. Mit nassem Ausstecher Sterne ausstechen, auf leicht gefettete oder mit Backpapier ausgelegte Bleche setzen. Bei 170 °C etwa 5 bis 6 Minuten ohne Schwaden backen.

St. Galler Biberle
(Im Bild links)

500 g Marzipanrohmasse
60 g geriebene weiße Mandeln
50 g Zucker
Saft von 1/2 Zitrone
Honigkuchenteig
Dextrinlösung

Marzipanrohmasse, Mandeln, Zukker und Zitronensaft anwirken und zu etwa fingerstarken Rollen formen. Honigkuchenteig etwa 2 mm stark ausrollen, Marzipanrollen damit einschlagen und kalt stellen.

Danach in trapezförmige Stückchen (3 × 1 cm) schneiden, dann diese mit Milch bestreichen und bei 180 °C ohne Schwaden backen. Nach dem Backen sofort mit Dextrinlösung abglänzen.

Für dieses Weihnachtsgebäck müssen hergestellt werden:
Honigkuchenteig Seite 229
Dextrinlösung Seite 194

Zedernbrot
(Im Bild rechts)

500 g Marzipanrohmasse
150 g Sandzucker
150 g geriebene braune Mandeln
15 g Mehl
25 g feingehacktes Zitronat
2 Eiweiß
180 g Staubzucker
2 cl Zitronensaft

Marzipanrohmasse und Sandzucker, Mandeln, Mehl und Zitronat anwirken und kalt stellen. Eiweiß und Staubzucker zu einer Glasur schaumig rühren und mit Zitronensaft abschmecken.

Masse etwa 8 mm stark ausrollen und dünn mit Glasur bestreichen. Mit einem nassen Ausstecher Halbmonde ausstechen und diese auf einem mit Backpapier ausgelegten Blech bei 180 °C etwa 10 Minuten ohne Schwaden backen.

Heidesand
(Ohne Bild)

240 g Mehl
180 g Butter
80 g Zucker
40 g Marzipanrohmasse
1 Ei
Mark von 1/2 Vanilleschote
1 Msp. Salz
Abgeriebenes von
1 unbehandelten Zitrone
Zucker zum Einrollen

Butter, Zucker, Marzipanrohmasse, Abgeriebenes, Mark der Vanilleschote und Salz verkneten, dann mit Ei vermischen. Gesiebtes Mehl zugeben, alles zu einem Mürbeteig verarbeiten und kalt stellen.

Danach Teig zu Rollen (Durchmesser etwa 3 cm) formen, leicht mit Milch bestreichen und ganz in Zucker einrollen, kalt stellen, dann in etwa 3 mm starke Scheiben schneiden. Bei 180 °C etwa 8 bis 10 Minuten ohne Schwaden backen.

Dattelmakronen
(Im Bild oben)

300 g frische Datteln
200 g Zucker
3 Eiweiß
50 g geriebene Haselnüsse
50 g gehobelte Haselnüsse
50 g gehackte Walnüsse
1 EL Bienenhonig
Mark von 1/2 Vanilleschote
1 Msp. Zimt
20 g Zitronat
20 g Orangeat
Vollmilchkuvertüre
Kakaopulver

Datteln schälen, entkernen und in kleine Würfel schneiden. Zucker, Eiweiß, Hasel- und Walnüsse, Honig, Zimt und Mark der Vanilleschote gut vermischen und bis auf etwa 60 °C abrösten. Zitronat und Orangeat fein hacken und mit den Dattelwürfeln einrühren. Masse abkühlen lassen, mit Teelöffel kleine Makronen auf mit Backpapier ausgelegte Bleche setzen. Bei 180 °C etwa 10 bis 12 Minuten ohne Schwaden backen. Nach dem Auskühlen Makronen in Kuvertüre absetzen und leicht mit Kakaopulver besieben.

Schokoladen-Mandel-Makronen
(Im Bild links)

260 g ungeschälte Mandeln
110 g Kuvertüre 60/40
4 Eiweiß
220 g Zucker
Backoblaten
(Durchmesser 4 cm)

Mandeln und Kuvertüre fein reiben und gut vermischen. Eiweiß und Zucker zu festem Schnee schlagen und Mandel-Kuvertüre-Gemisch einmelieren. Backblech leicht mit Wasser benetzen, Oblaten auflegen und Masse tupfenartig aufdressieren. Bei 180 °C ohne Schwaden backen.

Schokoladen-Nuß-Makronen
(Ohne Bild)

260 g geriebene Haselnüsse
110 g geriebene Kuvertüre
4 Eiweiß
210 g Zucker
Backoblaten
(Durchmesser 4 cm)

Eiweiß mit Zucker zu Schnee schlagen und geriebene Haselnüsse und Kuvertüre einmelieren. Mit Löffel etwa walnußgroße Häufchen auf Oblaten streichen und bei 180 °C etwa 12 bis 15 Minuten backen.

Kokos-Mandelhütchen
(Im Bild rechts)

180 g Kokosraspel
5 Eiweiß
260 g Staubzucker
420 g Marzipanrohmasse
Abgeriebenes
1 unbehandelten Zitrone
2 cl Rum

Kokosraspel leicht anrösten. Eiweiß mit der Hälfte des Staubzuckers zu Schnee schlagen und Rest des Zuckers einmelieren. Marzipanrohmasse mit Zitrone und Rum anwirken und mit dem Eischnee und Kokosraspeln nach und nach zu einer dressierfähigen Masse verarbeiten. Mit Spritzbeutel und Lochtülle auf Backpapier kleine Hütchen dressieren und bei 160 °C etwa 15 Minuten backen. Nach dem Auskühlen etwa 1/3 in Kuvertüre tauchen.

Kuvertüre Seite 181, 182

Linzer Augen
(Im Bild oben)

120 g Mehl
140 g Butter
130 g Farinzucker
200 g geriebene Haselnüsse
2 Eigelb
1/2 TL Zimt
1 Msp. Nelkenpulver
1 Msp. Salz
etwa
150 g Himbeerkonfitüre
Abgeriebenes von
1/2 unbehandelten Zitrone

Butter, Zucker, Zimt, Nelken, Salz und Abgeriebenes verkneten, dann mit Eigelb gut vermischen. Gesiebtes Mehl und Haselnüsse beigeben, mit der Butter-Eigelb-Masse zuerst streuselartig verreiben, dann kurz zu einem Teig zusammendrücken und diesen kalt stellen.

Aus dem Teig etwa 5 g schwere Kugeln formen, deren Mitte etwas eindrücken, und die Kugeln bei 180 °C etwa 12 Minuten backen. Himbeerkonfitüre zum schwachen Faden kochen und damit die Vertiefungen tupfenartig füllen.

Vanillekipferln
(Im Bild rechts)

300 g Mehl
60 g geriebene Mandeln
50 g geriebene Haselnüsse
220 g Butter
80 g Sandzucker
1 Msp. Salz
1 Msp. Zimt
2 Eigelb
Mark von 2 Vanilleschoten
200 g Zucker
100 g Staubzucker

Butter, Sandzucker, Salz und Zimt verkneten, dann Eigelb zugeben. Gesiebtes Mehl mit Mandeln und Haselnüssen gut vermischen, der Butter-Eigelb-Masse beigeben, das Ganze zu einem Mürbeteig anwirken und kalt stellen.

Den Teig dann zu etwa bleistiftdikken Rollen formen, diese in 4 cm lange Stücke teilen, die Enden etwas spitz rollen und Stücke zu Kipferln (Hörnchen) biegen. Bei 180 °C etwa 10 Minuten ohne Schwaden backen. Zucker mit Mark der Vanilleschoten gut verreiben, die heißen Kipferln darin wälzen, dann leicht mit Staubzucker überpudern.

Nugathörnchen
(Im Bild links)

320 g Mehl
200 g Mandelnugat
110 g Butter
30 g Staubzucker
1 Ei
1 Eigelb
Mark von 1 Vanilleschote
1 Msp. Salz
Kuvertüre 60/40
nach Bedarf

Butter, Staubzucker und Nugat verkneten. Ei, Eigelb, Mark der Vanilleschote und Salz zugeben und alles gut vermischen. Gesiebtes Mehl der Masse beigeben, diese zu einem Teig anwirken und kalt stellen.

Den Teig dann zu bleistiftdicken Rollen formen, diese in 4 cm lange Stücke teilen, die Enden etwas spitz rollen und Stücke zu Hörnchen biegen. Bei 180 °C etwa 10 Minuten ohne Schwaden backen. Nach dem Auskühlen die Enden der Hörnchen in Kuvertüre tauchen.

Kuvertüre Seite 181, 182

Elisen-Lebkuchen *(Im Bild links)*
Zutaten für etwa 24 Stück

5 Eiweiß
350 g Zucker
125 g Marzipanrohmasse
60 g feingehacktes Orangeat
150 g gehackte Haselnüsse
150 g feingeriebene Mandeln
80 g Mehl
12 g Lebkuchengewürz
3 g Ammonium
halbierte weiße Mandeln
Backoblaten (∅ 9 cm)

Den Zucker mit der Marzipanrohmasse anwirken, Eiweiß nach und nach zugeben, zu einer glatten Masse verarbeiten und unter ständigem Rühren auf etwa 50 °C erhitzen. Dann Orangeat, Haselnüsse, Mandeln sowie das mit Ammonium gesiebte Mehl und Lebkuchengewürz einrühren und alles bis zu einer guten Bindung abrösten. Die Masse anschließend kuppelförmig auf 9 cm ∅ große Oblaten aufstreichen, mit halben Mandeln, halber kandierter Kirsche oder einem Stückchen Zitronat belegen, gut antrocknen lassen und etwa 10 Minuten bei 170 °C backen. Nach dem Backen sofort mit Fadenzuckerglasur (Seite 194) bestreichen.

Walnuß-Lebkuchen
(Im Bild Mitte)
Zutaten für etwa 15 Stück

4 Eiweiß
250 g Zucker
80 g geriebene geröstete Walnüsse
125 g grobgehackte Walnüsse
40 g Mehl
1/2 TL Zimt
halbe Walnüsse
Backoblaten (6 × 10 cm)

Eiweiß, Zucker und geriebene Walnüsse gut verrühren und unter ständigem Rühren auf etwa 50 °C erhitzen. Gesiebtes Mehl mit gehackten Walnüssen und Zimt zugeben und alles so lange kräftig abrösten, bis die Masse eine gute Bindung hat.
Auf die Oblaten jeweils etwa 50 g der lauwarmen Masse geben und Masse mit Messer nach allen Seiten so abstreifen, daß zur Mitte eine leichte Wölbung entsteht. Lebkuchen mit einer Walnußhälfte belegen. Masse gut antrocknen lassen. Bei 180 °C etwa 10 Minuten ohne Schwaden backen. Lebkuchen nach dem Auskühlen mit Kuvertüre überspritzen oder seitlich tauchen.
Kuvertüre Seite 181, 182

Haselnuß-Lebkuchen
(Im BIld rechts)
Zutaten für etwa 15 Stück

5 Eiweiß
300 g Zucker
80 g Marzipanrohmasse
80 g gehobelte geröstete Haselnüsse
70 g feingeriebene Haselnüsse
60 g feingehacktes Orangeat
80 g Mehl
10 g Zimt
2 g Ammonium
Backoblaten (∅ 9 cm)

Zucker mit Marzipanrohmasse anwirken, Eiweiß nach und nach zugeben, alles zu einer glatten Masse verarbeiten und unter ständigem Rühren auf etwa 50 °C erhitzen.
Dann alle Haselnüsse sowie Orangeat einrühren und gesiebtes Mehl mit Zimt und Ammonium einmelieren. Masse lauwarm kuppelförmig auf Oblaten streichen, gut antrocknen lassen und etwa 10 Minuten ohne Schwaden backen.
Man kann die Lebkuchen mit Zukkerglasur oder Kuvertüre überziehen und mit gehackten oder gehobelten gerösteten Haselnüssen bestreuen oder mit Kuvertüre überspritzen.

Spekulatius

Spekulatius ist ein Figurengebäck, welches zunächst vorwiegend im Rheinland bekannt war und in der Weihnachtszeit traditionsgemäß auf keinem Gebäckteller fehlen darf.

Bei der Teigzubereitung ist das Verhältnis der Hauptzutaten im Vergleich zu Mürbeteig (1-2-3-Teig) umgekehrt, da der Anteil von Zucker höher ist als der von Butter.

Durch den Backprozeß karamelisiert der Zucker und gibt so dem Gebäck einen vorzüglichen Geschmack und eine schöne Bräunung. Um die Knusprigkeit von Spekulatius zu erhalten, sollte er gegen Luftfeuchtigkeit geschützt, also stets in geschlossenen geruchfreien Behältnissen aufbewahrt werden.

Während früher Spekulatius in mühevoller, zeitraubender Weise mit Hilfe von Holzmodeln hergestellt wurde, wird er heutzutage – vor allem bei großen Teigmengen – in den meisten Betrieben mit einer Gebäckform- oder Spekulatiusmaschine produziert.

Butterspekulatius

750 g Mehl
350 g Butter
440 g Zucker
15 g Spekulatiusgewürz
5 g Salz
1 Msp. Ammonium
1/8 l Sahne
3 Eigelb
Milch

Butter, Zucker, Salz und Spekulatiusgewürz verkneten. Dann Eigelb und Sahne dazugeben. Ammonium in etwas Milch auflösen und mit gesiebtem Mehl der Butter-Zucker-Masse beigeben. Alles zu einem Teig anwirken und diesen kühl stellen.

Teig portionsweise in leicht bemehlte Holzmodeln drücken. Überflüssigen Teig mit dünnem Drahtbogen abschneiden und Figuren herausklopfen. Dann diese auf ein mit Backpapier ausgelegtes Blech legen, mit Milch abstreichen und bei 180 °C etwa 10 bis 12 Minuten ohne Schwaden backen.

Butter-Mandel-Spekulatius

500 g Mehl
260 g Butter
300 g Zucker
100 g Marzipanrohmasse
50 g feingeriebene Mandeln
1 Ei
2 Eigelb
1 TL Zimt
1 Msp. Salz
1 Msp. Nelkenpulver
1 Msp. Muskat
gehobelte Mandeln

Butter, Zucker, Zimt, Salz, Nelken, Muskat, feingeriebene Mandeln und Marzipanrohmasse verkneten und mit Ei und Eigelb gut vermischen. Gesiebtes Mehl dazugeben, alles zu einem Teig anwirken und diesen kühl stellen.

Teig portionsweise in leicht bemehlte Holzmodeln drücken. Überflüssigen Teig mit dünnem Drahtbogen abschneiden und Figuren herausklopfen. Dann diese auf ein mit Backpapier ausgelegtes und mit gehobelten Mandeln bestreutes Blech legen, mit Milch abstreichen und bei 180 °C etwa 10 bis 12 Minuten ohne Schwaden backen.

Rheinischer Gewürzspekulatius

900 g Mehl Type 1050
350 g Mehl Type 550
600 g Staubzucker
450 g Butter
1/8 l Sahne
3 Eier
5 g Salz
20 g Zimt
5 g Nelkenpulver
Mark von 2 Vanilleschoten
2 g Natron
2 g Ammonium
Milch

Butter, Staubzucker, Salz, Zimt, Nelken und Mark der Vanilleschoten verkneten, dann leicht schaumig rühren. Eier und Sahne dazugeben. Natron und Ammonium getrennt in etwas Milch auflösen und mit gesiebtem Mehl der Butter-Staubzucker-Masse beigeben. Alles zu einem Teig verarbeiten und diesen kühl stellen.

Teig portionsweise in leicht bemehlte Holzmodeln drücken. Überflüssigen Teig mit dünnem Drahtbogen abschneiden und Figuren herausklopfen, auf ein mit Backpapier ausgelegtes Blech legen, mit Milch abstreichen und bei 180 °C 10 bis 12 Minuten ohne Schwaden backen.

Schokoladen-Nuß-Herzen
(Ohne Bild)

7 Eiweiß
500 g Staubzucker
750 g feingeriebene Haselnüsse
100 g Kuvertüre
70 g Kakaopulver
1 Msp. Salz
1/2 TL Zimt
1 Msp. Nelkenpulver
Abgeriebenes von
1 unbehandelten Zitrone

Eiweiß und Staubzucker wie Spritzglasur schaumig rühren. Kuvertüre auflösen und unterrühren. Alle übrigen Zutaten beigeben, zu einem Teig verarbeiten und kalt stellen.

Danach Teig in Zucker etwa 8 mm stark ausrollen, mit einem Riefholz profilieren, kleine Herzen ausstechen und bei 190 °C etwa 5 Minuten backen. Nach dem Auskühlen jedes Herz bis zur Hälfte in Vollmilchkuvertüre tauchen und mit einer gerösteten Haselnuß garnieren.

Haselnuß-Spritzgebäck
(Ohne Bild)

300 g Butter
2 Eier
50 g Milch
200 g Zucker
450 g Mehl
250 g feingeriebene Haselnüsse
Mark von 1 Vanilleschote
Abgeriebenes von
1 unbehandelten Zitrone
1 Prise Salz

Butter, Zucker, Salz, Abgeriebenes und Mark der Vanilleschote leicht schaumig rühren. Eier und Milch unterrühren. Gesiebtes Mehl mit Haselnüssen mischen, zugeben und alles zu einer spritzfähigen Masse verarbeiten. Daraus mit Spritzbeutel und Sterntülle oder Fleischwolf mit Sterntülleneinsatz verschiedenartige Muster (Figuren) auf Backblech dressieren. Bei 180 °C etwa 8 bis 10 Minuten ohne Schwaden backen.

Ausgestochenes Buttergebäck
(Ohne Bild)

650 g Mehl
80 g Vanille-Cremepulver
500 g Butter
240 g Staubzucker
4 Eigelb
Mark von 1 Vanilleschote
1 Prise Salz

Butter, Staubzucker, Mark der Vanilleschote und Salz verkneten und mit Eigelb gut vermischen. Gesiebtes Mehl und Vanille-Cremepulver zugeben und mit der Butter-Staubzucker-Masse streuselartig verreiben, dann zu einem Mürbeteig zusammendrükken und kühl stellen.

Teig etwa 3 bis 4 mm stark ausrollen, eventuell riefen oder karieren, verschiedene Formen ausstechen, auf Backblech legen, mit Ei bestreichen und mit Hagelzucker bestreuen oder mit halben weißen Mandeln oder Haselnüssen belegen. Dann bei 180 °C etwa 10 Minuten ohne Schwaden backen.

Baseler Leckerli
(Ohne Bild)

1000 g Lebkuchen-Honigkuchenteig
80 g grobgehackte braune Mandeln
50 g feingeschnittenes Zitronat
30 g feingeschnittenes Orangeat
10 g Zimt
1 Msp. Nelkenpulver
1 Msp. Muskat
1 Msp. Kardamom
gehobelte Mandeln

Honigkuchenteig mit allen übrigen Zutaten (ausgenommen gehobelte Mandeln) anwirken, dann etwa 5 mm stark ausrollen. Teigplatte auf mit Backpapier ausgelegtes Blech legen, mit Milch bestreichen, mit gehobelten Mandeln bestreuen und ausreichend stippen. Bei 180 °C etwa 15 Minuten backen.

Nach dem Auskühlen Gebäck mit Rum-Fadenzuckerglasur bestreichen und in etwa 2,5 × 3,5 cm große Stücke schneiden.

Für dieses Weihnachtsgebäck müssen hergestellt werden:
Honigkuchenteig Seite 229
Rum-Fadenzuckerglasur Seite 194

Christstollen auf Dresdner Art

1500 g Mehl
120 g Hefe
1/4 l Milch
180 g Zucker
700 g Butter
2 Eier
900 g Rosinen
150 g gewürfeltes Zitronat
180 g gewürfeltes Orangeat
150 g gehackte Mandeln
50 g Rum
15 g Salz
Abgeriebenes von
1 unbehandelten Zitrone
5 g Kardamom
Mark von 1 Vanilleschote
1 Msp. Muskat

Hefe in lauwarmer Milch auflösen und danach mit einem Teil des gesiebten Mehls einen festen Vorteig zubereiten.

Nach der Gare mit Zucker, Butter und Eiern zu einem mürben Hefeteig kneten. Dann alle übrigen Zutaten gut vermischen, leicht anwärmen und unter den Hefeteig arbeiten. Teig antreiben lassen, zusammenstoßen, zu Stollen verarbeiten, nochmals kurz gehen lassen und bei 200 °C etwa 40 Minuten backen.

Sollte der Stollen nicht in der heute üblichen Stollenform gebacken werden, so ist ein Backen auf Pappunterlage sehr empfehlenswert, um ein zu starkes Ausbacken der Unterseite zu vermeiden.

Nach dem Backen Stollen entweder mit heißer Butter satt bestreichen oder in Butterbad tauchen. Mit vanilliertem Zucker bestreuen und erst nach dem Auskühlen mit Staubzukker oder süßem Schnee besieben.

Mandelstollen

1000 g Mehl
60 g Hefe
etwa
1/4 l Milch
2 Eier
450 g Butter
120 g Zucker
10 g Salz
10 g Stollengewürz
300 g gehackte Mandeln
100 g geriebene Mandeln
50 g feingehacktes Orangeat

Hefe in lauwarmer Milch auflösen und danach mit einem Teil des gesiebten Mehls einen festen Vorteig zubereiten.

Restliche Zutaten (ausgenommen Mandeln und Orangeat) zu einem mittelfesten Teig kneten. Mandeln und Orangeat unterarbeiten und Teig gehen lassen. Nach der Gare Teig zusammenstoßen, zu Stollen verarbeiten, nochmals kurz gehen lassen, dann bei 200 °C etwa 10 Minuten anbacken und bei 180 °C fertigbacken. Backzeit insgesamt etwa 35 Minuten. Stollen mit heißer Butter satt bestreichen, mit vanilliertem Zucker bestreuen und nach dem Auskühlen mit süßem Schnee besieben.

Haselnußstollen – Mohnstollen

500 g Mehl
30 g Hefe
70 g Zucker
150 g Butter
1 Ei
2 Eigelb
etwa
1/8 l Milch
80 g gehackte Mandeln
90 g gehacktes Zitronat
5 g Stollengewürz
5 g Salz
Abgeriebenes von
1 Zitrone

Die Hefe in etwas lauwarmer Milch auflösen, mit einem Teil des gesiebten Mehles einen Vorteig bereiten und gehen lassen. Danach mit den übrigen Zutaten (ohne Mandeln und Zitronat) zu einem mittelfesten Teig kneten, abgedeckt kühl stellen und gehen lassen. Mandeln und Zitronat unterarbeiten. (Kalt läßt sich der Teig in diesem Falle besser füllen und verarbeiten.)

Für einen Stollen:
500 g Teig etwa 25 × 35 cm groß ausrollen, etwa 4 mm stark mit Nuß- oder Mohnfüllung bestreichen, von beiden Seiten nach innen zur Mitte einrollen, in leicht ausgebutterte Kastenformen legen und nach mäßiger Gare etwa 30 Minuten bei 200 °C backen. Nach dem Backen satt mit heißer Butter bestreichen, auskühlen lassen und mit reichlich Staubzucker besieben.

Nußfüllung

200 g Milch
225 g Zucker
120 g Butter
1/2 Vanilleschote
1 Msp. Salz
400 g geriebene geröstete Haselnüsse
50 g geriebene helle Biskuitbrösel
1 Ei
2 Eigelb

Die Milch mit Zucker, Butter, Salz und dem Mark der Vanilleschote kochen, dann die Haselnüsse und Biskuitbrösel zugeben und gut verrühren. Zum Schluß Ei und Eigelb einrühren. Die Füllung soll nach Auskühlung streich- und dressierfähig sein. Falls sie zu fest ist, kann sie mit etwas Milch gestreckt werden.

Mohnfüllung:

200 g Milch
225 g Zucker
120 g Butter
375 g gequetschten Mohn
50 g geriebene helle Biskuitbrösel
2 Eier
1 Msp. Salz
1/2 TL Zimt
abgeriebenes
1/2 Zitrone (ungespritzt)

Die Herstellung ist dieselbe wie bei Nußfüllung.

12. KAPITEL

TORTEN KUCHEN SCHNITTEN

Prinzregententorte

(Durchmesser 26 cm)

180 g Butter
50 g Staubzucker
100 g Sandzucker
7 Eigelb
7 Eiweiß
100 g Mehl
40 g Weizenpuder
Abgeriebenes von
1 unbehandelten Zitrone
1 Msp. Salz
1 dünner Mürbeteigboden
Aprikosenkonfitüre
Schokoladen-Buttercreme
Kuvertüre

Butter, Staubzucker, Abgeriebenes und Salz leicht schaumig rühren, Eigelb nach und nach dazugeben. Eiweiß und Sandzucker zu Schnee schlagen, mit der Butter-Staubzucker-Masse vermischen und gesiebtes Mehl-Weizenpuder-Gemisch einmelieren. Aus der Masse 6 bis 7 Böden (Durchmesser 26 cm) etwa 4 mm stark auf Backpapier streichen und bei offenem Zug und 220 °C hell backen.

Mürbeteigboden mit Aprikosenkonfitüre dünn bestreichen. Darauf die gebakkenen Böden im Wechsel mit Schokoladen-Buttercreme zusammensetzen. Torte gleichmäßig ganz mit Schokoladen-Buttercreme einstreichen, dann kühl stellen. Torte nach dem Absteifen ganz mit Kuvertüre überziehen und am unteren Rand mit Krokantstreuseln oder gehackten, gerösteten Mandeln absetzen.

Für diese Torte müssen hergestellt werden:
Schokoladen-Buttercreme Seite 240
Mürbeteig Seite 227
Kuvertüre Seite 181, 182

Flockentorte

(Durchmesser 26 cm)

- 1/4 l Brandmasse
- 1 Mürbeteigboden
- 1/2 l Sahne
- 300 g Butterstreusel
- 300 g Preiselbeerkonfitüre
- 50 g Zucker
- Mark von 1 Vanilleschote
- 6 cl Kirschwasser
- 3 Blatt Gelatine
- Staubzucker

Gelatine in kaltem Wasser etwa 20 Minuten einweichen.

Brandmasse dünn auf leicht gefettetes Backblech streichen, mit Butterstreuseln bestreuen und bei geschlossenem Zug und 220 °C hellbraun backen.

Aus der Kapsel 3 Böden schneiden, restliche Kapsel grob hacken.

Mürbeteigboden mit Preiselbeerkonfitüre bestreichen und mit einem Boden aus Brandmasse belegen. Unterseite der restlichen beiden Böden ebenfalls mit Preiselbeerkonfitüre bestreichen.

Gelatine warm auflösen, Kirschwasser zugeben und die mit Zucker und Mark der Vanilleschote geschlagene Sahne unterheben.

Nun Böden im Wechsel mit Kirschwassersahne zusammensetzen. Tortenrand mit Sahne einstreichen, mit gehackten Streuseln aus Brandmasse einstreuen, dann Torte zum Absteifen kühl stellen.

Torte vor dem Aufschneiden leicht mit Staubzucker überpudern.

Für diese Torte müssen hergestellt werden:
Brandmasse Seite 235
Mürbeteig Seite 227
Butterstreusel Seite 228

Weinbrand-Krokantcreme-Torte

(Durchmesser 26 cm)

Einen dünnen Mandelmürbeteigboden mit Preiselbeerkonfitüre bestreichen und mit einem ersten dünnen, mit Weinbrand-Läuterzucker getränkten Dobosboden belegen.

Dann eine Schokoladen-Rouladenkapsel (40 × 40 cm) mit französischer Krokant-Buttercreme etwa 3 mm stark bestreichen und zum Absteifen kalt stellen.

Danach diese Kapsel in 3 cm breite Streifen schneiden. Streifen spiralenförmig auf einen Durchmesser von insgesamt 26 cm aufrollen, auf den ersten Dobosboden setzen und mit einem zweiten dünnen, mit Weinbrand-Läuterzucker getränkten Dobosboden abdecken.

Torte ganz mit Krokant-Buttercreme einstreichen, dann mit derselben Creme, gestoßenem Krokant und bis zur Hälfte in Kuvertüre getauchten Krokantecken ausgarnieren.

Für diese Torte müssen hergestellt werden:
Mandelmürbeteig Seite 227
Dobosmasse Seite 235
Schokoladen-Rouladenmasse Seite 233
französische Buttercreme Seite 240
Krokant Seite 198
Läuterzucker Seite 197, 199
Kuvertüre Seite 181, 182

Sankt-Honoratius-Torte

(Durchmesser 24 cm)

Aus Blätterteig einen etwa 3 mm starken Boden ausrollen, am Rand etwas einschneiden, mit Wasser leicht befeuchten, mit Spritzbeutel und mittelgroßer Sterntülle einen Kreis aus Brandmasse aufdressieren, dann Boden backen. Danach ganzen Boden aprikotieren.

Nach dem Auskühlen in den Kreis etwa 1 cm hoch mit Rotwein, Zucker und Vanille-Cremepulver gebundene Himbeeren geben. Darauf leichte Eischneecreme gewölbt streichen.

Torte mit Sahnerosetten sowie vom Boden aus mit leichter Vanille-Creme gefüllten und aprikotierten – wenn gewünscht, an der Oberfläche karamelisierten – Windbeutelchen (Profiteroles) garnieren. Tortenmitte mit gehobelten, gerösteten Mandeln bestreuen.

Für diese Torte müssen hergestellt werden:
Blätterteig Seite 225
Brandmasse Seite 235
leichte Eischneecreme Seite 242

Schokoladen-Sahnecreme

- 3/4 l Sahne
- 5 Blatt Gelatine
- 120 g Kuvertüre
- 130 g Zucker
- 4 cl Rum
- Mürbeteigboden
- Wiener Boden (2 cm stark)
- Aprikosenkonfitüre
- Johannisbeerkonfitüre
- gehobelte, geröstete Mandeln
- Schokoladenglasur

Schokoladen-Sahne-Torte (Durchmesser 26 cm)

Gelatine in kaltem Wasser etwa 20 Minuten einweichen.

Dünnen Mürbeteigboden mit Aprikosenkonfitüre bestreichen. Wiener Boden einmal durchschneiden, mit Johannisbeerkonfitüre füllen und auf Mürbeteigboden legen.

Sahne und Zucker steif schlagen. Gelatine warm auflösen, mit aufgelöster Kuvertüre und Rum verrühren. 1/2 l geschlagene Sahne unterheben, Masse sofort in eine mit Klarsichtfolie ausgelegte Kuppelform geben und etwa 1/8 l Sahne daraufstreichen. Vorbereitete Böden auflegen, alles auf Tortenscheibe stürzen, Folie abziehen, Torte kuppelförmig nachstreichen und kalt stellen.

Torte nach dem Absteifen mit Schokoladenglasur dünn überziehen, unteren Rand mit gehobelten, gerösteten Mandeln absetzen und trocknen lassen.

Torte mit heißem Messer in 16 Stücke einteilen, Schablone auflegen, Torte mit Staubzucker leicht besieben und mit restlicher Sahne sowie Ornamenten aus Brandmasse und Punkten aus Johannisbeerkonfitüre garnieren.

Für diese Torte müssen hergestellt werden:
Mürbeteig Seite 227
Wiener Masse Seite 233
Schokoladenglasur Seite 194
Brandmasse zum Spritzen Seite 187

Haselnuß-Orangen-Torte

(Durchmesser 26 cm)

- 7 Eigelb
- 7 Eiweiß
- 280 g Zucker
- 280 g geriebene, ungeschälte Haselnüsse
- Abgeriebenes von 2 unbehandelten Orangen
- Saft von 2 Orangen
- 100 g gehobelte, geröstete Haselnüsse
- 30 g Mehl
- 80 g helle Biskuitbrösel
- 200 g Orangenkonfitüre
- 4 geviertelte Orangenscheiben
- Crème pâtissière
- Kakaopulver

Eigelb und etwa 100 g Zucker leicht schaumig rühren. Abgeriebenes und Saft der Orangen zusammen mit der Eigelb-Zucker-Masse verrühren.

Eiweiß und restlichen Zucker zu Schnee schlagen, der Eigelb-Orangen-Masse beigeben und gesiebtes Mehl, vermischt mit Bröseln und geriebenen Haselnüssen, vorsichtig einmelieren.

Masse in einen mit Butter leicht ausgestrichenen und mit geriebenen Haselnüssen und Bröseln ausgestreuten eingeschlagenen Tortenring geben, Oberfläche glattstreichen, und die Masse bei offenem Zug und 190 °C etwa 40 Minuten backen.

Torte auf Gitter auskühlen lassen, dann mit zum schwachen Faden gekochter Orangenkonfitüre bestreichen und ganz mit gehobelten Haselnüssen einstreuen.

Schablone auf die Torte legen und mit Kakaopulver besieben. Auf jedes Tortenstück kleinen Tupfen Crème pâtissière dressieren und mit einer geviertelten Orangenscheibe belegen.

Für diese Torte muß hergestellt werden:

Crème pâtissière Seite 241

Ananas-Sahnecreme

$^1/_4$ l Milch
60 g Zucker
3 Eigelb
250 g gehackte Ananasstückchen
4 cl Ananaslikör
$^1/_4$ l geschlagene Sahne
5 Blatt Gelatine

Ananas-Sahnecreme-Torte

Für die Ananas-Sahnecreme Milch kochen, Zucker mit Eigelb schaumig rühren, der Milch beigeben und zur Rose abziehen. Die vorher in kaltem Wasser eingeweichte Gelatine in der Eiermilch auflösen. Masse zurücktemperieren und kurz vor dem Stocken Ananasstückchen, Likör und geschlagene Sahne unterheben.

Eine Kuppelform (Durchmesser 24 cm) mit dünnem Biskuitboden (Durchmesser etwa 10 cm) und 2 Reihen mit Johannisbeerkonfitüre gefüllten, etwa 5 mm starken Scheiben aus einer Biskuit-Rouladenkapsel bis 2 cm unterhalb des Rands auslegen. Dann bis zu etwa $^1/_3$ der Form Ananas-Sahnecreme hineingeben, diese mit dünnem Boden aus einer Schokoladen-Rouladenkapsel bedekken und darauf die restliche Creme bis zum Rand geben. Mürbeteigboden mit Aprikosenkonfitüre bestreichen und mit einem etwa 1,5 cm starken Boden aus Caracasmasse zusammensetzen, die Creme damit abdecken, dann die Form kühl stellen.

Torte nach dem Absteifen aus der Form stürzen, mit Ananas- und halbierten Kiwischeiben belegen und mit Geleeguß abglänzen. Unteren Rand mit gehobelten, gerösteten Haselnüssen einstreuen.

Für diese Torte müssen hergestellt werden:
Biskuitmasse Seite 232
Biskuit-Rouladenmasse Seite 232
Schokoladen-Rouladenmasse Seite 233
Mürbeteig Seite 227
Caracasmasse Seite 234
Geleeguß

Prager Kirschmichltorte
(Im Bild links)

(Durchmesser 26 cm)
180 g Zucker
200 g Butter
125 g Mehl
125 g geriebene, geröstete Haselnüsse
4 Eigelb
4 Eiweiß
100 g Kuvertüre
700 g Schattenmorellen
4 cl Rum
1 TL Zimt
1 TL Backpulver
Kirschwasser-Buttercreme
Schokoladen-Buttercreme
Mürbeteigboden
Kirschkonfitüre
Kakaopulver
gehackte, geröstete Haselnüsse
16 Kuvertüre-Blüten

Schattenmorellen waschen, entsteinen und weich dünsten. Eigelb und 80 g Zucker leicht schaumig rühren. Butter und Kuvertüre auflösen und mit der Eigelb-Zucker-Masse gut vermischen.

Eiweiß und restlichen Zucker zu Schnee schlagen. Mit Backpulver gesiebtes Mehl mit geriebenen Haselnüssen und Zimt vermischen und zusammen mit Eischnee und Rum unter die Masse melieren. Dann abgetropfte Schattenmorellen vorsichtig unterrühren.

Die Masse in einem Tortenring und bei offenem Zug und 180 °C 45 bis 50 Minuten backen.

Nach dem Auskühlen Mürbeteigboden dünn mit Kirschkonfitüre bestreichen, Torte auflegen, ganz mit Kirschwasser-Buttercreme einstreichen, Rand mit Garnierkamm riefen, mit gehackten Haselnüssen absetzen und Torte kühl stellen. Eine in 16 Stücke eingeteilte Pappschablone auflegen, Torte mit Kakaopulver leicht besieben und mit Kirschwasser und Schokoladen-Buttercreme sowie Blüten aus Kuvertüre garnieren.

Kirschwasser-Buttercreme Seite 240
Schokoladen-Buttercreme Seite 240
Mürbeteig Seite 227
Kuvertüre-Blüten Seite 182–183

Schokoladen-Aprikosen-Torte
(Im Bild rechts)

(Durchmesser 24 cm)
130 g Butter
40 g Staubzucker
Mark von 1 Vanilleschote
1 Msp. Salz
6 Eigelb
6 Eiweiß
130 g Kuvertüre
180 g Sandzucker
130 g Mehl
Kakaopulver
Schokoladen-Buttercreme
Schokoladenglasur
gehackte, geröstete Mandeln

Butter, Staubzucker, Mark der Vanilleschote und Salz schaumig rühren. Eigelb nach und nach dazugeben und aufgelöste Kuvertüre einrühren.

Eiweiß und Zucker zu Schnee schlagen, unter die Butter-Staubzucker-Masse heben und gesiebtes Mehl vorsichtig einmelieren.

Masse in eine geschlossene, leicht ausgebutterte, bemehlte Tortenform geben und bei offenem Zug und 170 °C etwa 60 Minuten backen.

Torte nach dem Auskühlen 2× durchschneiden und mit Aprikosenkonfitüre füllen. Dünn mit Schokoladen-Buttercreme einstreichen und kühl stellen. Dann ganz mit Schokoladenglasur überziehen und mit Mandeln absetzen.

Mitte der Torte mit Kakaopulver leicht besieben. Torte mit Tupfen aus Schokoladen-Buttercreme sowie ovalen Plättchen aus Marzipan mit Punkt aus Aprikosenkonfitüre garnieren.

Für diese Torte müssen hergestellt werden:
Schokoladenglasur Seite 194
Schokoladen-Buttercreme Seite 240

Himbeer-Gewürz-Torte
(Im Bild rechts)

(Durchmesser 26 cm)
180 g Butter
180 g Staubzucker
20 g Stärkemehl
3 Eier
Mark von 1 Vanilleschote
1 Msp. Salz
1/2 TL Zimt
1 Msp. Nelkenpulver
Abgeriebenes von 1 unbehandelten Zitrone
1 TL Backpulver
150 g Mehl
300 g geriebene Walnüsse
100 g Biskuitbrösel
1/8 l Milch
4 cl Weinbrand oder Rum
1 Backoblate
200 g Himbeerkonfitüre

Butter, Staubzucker, Stärkemehl, Abgeriebenes, Mark der Vanilleschote, Salz, Zimt und Nelkenpulver schaumig rühren.

Eier, Milch und Alkohol gut verrühren. Mehl und Backpulver sieben, mit Walnüssen und Bröseln gut vermischen, dann mit der Eiermasse und der Butter-Staubzucker-Masse vermischen.

In einem mit Butter leicht ausgestrichenen und mit Bröseln ausgestreuten eingeschlagenen Tortenring 2/3 der Masse geben, Oblate auflegen und mit Himbeerkonfitüre satt bestreichen. Aus der restlichen Masse Gitter aufdressieren. Alles bei offenem Zug und 160 °C etwa 50 Minuten backen. Nach dem Auskühlen Schablone auf die Torte legen und mit Staubzucker leicht überpudern.

Mohntorte
(Im Bild links)

(Durchmesser 26 cm)
200 g Butter
60 g Staubzucker
8 Eigelb
8 Eiweiß
180 g Sandzucker
300 g gemahlener Mohn
150 g geriebene Haselnüsse
1/2 TL Zimt
1 Prise Salz
Mark von 1 Vanilleschote

Butter, Staubzucker, Zimt, Salz und Mark der Vanilleschote schaumig schlagen. Eigelb nach und nach einrühren. Eiweiß und Sandzucker zu Schnee schlagen. 1/3 Eischnee in die Butter-Eigelb-Masse einrühren, restlichen Schnee mit Mohn und Haselnüssen untermelieren.

Masse in einen mit Butter leicht ausgestrichenen und mit Bröseln ausgestreuten eingeschlagenen Tortenring geben, dann bei offenem Zug und 180 °C etwa 60 Minuten backen. Nach dem Auskühlen vorsichtig Gitter auf die Torte legen und mit Staubzucker leicht überpudern.

Birnenkuchen
(Im Bild links)

(Durchmesser 20 cm)
140 g Butter
140 g Staubzucker
120 g Marzipanrohmasse
1 Msp. Salz
Saft von 1 Zitrone
1 Msp. Zimt
1 Msp. Nelkenpulver
3 Eier
100 g Mehl
100 g Stärkemehl
1 Msp. Backpulver
20 g Kakaopulver
4–5 Williamsbirnen
Aprikosenkonfitüre
gehobelte, geröstete Mandeln
Mürbeteig

Gesäuberte Birnen schälen, vom Kernhaus befreien, in dicke Scheiben schneiden und mit etwas Zitronensaft beträufeln. Form mit Mürbeteig auslegen und diesen anbacken.

Butter, Staubzucker, Salz, Zimt und Nelken schaumig rühren. Marzipanrohmasse mit Eiern glattarbeiten, der Butter-Zucker-Masse beigeben und gesiebtes Mehl-Stärke-Kakaopulver-Gemisch sowie Backpulver unterrühren. Etwas Masse in die Form streichen und einige Birnenscheiben einlegen. Restliche Masse gleichmäßig darauf verteilen, mit Birnenscheiben belegen und bei offenem Zug und 180 °C etwa 45 Minuten backen (Nadelprobe machen). Kuchen nach dem Auskühlen aprikotieren und am oberen Rand mit Mandeln einstreuen.

Aprikosenkuchen
(Im Bild hinten)

(Durchmesser 24 cm)

Diesen Kuchen aus der gleichen Masse wie Birnenkuchen herstellen. Anstelle von Birnen halbe pochierte Aprikosen verwenden.
Für diesen Kuchen muß hergestellt werden:
Mürbeteig Seite 227

Eierlikörkuchen
(Im Bild rechts)

(für 1 Kastenform: 26 cm)
250 g Butter
200 g Zucker
Mark von 1 Vanilleschote
4 Eier
250 g Mehl
1 TL Backpulver
1/8 l Eierlikör
80 g geraspelte Kuvertüre
Kuvertüre zum Bestreichen
gehackte Pistazien

Butter, Zucker und Mark der Vanilleschote schaumig rühren. Eier nach und nach dazugeben. Mehl mit Backpulver sieben und zusammen mit Eierlikör und Kuvertüre untermelieren.

Masse in ausgebutterte, bemehlte Form geben und bei offenem Zug und 180 °C etwa 60 Minuten backen.

Kuchen nach dem Auskühlen mit Kuvertüre bestreichen und mit gehackten Pistazien leicht bestreuen.
Kuvertüre Seite 181, 182

Margarethenkuchen

Zutaten für 2 Kuchen
(Durchmesser 16 bis 18 cm)

- 150 g Marzipanrohmasse
- 125 g Staubzucker
- 125 g Butter
- 8 Eigelb
- 8 Eiweiß
- Abgeriebenes von 1 unbehandelten Zitrone
- Mark von 1 Vanilleschote
- 1 Msp. Salz
- 100 g Sandzucker
- 100 g Mehl
- 125 g Weizenpuder
- Aprikosenkonfitüre
- Fondant
- geriebene, geröstete Mandeln

Marzipanrohmasse und Butter glattarbeiten. Staubzucker, Abgeriebenes, Salz und Mark der Vanilleschote zugeben, alles schaumig rühren. Eigelb nach und nach einrühren.

Eiweiß und Sandzucker zu Schnee schlagen. Gesiebtes Mehl-Weizenpuder-Gemisch mit Eischnee unter die Masse melieren.

Margarethenkuchenform ausbuttern, bemehlen, Masse einfüllen und bei offenem Zug und 170 °C etwa 60 Minuten backen.

Kuchen nach dem Auskühlen aprikotieren, dünn mit Rumfondant glasieren und am unteren Rand mit geriebenen, gerösteten Mandeln einstreuen. Mit halben Belegkirschen und Pünktchen aus Kuvertüre garnieren.

Kuvertüre Seite 183

Bananen-Walnuß-Roulade

Biskuit-Rouladenkapsel (40 × 40 cm) mit 100 g gehackten Walnüssen bestreuen, dann heiß backen.

Kapsel nach dem Auskühlen mit französischer Walnuß-Buttercreme füllen, geschälte Bananen einlegen, einrollen und Roulade kalt stellen.

Vor dem Aufschneiden einen etwa 2 cm breiten Papierstreifen in der Mitte über die ganze Länge der Roulade legen, Roulade mit Kakaopulver besieben, dann Papierstreifen entfernen. Roulade in Scheiben aufteilen.

Für diese Roulade müssen hergestellt werden:
Biskuit-Rouladenmasse Seite 232
französische Buttercreme Seite 240

Französische Apfeltorte mit Sahneschüssel (ohne Bild)

Zutaten für 12 bis 14 Portionen

- 700 g Boskopäpfel
- 240 g Zucker
- 4 cl Wasser
- 100 g Butter
- Mark von 1 Vanilleschote
- 250 g 1-2-3-Mürbeteig
- 1/2 l geschlagene Sahne

200 g Zucker mit Wasser mittelbraun zu Karamel schmelzen, damit sofort Boden einer Backform (Durchmesser 22 cm) ausgießen und diesen Spiegel auskühlen lassen.

Gesäuberte Äpfel schälen, halbieren, vom Kernhaus befreien, fächerartig einschneiden und mit der Wölbung nach unten dicht auf den Karamelspiegel legen.

Butter, restlichen Zucker und Mark der Vanilleschote gut verkneten. Das Ganze in kleinen Flocken über die Äpfel verteilen und diese bei 170 °C etwa 25 Minuten im Ofen schmoren, danach auskühlen lassen.

Mürbeteig in der Größe der Backform etwa 5 mm stark ausrollen und damit die Äpfel bedecken. Backform erneut in den Ofen geben und Torte bei 200 °C etwa 25 Minuten ausbacken.

Die noch heiße Torte stürzen, portionieren und jede Portion mit leicht gesüßter Sahne anrichten, warm servieren.

Sahneschüssel

Wirkungsvoll garnierte Sahneschüsseln verleihen auch einfachen Süßspeisen eine festliche Note. Zu besonderen Anlässen, an Fest- und Feiertagen können sie individuell und schnell mit entsprechenden, auf Vorrat gehaltenen Schmuckelementen aus Kuvertüre, Brand- und Hippenmasse oder Marzipan hergestellt werden.

Der Zuckeranteil der Schlagsahne sollte stets so gering wie möglich sein, denn eine übersüßte Sahne schmeckt nicht gut. Als Grundregel gilt: 60 g Zucker auf 1 l Schlagsahne.

Dobosschnitten
(rechts)

Zutaten für etwa 15 Portionen

7 Eigelb
7 Eiweiß
60 g Staubzucker
100 g Sandzucker
140 g Mehl
180 g Butter
Mark von 1 Vanilleschote
Abgeriebenes von 1 unbehandelten Zitrone
1 Msp. Salz
Schokoladen-Nugat-Buttercreme
Schmelzzucker (Karamel)
gehackte, geröstete Mandeln

Butter, Staubzucker, Mark der Vanilleschote, Abgeriebenes und Salz leicht schaumig rühren. Eigelb nach und nach einrühren. Eiweiß und Sandzucker zu Schnee schlagen, mit der Butter-Staubzucker-Masse vermischen und gesiebtes Mehl einmelieren.

Masse etwa 3 mm stark auf Backpapier (35 × 42 cm) streichen und bei offenem Zug und 220 °C hellbraun backen. Danach Gebackenes auskühlen lassen, Papier abziehen und Kapsel in 7 bis 8 cm breite Streifen schneiden.

Einen Streifen beiseite legen, dann 4 bis 5 Streifen mit Schokoladen-Nugat-Buttercreme für Schnitten zusammensetzen, Seiten mit derselben Creme einstreichen, mit Garnierkamm riefen, unteren Rand in Mandeln absetzen und Streifen kühl stellen.

Den zurückbehaltenen Streifen mit Schmelzzucker (Karamel) bestreichen, sofort portionsweise in 2,5 cm schmale Stücke schneiden. Streifen damit belegen.

Für diese Schnitten müssen hergestellt werden:
Schokoladen-Nugat-Buttercreme Seite 240
Schmelzzucker (Karamel) Seite 198

Esterházyschnitten
(links)

Zutaten für etwa 15 Portionen

8–9 Eiweiß
250 g Zucker
260 g geriebene, ungeschälte Mandeln
1/2 TL Zimt
Kirschwasser-Buttercreme
Aprikosenkonfitüre
Fondant

Eiweiß und Hälfte des Zuckers zu Schnee schlagen. Restlichen Zucker einrieseln lassen. Mandeln mit Zimt gut vermischen und in den Eischnee einmelieren.

Masse etwa 3 mm stark auf Backpapier (35 × 42 cm) streichen und bei offenem Zug und 220 °C etwa 7 Minuten backen. Danach Gebackenes sofort in 7 cm breite Streifen schneiden und Papier abziehen.

Nach dem Auskühlen 4 bis 5 Streifen mit französischer Kirschwasser-Buttercreme für Schnitten zusammensetzen, Seiten mit derselben Creme einstreichen und Streifen kalt stellen.

Nach dem Absteifen der Creme Oberfläche des für Schnitten vorbereiteten Streifens erst aprikotieren, dann mit nicht zu dünnflüssigem, mit Kirschwasser aromatisiertem Fondant bestreichen. Sofort längsseitig 5 bis 6 Linien aus Schokoladenfondant einspritzen und mit einem Messer oder spitzen Stäbchen das typische Esterházymuster einziehen. Seiten mit gehobelten, gerösteten Mandeln einstreuen. Vor dem Service Streifen in Portionsschnitten aufteilen (2,5 cm).

Für diese Schnitten müssen hergestellt werden:
Kirschwasser-Buttercreme Seite 240

Baumkuchenstreifen, mit französischer Buttercreme gefüllt

Zutaten

Biskuitmasse Seite 233
Baumkuchenmasse Seite 234
französische Buttercreme Seite 240
mit Schokolade
französische Buttercreme
mit Mokka
Aprikosenkonfitüre
Maraschinokirschen
gehackte, geröstete Mandeln
Kakaopulver
Blüten
aus halbbitterer Kuvertüre Seite 183
gespritzte Filigranschmetterlinge
Seite 185,
deren Körper mit Vollmilchkuvertüre eingelassen sind,
große Blüte aus halbbitterer
und Vollmilchkuvertüre
mit Kirschenhälfte
Kirschwasser-Läuterzucker Seite 197

Dessertstreifen für das Tagesgeschäft *(Im Bild links)*

In eine Kastenform (28 × 9 × 5 cm) einen Boden, aus einer Baumkuchenkapsel geschnitten, legen. Die Form an den Seiten mit etwa 5 mm starken Streifen aus einer Baumkuchenkapsel auskleiden. Schokoladenbuttercreme hineingeben, aber mit kurzen und langen Baumkuchenstreifen versetzen, so daß ein Muster nach eigener Wahl entsteht. Füllung mit Kirschwasser-Läuterzucker leicht getränktem, dünnen Biskuitboden abschließen.

Dessertstreifen zum Ausgarnieren aus der Kastenform stürzen. Seitenwände aprikotieren und unteren Rand mit Mandeln absetzen. Oberfläche mit Schokoladenbuttercreme einstreichen und in 2,5 cm breite Schnitten einteilen. Dessertstreifen in der Mitte mit einem 3 cm breiten Pergamentpapier bedecken, dann auf beiden Seiten mit Kakaopulver besieben. Papierstreifen vorsichtig abziehen. Jede Schnitte mit einem Tupfen Creme versehen und mit einer dagegengesetzten Blütenhälfte garnieren.

Dessertstreifen für besondere Anlässe *(Im Bild rechts)*

In eine Kastenform (28 × 9 × 5 cm) einen Boden, aus einer Baumkuchenkapsel geschnitten, legen. Die Form an den Seiten mit etwa 5 mm starken Streifen aus einer Baumkuchenkapsel auskleiden. Eine Schicht Mokka-Buttercreme eindressieren. Auf das mittlere Drittel der Schicht bis knapp zum oberen Rand der Kastenform Baumkuchenstreifen setzen. Zwischenräume mit Mokka-Buttercreme ausfüllen, jedoch in halber Höhe Kirschen einlegen. Füllung durch mit Kirschwasser-Läuterzucker leicht getränkten, dünnen Biskuitboden abschließen.

Dessertstreifen zum Ausgarnieren aus der Kastenform stürzen. Seitenwände aprikotieren. Oberfläche mit Mokka-Buttercreme einstreichen, mit Mandeln bestreuen und mit Schmetterlingen sowie großer Blüte garnieren. Wird der Dessertstreifen in Portionen aufgeteilt, dann jede Schnitte mit einem Tupfen Creme versehen und darauf eine Blüte setzen.

Fünfstöckige Hochzeitstorte

Hochzeitstorten haben Tradition. Sie sollen von festlicher Ausstrahlung und ein Erlebnis von bleibender Erinnerung sein. In der Regel sind sie reich garniert, und die Schmuckelemente – Ringe, Herzen, Blüten, Täubchen – haben symbolischen Charakter. Das vorherrschende Weiß wird durch zartes Rosa, Grün und Gelb ergänzt.

Die einzelnen Torten sind auf einem 5teiligen Tortenständer aufgebaut. Sie sind von unterschiedlichem Durchmesser, aber alle 6 cm hoch, und bestehen aus mit Rum-Canache-Creme zusammengesetzten Dobosböden. Die Oberfläche ist aprikotiert, hauchdünn mit Marzipan eingedeckt und mit sehr dünnflüssiger Eiweißspritzglasur überzogen. Die Säulen im sichtbaren Teil sind in gerieften weißen Gelatinezucker eingehüllt. Die Schmuckelemente und der Aufsatz bestehen aus Eiweißspritzglasur, Kuvertürepünktchen und kleinen Dragees. Ober- und Unterkanten der Torten faßt ein Perlrand aus Eiweißspritzglasur ein.

Nach dem Abtrocknen der Glasur werden Ringe, Blüten und Herzen mit Eiweißspritzglasur befestigt. Die Täubchen stehen in einem einfachen Herzen aus Eiweißspritzglasur, die Blüten und Doppelherzen in einem kleinen Ring aus Gelatinezucker und sind mit weißer Schokolade befestigt.

Beim 6teiligen Aufsatz aus Eiweißspritzglasur sind die Teile einzeln gespritzt und nach dem Abtrocknen mit Eiweißspritzglasur zusammengesetzt. Der Aufsatz ist 21 cm hoch, steht auf einem 3 cm hohen Sockel aus Gelatinezucker, der einen Durchmesser von 3 cm hat. Er ist mit weißer Schokolade befestigt und auf ein Medaillon aus Eiweißspritzglasur mit einem Durchmesser von 8 cm gesetzt. Die kranzförmige Umrandung besteht aus ausgestochenen halbrunden Plättchen aus Gelatinezucker.

Die Torte ist 105 cm hoch.

Für diese Hochzeitstorte müssen außerdem hergestellt werden:

Gelatinezucker Seite 199
Kuvertüre Seite 181
Eiweißspritzglasur Seite 177

Dobosmasse

(für 6 Böden:
Durchmesser 26 cm, Höhe 5 mm)

170 g Butter
6 Eigelb
6 Eiweiß
40 g Staubzucker
Mark von 1 Vanilleschote
1 Msp. Salz
Abgeriebenes von 1 unbehandelten Zitrone
130 g Sandzucker
90 g Mehl
30 g Weizenpuder

Butter, Staubzucker, Mark der Vanilleschote, Salz und Abgeriebenes leicht schaumig rühren. Eigelb nach und nach unterrühren. Eiweiß und Sandzucker zu Schnee schlagen. Beide Massen zusammengeben. Mehl und Weizenpuder sieben und mischen, dann einmelieren.

Von dieser Dobosmasse Böden auf Backpapier oder leicht gefettete und danach bemehlte Backbleche streichen, dann bei 220 °C etwa 5 Minuten backen. Böden nach dem Backen sofort vom Blech nehmen und erkalten lassen.

Rum-Canache-Creme

500 g Sahne
600 g Vollmilchkuvertüre
400 g halbbittere Kuvertüre 60/40
100 g Rum
200 g Butter

Sahne kochen. Gefäß von der Kochstelle nehmen.

Kuvertüre kleinschneiden, der heißen Sahne beigeben und darin unter ständigem Rühren auflösen. Rum zugeben und unterrühren. Masse erkalten lassen.

Butter cremig arbeiten und zusammen mit der Rum-Schokolade-Masse schaumig schlagen.

Etagentorte

für Geburtstag oder Jubiläum

3 verschieden große, jedoch gleich hohe ungefüllte Böden aus Orangen-Mandel-Masse auf 3 mit Orangenkonfitüre bestrichene dünne Mürbeteigböden entsprechender Größe setzen. Böden mit Grand Marnier abgeschmeckter französischer Buttercreme einstreichen, Creme mit Garnierkamm riefen, mit gehackten, gerösteten Mandeln absetzen und Böden etwa 60 Minuten kalt stellen.

Den Boden mit dem größten Durchmesser mit Hilfe einer Schablone mit Kakaopulver besieben und in dessen Mitte den 2. Boden setzen. Den Boden mit dem kleinsten Durchmesser in die Mitte des 2. Bodens setzen. Die etagenförmig aufgesetzten Böden ausgarnieren.

Die Garnitur an dem 2. Boden sowie das Ornament mit der Jubiläumszahl bestehen aus Brand-/Hippenmasse, Schokoladenspritzglasur und Punkten aus Johannisbeerkonfitüre. Die Blüte auf dem 3. Boden besteht aus ausgestochener Kuvertüre.
In größerem Abstand bilden Petits fours aus Baumkuchenmasse eine kreisförmige Umrandung der aus 3 Böden bestehenden Etagentorte.

Für diese Etagentorte müssen hergestellt werden:
Kuvertüreblüte Seite 186
Brand-Hippenmasse-Ornament Seite 187–189
französische Buttercreme Seite 240

Orangen-Mandel-Masse
(für 3 Böden: Durchmesser 28 cm bzw. 18 cm bzw. 10 cm, Höhe jeweils 6 cm)

- 14 Eigelb
- 14 Eiweiß
- 560 g Zucker
- Abgeriebenes von 4 unbehandelten großen Orangen
- Saft von 4 unbehandelten großen Orangen
- 60 g Mehl
- 160 g helle Biskuitbrösel
- 560 g geriebene, ungeschälte Mandeln
- 300 g (etwa) Orangenkonfitüre zum Bestreichen der Mürbeteigböden
- 700 g (etwa) französische Buttercreme zum Einstreichen
- 6 cl (etwa) Grand Marnier zum Abschmecken
- 150 g (etwa) gehackte, geröstete Mandeln zum Absetzen

Tortenringe (Höhe 6 cm) mit Butter einstreichen, mit Bröseln ausstreuen und in Backpapier einschlagen.
Eigelb und 200 g Zucker leicht schaumig rühren. Abgeriebenes und Saft der Orangen zugeben und unterrühren. Eiweiß und restlichen Zucker zu Schnee schlagen. Gesiebtes Mehl, Brösel und Mandeln mischen, der Eigelb-Zucker-Masse zugeben und zusammen mit dem Eischnee untermelieren.
Masse in die vorbereiteten Tortenringe geben, glattstreichen und bei offenem Zug und 200 °C 40 Minuten backen.

13.
KAPITEL

GARNIEREN UND SPRITZEN

MODELLIEREN UND SCHMINKEN

Garnieren mit der Spritztüte

Das wohl älteste Handwerkszeug zur Ausführung von Garnituren ist die Spritztüte. Sie hat sich seit Generationen bewährt und wird heute noch genauso gebraucht wie zu Großvaters Zeiten.

Garnieren heißt schmücken, verzieren. Mit der Spritztüte lassen sich feinste Garnituren ausführen. Während das hierfür verwendete Material früher hauptsächlich Eiweiß und Staubzucker war, werden heutzutage auch Kuvertüre, Fondant, Konfitüre oder Marmelade verwendet.

Um ein müheloses, gleichmäßiges und erfolgreiches Spritzen schwieriger oder größerer Elemente zu gewährleisten, sollte man zuerst eine Vorlage zeichnen, nach der dann einwandfrei und schnell gearbeitet werden kann.

Gleichgültig, welches Material Verwendung findet, seine Spritzfähigkeit muß gewährleistet sein, es muß sich leicht und fließend spritzen lassen. Der Faden darf weder reißen noch breitlaufen, denn mit der Tüte spritzen heißt Fäden legen, ganz gleich ob man Figuren, Buchstaben und Ornamente gestaltet, oder ob eine Umrandung zum Einlassen benötigt wird.

Für das Einlassen ist eine Umrandung erforderlich. Das Einlaßmaterial muß so fließfähig gehalten werden, daß es Zwischenräume problemlos ausfüllt. Beim Spritzen von Punkten oder kleinen Medaillons ist in der Regel eine Umrandung nicht erforderlich.

Außer Garnituren in reiner Spritztechnik können auch Schmuckelemente anderer Art einem Backwerk, einer Eis- oder Süßspeise eine besondere Note verleihen. Sowohl vom Geschmack als auch vom Aussehen her sind sie oft von besonderem Reiz. Sie können aus Kuvertüre und Konfitüre sein, aber auch aus Brand- und Hippenmasse und werden für den täglichen Gebrauch, aber auch für festliche Anlässe hergestellt. Als Symbole gestaltet, weisen sie individuell auf ein besonderes Ereignis oder auf den Anlaß zu bestimmten Festlichkeiten hin.

Manche Schmuckelemente können, ohne daß Geschmack und Aussehen leiden, auf Vorrat hergestellt und längere Zeit aufbewahrt werden, so daß man sie bei Bedarf jederzeit verwenden kann. In jeder Backstube oder Patisserie gibt es gelegentlich einen gewissen Leerlauf.

Dann können Schmuckelemente angefertigt werden. Dabei ist der augenblickliche Materialeinsatz gering, aber die spätere Wirkung groß. Wirtschaftlichkeit ist gewährleistet.

Weiße Spritzglasur Herstellung und Beschaffenheit

Weiße Spritzglasur besteht aus Eiweiß und feinem, gesiebtem Staubzucker.

Zunächst wird Eiweiß mit etwas Staubzucker breiartig angerührt. Dann gibt man so viel Staubzucker zu, daß eine cremige Masse entsteht. Diese Masse wird nun so lange kräftig schaumig gerührt, bis sie einen spritzfähigen Stand bekommt. Durch Hinzufügen von einigen Tropfen Zitronensaft oder Weinsteinsäure kann die Standfestigkeit erhöht werden. Durch das Einrühren der Luft vergrößert sich das Volumen der Masse, so daß je nach Menge ein entsprechend großes Gefäß erforderlich ist. Ist die weiße Spritzglasur zu weich, gibt man etwas Staubzucker zu. Ist sie zu fest, kann durch Zugabe von Eiweiß die richtige Konsistenz erlangt werden. Hat man diese erreicht, ist die weiße Spritzglasur gebrauchsfertig und kann sofort verarbeitet werden.

Da Eiweißspritzglasur nur in kleinen Mengen ins Spritztütchen gegeben und verarbeitet wird, muß die restliche Glasur im Gefäß sofort mit einem angefeuchteten Tuch oder einer Folie abgedeckt werden, um ein Ankrusten zu vermeiden.

Wird dies nicht gemacht, ist eine einwandfreie und sachgerechte Weiterverarbeitung der weißen Spritzglasur nicht gewährleistet.

Verarbeitung

Eiweißspritzglasur kann als Garnitur direkt aufgespritzt werden – auf Torten, Desserts und Petits fours.

Will man Garnituren auf Vorrat herstellen, wird die Eiweißspritzglasur nach Vorlage auf eine stabile Klarsichtfolie, mit hauchdünnem Fettfilm überzogen, gespritzt. Dann werden die Garnituren bei offenem Zug und etwa 50 °C getrocknet. Wieviel Zeit dafür benötigt wird, hängt von Größe und Art der Schmuckelemente ab. Einfache Garnituren brauchen weniger, eingelassene Stücke mehr Zeit.

Danach lassen sich die einzelnen Teile mit einem dünnen Messer lösen und damit auch mühelos abnehmen.

Farbzusatz

Will man Garnituren mit farblichen Effekten herstellen, so werden die ausgesuchten Lebensmittel-Farbstoffe der weißen Spritzglasur erst zugegeben, wenn diese Glasur gebrauchsfertig ist. Es versteht sich, daß stets äußerst dezente Farbtöne gewählt werden sollten, da grelle Farben unästhetisch wirken.

Herstellen von weißer Eiweiß-Spritzglasur

Eiweiß mit wenig Staubzucker breiartig anrühren.

Zusätzlichen Staubzucker nach und nach einrühren.

Einige Tropfen Zitronensaft hinzufügen.

Die weiße Spritzglasur ist schaumig gerührt. Da sie die erforderliche Konsistenz hat, ist sie gebrauchsfertig.

Gebrauch der Spritztüte

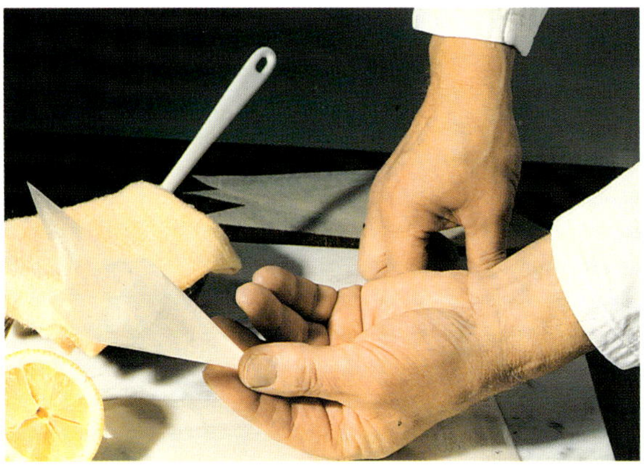

Die Spritztüte aus Pergamentpapier ist fertig. Die Spritzglasur kann eingefüllt werden.

Spritztüte bis zur Hälfte mit Spritzglasur füllen, danach Tüte durch Einschlagen der Papierränder verschließen.

Mit einer scharfen Schere die Spitze der Tüte abschneiden und dadurch die Größe der Öffnung festsetzen.

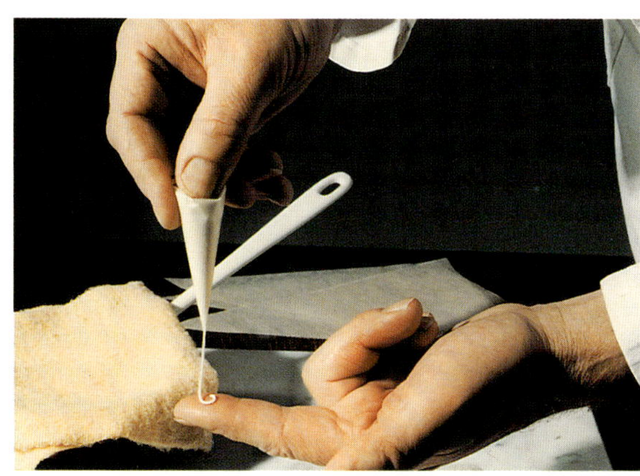

Fließbarkeit der Spritzglasur überprüfen.

Herstellen von Ornamenten aus weißer und rosa Spritzglasur

Weiße Spritzglasur auf Klarsichtfolie mit hauchdünnem Fettfilm überzogen, nach Vorlage spritzen.

Vorgespritzte Herzen mit zartrosa Spritzglasur einlassen.

Schlingen der Herzen mit Punkten verstärken.

Die im Ofen oder Wärmeschrank bei offenem Zug und etwa 50 °C getrockneten Herzen sind fertig und können mit der Palette problemlos abgenommen werden.

Ornamente aus Eiweißspritzglasur

Ein solches Sortiment, gebrauchsfertig auf Vorrat hergerichtet, ist besonders für festliche Torten und ausgefallene Desserts geeignet.

Kuvertüre

Kuvertüre ist eine Überzugsmasse aus Schokolade. Sie muß mindestens 16 Prozent Kakaotrockenmasse und 31 Prozent Kakaobutter enthalten. Die 3 im Handel erhältlichen Sorten sind wie folgt eingeteilt:

- 50/50 = dickflüssige Kuvertüre
- 60/40 = mittelflüssige Kuvertüre
- 70/30 = dünnflüssige Kuvertüre

Dabei besagt die 1. Zahl den Anteil an Kakaotrockenmasse und Kakaobutter.

Die 2. Zahl besagt den Anteil an Zucker.

Geschmacklich werden grundsätzlich unterschieden

- (dunkle) halbbittere Kuvertüre
- (helle) Vollmilchkuvertüre
- Kuvertüre aus weißer Schokolade

Letztere besteht aus Kakaobutter, Milch- und Sahnepulver sowie Zucker. Bei der Verarbeitung wird sie genauso behandelt wie die anderen Kuvertüren. Durch Zugabe von Kakaobutter kann ein flüssigeres Fließverhalten der Kuvertüre erreicht werden.

Kuvertüre dient in erster Linie zum Überziehen von Pralinen, Gebäckstücken, Desserts und Torten. Außerdem werden daraus Schokoladenhohlkörper, so zum Beispiel Osterhasen, Weihnachtsmänner, Muttertagsherzen und Körbchen, hergestellt.

Um tadellosen seidenmatten Glanz und Griffestigkeit des Überzugs zu erreichen, ist es, bedingt durch die Bestandteile, unerläßlich, die Kuvertüre vor Verwendung auf 31 bis 32 °C zu temperieren. Bei Temperaturen über 34 °C wird die Kakaobutter aufgrund ihres geringeren spezifischen Gewichts dünnflüssiger und setzt sich von den übrigen Bestandteilen ab. Die Folge davon ist, daß der Überzug nach kurzer Zeit nicht anzieht und deshalb grau, streifig und unansehnlich wird. Kuvertüre kann nur dann einwandfrei anziehen und seidenmatt glänzen, wenn sich ihre Bestandteile zu einer homogenen Masse verbinden, das ist aber nur der Fall bei einer Temperatur von 31 bis 32 °C .

Es muß noch gesagt werden, daß alle Erzeugnisse, die mit Kuvertüre überzogen werden sollen, vorher auskühlen müssen, doch dürfen sie auch nicht zu kalt sein. Die ideale Temperatur liegt bei 25 °C. Während der Verarbeitung von Kuvertüre sollte die Raumtemperatur nicht höher als 20 °C sein.

Temperieren von Kuvertüre ohne Temperiergerät

Schokolade wird kleingeschnitten, in eine Schüssel gegeben und bei etwa 40 bis 45 °C entweder im Wärmeschrank oder im Wasserbad aufgelöst. Dabei wird sie mehrmals umgerührt. Es muß jedoch darauf geachtet werden, daß sie nicht schaumig wird und kein Wasser bekommt. Wasser kann die Kuvertüre zum Stocken bringen und als Überzugsmasse unbrauchbar machen. Ist die Schokolade völlig aufgelöst und hat die Kuvertüre die 32-C-Marke überschritten, gibt man am besten erneut etwas kleingeschnittene Schokolade dazu, läßt die Kuvertüre noch einmal erstarren und temperiert sie dann aus der Erstarrung, sozusagen von unten nach oben, bis sie 31 bis 32 °C erreicht hat.

Während man früher die richtige Temperatur durch eine Lippenprobe ermittelt hat, benützt man heute aus hygienischen und Sicherheitsgründen problemlos ein Thermometer. Kühlt die Kuvertüre während der Verarbeitung ab, muß sie vorsichtig wieder auf die Ausgangstemperatur gebracht werden.

Bevor man die Kuvertüre verarbeitet, sollte grundsätzlich immer überprüft werden, ob sie zum Überziehen taugt. Dazu taucht man eine Messerspitze oder ein kleines Stück einer Palette kurz in die Kuvertüre und beobachtet nach dem Herausnehmen, ob die Kuvertüre nach 1 bis 2 Minuten anzieht. Ist dies der Fall, kann sie sofort verarbeitet werden.

Temperieren von Kuvertüre

Mit einem Messer von Blockkuvertüre Splitter und kleine Stücke schneiden, diese in eine Schüssel geben und bei etwa 40 bis 45 °C auflösen.

Damit die Kuvertüre erstarrt, sehr kleine Schokoladenstücke hineingeben und unterrühren. Um den Vorgang zu beschleunigen, kann man die Schüssel auf Eiswürfel setzen.

Ist der Erstarrungspunkt erreicht, Kuvertüre durch weiteres Anwärmen von unten nach oben temperieren.

Sind 32 °C erreicht, Kuvertüre mit einer Palette auf ihre Tauglichkeit prüfen.

Baumkuchenspitzen, Pralinen usw. durch Eintauchen mit temperierter Kuvertüre überziehen.

Spritztechnik und Einlaßmanier
Herstellung einfacher Garnituren im Fließverfahren

Zuerst auf Klarsichtfolie in größeren Abständen Punkte aus halbbitterer Kuvertüre spritzen.

Ist die Kuvertüre erstarrt, dann an die ersten Punkte zunächst zweite und danach dritte Punkte aus halbbitterer Kuvertüre spritzen.

An Punkte unterschiedlicher Größe aus bereits erstarrter halbbitterer Kuvertüre kleine Punkte und Spitzen aus Vollmilchkuvertüre spritzen.

Um Kuvertüre – gleichgültig, ob halbbittere oder Vollmilchkuvertüre oder ob aus weißer Schokolade – spritzen und einlassen zu können, muß sie so temperiert werden wie für das Überziehen zum Beispiel von Torten und Pralinen.

Für das Spritzen von feinen Garnituren und Umrandungen muß temperierte Kuvertüre jedoch spritzfähig gemacht werden, damit sie eine gewisse Stabilität bekommt, sie darf nicht breitlaufen, Garnituren und Umrandungen müssen ihre Form behalten. Dies erreicht man, indem man in die Kuvertüre tropfenweise vorsichtig Wasser gibt und unterrührt.

Besonders effekt- und reizvoll sehen Schmuckelemente aus, wenn sie aus verschiedenen Kuvertüren hergestellt werden. Während zum Umranden am besten halbbittere Kuvertüre verwendet wird, nimmt man zum Einlassen – ohne Zusatz von Flüssigkeit – Vollmilchkuvertüre und/oder weiße Schokolade. Es kommt immer darauf an, wie die Schmuckelemente verwendet werden sollen.

Kuvertüre für Schmuckelemente spritzt man auf stabile Klarsichtfolie oder transparentes Pergamentpapier ohne Präparierung. Beide Materialien erlauben das Unterlegen von gezeichneten Vorlagen. Solche Vorlagen verwendet man vor allem, wenn man schwierige Figuren oder sehr viele gleiche Ornamente für eine besondere Arbeit spritzen muß. Nach dem Erstarren der Kuvertüre lassen sich die Schmuckelemente mit einem dünnen Messer leicht lösen.

Schmuckelemente aus Kuvertüre Ausstechen und Schneiden

Neben den gespritzten Garnituren aus Kuvertüre stehen die ausgestochenen und geschnittenen, die schnell herzustellen und gut zu verwenden sind.

Auch hier finden halbbittere und Vollmilchkuvertüre sowie Kuvertüre aus weißer Schokolade Verwendung. Jedes Material wird temperiert, etwa 1 bis 2 mm stark, am besten mit einer Winkelpalette, auf Pergament- oder Backpapier gestrichen und leicht geklopft, damit Unebenheiten der Oberfläche verlaufen. Sobald es anzuziehen beginnt, schneidet man es auf dem Papier in Quadrate (etwa 15 × 15 cm) oder größere Rechtecke (etwa 15 × 20 cm), um seine natürliche Spannung beim Erstarren auf ein Mindestmaß zu reduzieren. Das Resultat ist, daß es sich kaum wölbt und Garnituren flach ausgestochen und geschnitten werden können.

Will man Kuvertüre riefen, wird sie etwa 2 mm stark aufgestrichen und kurz danach mit dem Garnierkamm wellenförmig durchzogen.

Aus erstarrter Kuvertüre können beliebige Motive ausgestochen werden. Zu diesem Zweck wird der Ausstecher entweder am Bunsenbrenner, Spirituskocher oder im heißen Wasserbad kurz erwärmt und vorsichtig durch die Kuvertüre gedrückt. Um ein einwandfreies Ausstechen zu gewährleisten, sollte der Ausstecher nach jedem Vorgang mit einem angefeuchteten Tuch von Kuvertüreresten befreit werden. Werden geometrische Figuren gewünscht, so schneidet man diese mit einem angewärmten Messer aus der erstarrten Kuvertüre. Daß das Messer ebenfalls wiederholt gesäubert werden muß, versteht sich.

Einzeln ausgestochene und geschnittene Schmuckelemente lassen sich leicht zusammensetzen, so zum Beispiel zu stilisierten Blumen und Schmetterlingen, aber auch zu abstrakten Gebilden.

Spritzen von Ornamenten aus Kuvertüre

Temperierter Kuvertüre tropfenweise Wasser zusetzen, bis sie spritzfähig ist, ohne breitzulaufen.

Konsistenz der Kuvertüre überprüfen: Sie ist spritzfähig.

Vordere Reihe:
kleine Blüten aus Kuvertüre ohne Wasserzusatz.
Hintere Reihe:
kleine Blüten aus Kuvertüre mit Wasserzusatz.

Spritzen eines Blütenornaments

Zuerst Ringe aus halbbitterer Kuvertüre vorspritzen, dann mit Vollmilchkuvertüre den Ring einlassen.

Blätter aus halbbitterer Kuvertüre an den eingelassenen Ring spritzen.

Räume zwischen Ring und Blättern mit je einem Punkt aus weißer Schokolade ausfüllen.

Gespritzte Blüte mit der Palette vorsichtig abnehmen.

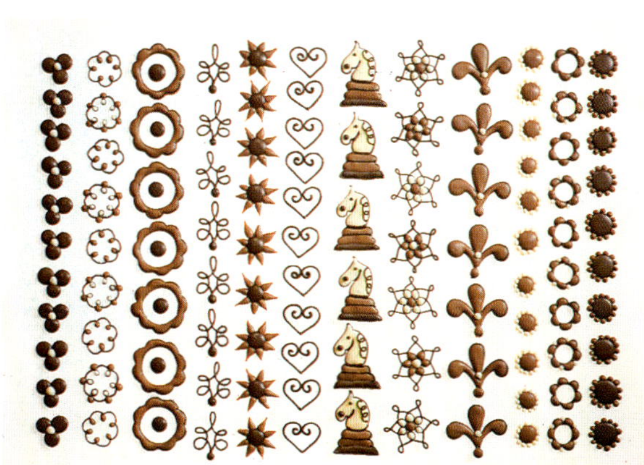

Gebrauchsfertige kleine Ornamente aus Kuvertüre für Einzelstücke oder Portionen.

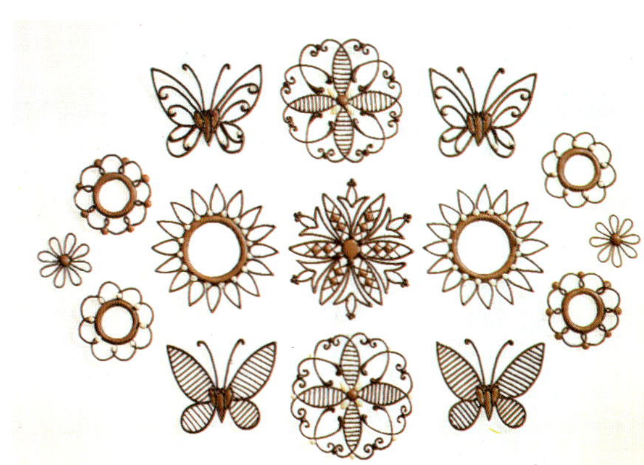

Gebrauchsfertige große Ornamente aus Kuvertüre für besondere Anlässe.

Ausstechen und Schneiden von Kuvertüre

Temperierte Kuvertüre auf Pergamentpapier gießen.

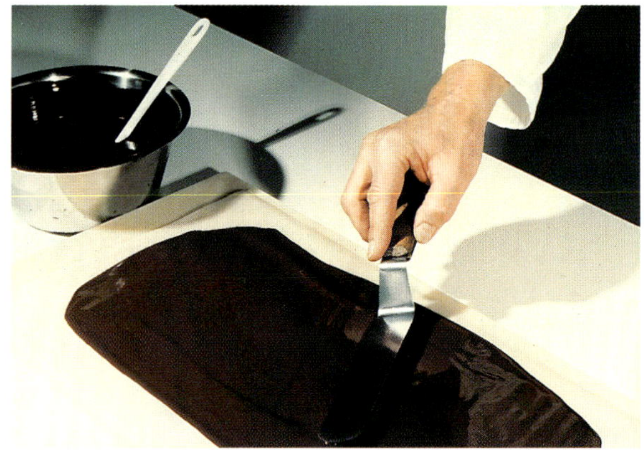

Kuvertüre mit Winkelpalette glattstreichen. Sie soll 1 bis 2 mm stark sein.

Kurz vor dem Erstarren mit angewärmtem Messer in Quadrate (etwa 15 × 15 cm) oder in Rechtecke (etwa 15 × 20 cm) schneiden, um das durch die natürliche Spannung bedingte Aufwölben zu verhindern.

Mit angewärmtem Ausstecher Ornamente aus der Kuvertüre stechen.

Mit angewärmtem Messer Ornamente aus der Kuvertüre schneiden.

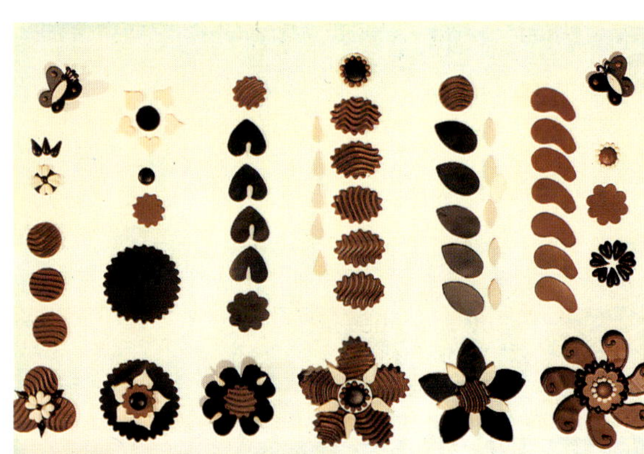

Gebrauchsfertige Ornamente: Blüten und Schmetterlinge, aus glatten und gerieften Teilen zusammengesetzt.

Hippenmasse

Unter Hippenmasse versteht man allgemein eine aus Marzipanrohmasse, Eiern, Mehl, Sahne, Zucker und Gewürzen zubereitete makronenartige Masse. Aufgrund ihrer gebackenen Knusprigkeit wird sie vorwiegend zur Herstellung von Eisgebäck wie Röllchen, Blättern oder Blüten verarbeitet. Aber auch für Teegebäck, Desserts und Süßspeisendekorationen findet sie vielseitige Verwendung. Sie ist von streichfähiger Beschaffenheit und wird am besten mit einer Winkelpalette über Schablonen aus Zelluloid oder über selbstgefertigte Dekor- und Garnierschablonen aus etwa 1 bis 2 mm starker Pappe auf ein leicht gewachstes oder gefettetes und bemehltes Backblech aufgestrichen. Die Backtemperatur liegt bei 190 bis 200 °C. Um eine goldbraune Backfarbe zu erhalten, sollte Hippenmasse in zwei Backgängen gebacken werden, d. h., sobald der äußere Rand des Gebäcks anfängt, Farbe zu bekommen, wird das Blech aus dem Ofen genommen. Ist das Gebäck vollkommen ausgekühlt, wird es fertiggebacken.

Bei der Zubereitung der Masse ist es dringend geboten, darauf zu achten, daß sie nicht schaumig gerührt wird. Die Masse sollte nicht sofort verarbeitet werden, damit sich eingerührte Luftbläschen und Zuckerkristalle auflösen können. Da die Masse hauchdünn aufgestrichen wird, läßt sie sich in gebackenem, sehr heißem Zustand biegen, rollen und formen. Diese Arbeit sollte möglichst direkt am Ofen auf dem halb herausgezogenen Blech geschehen, denn in Sekundenschnelle kühlt das Backgut ab, ist nicht mehr formbar und bricht.

Frisch schmeckt Hippengebäck am besten. Es zählt aber zur Gruppe der Dauergebäcke und kann auch längere Zeit aufbewahrt werden, und zwar am besten in geschlossenen Behältnissen, damit es knusprig bleibt. Es muß auch unbedingt vor Feuchtigkeit geschützt werden.

Zur Herstellung von etwa 40 Hippenrollen (10 × 10 cm) wird eine Masse hergestellt aus 200 g Zucker, 60 g Marzipanrohmasse, 1 Msp. Zimt, 1 Prise Salz, 170 g Mehl, 3 Eier.

Bei Bedarf wird die Masse mit flüssiger Sahne streichfähig gemacht.

Backen der Brand- und Hippenmasse-Ornamente
Brandmasse für Schmuckelemente, gleichgültig, ob mit oder ohne Hippenmasse, wird entweder auf mit Bienenwachs leicht gewachste Backbleche, auf gewachste backfeste Glasplatten oder auf ungewachstes Backpapier gespritzt.

Bienenwachs hat gegenüber Fett den Vorteil, daß es in abgekühltem Zustand trocken ist und nicht schmiert. Dadurch ist gewährleistet, daß sich eventuelle Vorlagen auch auf Backbleche übertragen lassen. Am besten läßt sich Bienenwachs hauchdünn auftragen, wenn backfeste Glasplatten oder Backbleche vorher im Backofen erhitzt wurden. Während einfache Schmuckelemente ohne Vorlage auf Backbleche gespritzt werden können, empfehlen sich bei großen und schwierigen Schmuckelementen aus zeitlichen und rationellen Gründen Vorlagen und damit backfeste Glasplatten oder transparentes Backpapier. Schmuckelemente aus Brandmasse werden bei offenem Zug und 180 °C gebacken.

Schmuckelemente aus Brand- und Hippenmasse
Einen Gaumenreiz besonderer Art lösen Torten, Desserts und Süßspeisen, mit Ornamenten aus Brandmasse oder aus Brand- und Hippenmasse garniert, aus.

Die faszinierende Wirkung der goldbraun gebackenen Garnituren liegt in der Feinheit der Ausführung und dem appetitlichen, leckeren Aussehen. Sie sind filigranartig und lassen eine Speise leicht, duftig und kostbar erscheinen. Gebackene Schmuckformen dieser Art, ob geometrisch oder figürlich, können in vielfältiger Weise hergestellt und verwendet werden.

Brandmasse zum Spritzen
Dafür werden benötigt 125 g Milch, 30 g Butter, 65 g Mehl, 100 g Vollei, 1 Prise Salz.

Die Masse wird auf übliche Weise hergestellt. Um ein problemloses Fließverhalten zu erreichen, sollte sie ausgekühlt und vor Verwendung durch ein feines Haarsieb passiert werden. Diese Vorbereitung ist deshalb von großer Wichtigkeit, weil dadurch die Masse vollkommen glatt wird und beim Spritzen keine Schwierigkeiten bereitet. Ist sie eventuell zu fest, wird sie durch vorsichtiges Zugeben von Eiweiß auf die richtige Konsistenz gebracht. Sie sollte so beschaffen sein, daß sich der Spritzfaden, ohne zu reißen, leicht legen läßt.

Spritztechnik
Schmuckelemente aus Brand- und Hippenmasse werden genauso gespritzt wie jene aus Kuvertüre oder Eiweißspritzglasur mit Einlaßmanier: Umrandungen werden aus Brandmasse gespritzt, gut fließbare Hippenmasse wird zum Einlassen verwendet.

Hippenmasse zum Einlassen
Während Hippenmasse zum Herstellen von Hippengebäck üblicherweise unter Verwendung von Marzipanrohmasse und/oder geriebenen Mandeln hergestellt wird, hat sich zum Einlassen eine Variante bestens bewährt. Dafür werden benötigt 50 g Vollei, 50 g Zucker, 50 g Mehl, 1 Körnchen Salz.

Um eine einwandfreie Masse zu erhalten, empfiehlt es sich, sie einen Tag vor der Verarbeitung herzustellen, damit sich eventuelle Zuckerkristalle restlos auflösen können. Beim Herstellen der Masse muß darauf geachtet werden, daß sie nicht schaumig gerührt wird, da sie durch mögliche Luftbläschen großporig und ungleichmäßig bäckt. Vor der Verarbeitung ist es auch hier ratsam, die Masse zu passieren, um eine tadellose Fließbarkeit zu gewährleisten. Ist die Masse zum Einlassen zu fest, wird sie durch vorsichtiges Zugeben von Eiweiß auf die richtige Konsistenz gebracht. Spritzfähige Brand- und Hippenmassen sollten stets mit einem angefeuchteten Tuch abgedeckt werden, um ein Antrocknen zu vermeiden.

Herstellen von Hippengebäck

Hippenmasse mit einer Winkelpalette über Schablonen auf leicht gefettetes und bemehltes Backblech streichen.

Aufgestrichene Hippenmasse mit Schokoladenhippenmasse effektvoll ausgarnieren sowie umranden oder mit feingehackten Mandeln bestreuen.

Schablonen für Hippenmasse auf einfache Art und Weise aus Pappkarton herstellen.

Gebackene Hippenmasse sofort in möglichst ofenheißem Zustand formen und rollen, da sie nach wenigen Augenblicken erstarrt und bricht.

Spritzen und Backen von Ornamenten aus Brand- und Hippenmasse

Brandmasse durch ein feines Haarsieb streichen.

Große Ornamente nach einer gezeichneten Vorlage, die unter einer leicht gewachsten backfesten Glasplatte liegt, spritzen.

Um beim Backen eine gleichmäßige Farbe zu erhalten, Ornamente aus Brand- und Hippenmasse in zwei Backvorgängen backen.
Links: angebackene Ornamente.
Rechts: fertiggebackene Ornamente.

Marzipanrohmasse

Basismaterial zur Herstellung von Marzipanerzeugnissen jeder Art ist die Marzipanrohmasse. Sie wird aus 2 Teilen Mandeln und 1 Teil Zucker vorwiegend industriell hergestellt und ist in drei verschiedenen Handelsklassen mit folgenden Merkmalen erhältlich:

M 00
Rohmasse aus nur besten, ausgesuchten süßen Mandeln, die vorwiegend aus dem europäischen Mitelmeerraum – besonders aus Italien und Spanien – importiert werden. Die Masse ist von hervorragender Qualität, hat wenig Blausäure und einen kräftigen Geschmack. Sie findet hauptsächlich Verwendung bei der Herstellung edelster Marzipanerzeugnisse.

M 0
Rohmasse aus nur süßen Mandeln, die hauptsächlich aus Kalifornien kommen. Sie ist ebenfalls von höchster Qualität und hat wenig Blausäure. Der Geschmack ist jedoch sehr mild und nicht so ausgeprägt wie bei M 00. Sie findet aber auch Verwendung bei der Herstellung erlesener Marzipanerzeugnisse.

M 1
Rohmasse aus Bruch und Mandelresten, in der mitunter auch noch winzige Teile der braunen Mandelhaut zu finden sind. Ihr können bittere Mandeln bis zu 12 Prozent des Mandelgewichts zugesetzt werden. Sie hat mehr Blausäure und ist sehr kräftig im Geschmack. Verwendung findet diese Masse vorwiegend beim Backen, da die Bitterstoffe während des Backprozesses weitestgehend abgebaut werden.

Bei der Weiterverarbeitung von Marzipanrohmasse darf gemäß gesetzlicher Verordnung das Gewicht des Staubzuckeranteils höchstens so hoch sein wie das Eigengewicht der Rohmasse.

Zur Frischhaltung von Marzipanerzeugnissen wird hauptsächlich Invertase oder Glykose verwendet, wobei der anteilige Stärkesirup nicht höher als 3,5 Prozent sein darf. Der Zuckeranteil muß dann entsprechend diesem Gewicht reduziert werden. Bei Zugabe von Ivertase rechnet man auf 1000 g angewirkten Marzipan etwa 1 g Invertase. Ist der Anteil höher, kann der Marzipan nach kurzer Zeit dadurch weich und schmierig werden.

Marzipanerzeugnisse

Zu den erstklassigen Marzipanerzeugnissen zählen Königsberger und Lübecker Marzipan.

Königsberger Marzipan gibt es als Konfekt in diversen Formen, als einzelne Torten und Törtchen sowie in Sätzen. Werden diese Erzeugnisse gefüllt und garniert, so werden kandierte Früchte, Fruchtgelees oder aromatisierter Fondant verwendet. Charakteristisch für Königsberger Marzipan sind eine gekniffene Umrandung sowie eine abgeflämmte und mit Gummiarabikum abgeglänzte Oberfläche.

Bei diesem hochwertigen Marzipan ist der Zuckeranteil äußerst gering. Er beträgt nur etwa 10 bis 15 Prozent. Bei Lübecker Marzipan liegt der Zuckeranteil bei etwa 35 bis 45 Prozent. Dieser Marzipan soll gut modellierbar sein. Er wird vorwiegend zur Herstellung von Figuren, Früchten, Broten oder Blumen verwendet.

Herstellung von Marzipanerzeugnissen

Die Herstellung von Marzipanerzeugnissen erfordert im allgemeinen zwar keine besondere künstlerische Begabung, wohl aber handwerkliches Geschick und Sinn für Form und Farbe, für Ethik und Ästhetik. Jeder Fachmann sollte unter Berücksichtigung kulinarischer Grundsätze selbst darüber entscheiden, ob er seine Erzeugnisse in naturalistischer oder stilisierter Form herstellen oder nach dem Gesichtspunkt „Schön ist, was gefällt!" arbeiten will. Auch die Beantwortung der oftmals zur Diskussion gestellten Fragen „Marzipan färben oder schminken (natürlich nur mit gesetzlich zugelassenen Lebensmittel-Farbstoffen)?" und „Marzipan nur mit Kuvertüre überziehen, tauchen oder absetzen?" sollte jedem selbst überlassen bleiben.

Regeln zur Verarbeitung von Marzipan

Bei der Verarbeitung von Marzipan ist es unerläßlich, Grundsätzliches zu beachten. Wichtige Regeln sind:

1. Bei der Herstellung von Marzipanerzeugnissen auf absolute Sauberkeit am Arbeitsplatz, alle Geräte und technischen Hilfsmittel einbezogen, achten!
2. Zum Anwirken der Rohmasse nur einwandfreien, sauberen und gesiebten Staubzucker verwenden!
   Schon geringste Mengen von Schmutzteilchen oder von Mehlstaub können die Ursache für ein Platzen oder Gären des Produkts sein.
3. Marzipanrohmasse mit Staubzucker sowie mit der Zugabe von Invertase oder Glykose so kurz wie möglich anwirken!
   Ein Öligwerden der Masse durch Wärmeeinwirkung der Hände wird dadurch vermieden.
4. Aus hygienischen Gründen evtl. dünne Gummihandschuhe tragen!
   Dies gilt vor allem für Verfertiger mit rasch transpirierenden Händen. Schweiß enthält Säuren, diese wirken auf die Rohstoffe ein, so daß die Ware verdirbt.
5. Angewirkten Marzipan vor und gegebenenfalls auch während der Verarbeitung immer luftdicht – zum Beispiel mit einer Folie oder Schüssel – abdecken!
   Nach kurzer Lufteinwirkung bildet sich eine Kruste, die eine makellose Weiterverarbeitung sehr erschwert.

Schminken von Marzipanerzeugnissen

Für das Schminken und Überziehen von Marzipanerzeugnissen dürfen nur gesetzlich zugelassene Lebensmittel-Farbstoffe oder Kakaobutter verwendet werden.

Während in früheren Jahren besonders naturalistische Nachbildungen ausschließlich mit dem Pinsel geschminkt wurden, hat sich seit längerer Zeit das Schminken und Überziehen von Marzipanerzeugnissen mit Hilfe einer Spritzpistole aus Zeitersparnis bestens bewährt. Die moderne Spritztechnik ist einfach, effizient und rationell.

Der Farbstoff oder die Kakaobutter wird mit einer feinen Düse der Spritzpistole gleichmäßig dünn aufgesprüht, wobei sehr weiche, dezente und sanfte Farbgrundtöne erzielt werden. Zuletzt wird die optische Wirkung eines vorgeschminkten Korpus mit sparsam angebrachten Pinselstrichen oder aufgespritzten Pünktchen und Punkten verbessert.

Grundsätzlich sollten alle Marzipanerzeugnisse nach der Fertigung mit flüssiger Kakaobutter überzogen bzw. umhüllt werden. Der Überzug schützt nicht nur das Erzeugnis vor dem Austrocknen, sondern verleiht ihm auch einen seidenmatten Glanz.

Vor der Grundierung sollte die Oberfläche des Korpus immer leicht angetrocknet sein, und zwischen den einzelnen Schminkvorgängen muß jeder Lebensmittel-Farbstoff abtrocknen, damit die verschiedenen Farbstoffe nicht ineinanderlaufen.

Marzipanfrüchte

Zur Herstellung von Marzipanfrüchten oder -figuren wird ein gut modellierbarer und qualitativ hochwertiger Marzipan verwendet.

Zutaten
1000 g Marzipanrohmasse M 00
400 g Staubzucker
1,5 g Invertase

Auf Marmorplatte Marzipanrohmasse mit Invertase kurz durchkneten. Gesiebten Staubzucker zugeben und Masse zügig anwirken. Marzipan sofort in Folie einschlagen oder abdecken.

Angewirkten Marzipan zu Stangen rollen. Diese je nach Größe der Frucht in 30 g, 50 g, 70 g oder 100 g große Stücke teilen und abwiegen. Stücke dann entsprechend der jeweiligen Eigenart der Frucht naturgetreu modellieren und mit den Modellierhölzern, Zitrusfrüchte jedoch mit dem Karierholz, profilieren. Zum Antrocknen der Oberfläche einige Stunden beiseite stellen.

Modellierte Früchte werden profiliert.

Ist die Marzipanoberfläche etwas angetrocknet, Früchte mit Alkohol verdünntem zitronengelbem Lebensmittel-Farbstoff mit der Spritzpistole gleichmäßig grundieren.

Ist der Farbstoff abgetrocknet, grundierte Früchte hauptsächlich am Stengel- und Blütenansatz ganz kurz mit grünem Lebensmittel-Farbstoff besprühen. Danach Früchte mit Lebensmittel-Farbstoff in den sie kennzeichnenden Farbtönen – Rot, Rosarot, Orangerot, Braun, Gelb, Grün – mit einer feinen Düse der Spritzpistole hauchzart schminken.

Optisch richtige Wirkung der Früchte durch diverse Pinselstriche (so beim Apfel und bei der Banane) oder durch Aufspritzen von Punkten oder Pünktchen (so bei der Birne) erhöhen. Blütenansatz durch eingedrückte Korinthe oder Rosine markieren.

Barocke Marzipanschale mit Marzipanfrüchten

Ein solches Objekt ist immer ein Blickfang für Büfett und Schaufenster.

Hergestellt wird die Schale mit ovalen Porzellankokotten unterschiedlicher Größe

Marzipan und Staubzucker im Verhältnis 1:1 ohne Frischhaltemittel anwirken, etwa 1 cm stark ausrollen, über leicht geölten Kokotten formen und Oberflächen gut antrocknen lassen.

Danach Oberfläche der einzelnen Schalen unter dem Salamander abflämmen, dann Innenraum jeder Schale massiv mit Karamelzucker ausgießen. Nach dem Auskühlen Schalen aufeinandersetzen und mit Karamelzucker fest verbinden.

Henkel aus Marzipan formen, abflämmen und ansetzen. Garnituren aus Schokoladenmarzipan, Silberdragees, abgeflämmten Marzipanröschen und -blättchen, in etwas mit Öl vermischtem Bronzepulver patiniert, anbringen.

Schale mit diversen Marzipanfrüchten füllen. Zuletzt alles mit Marzipanlack abspritzen.

Aprikotur – Glasur – Überzugsmasse

Um den Geschmack bei Gebäckstücken, Petits fours und Torten – gleichgültig, wann sie angeboten werden – harmonisch abzurunden und gleichzeitig einen effektvollen Glanz der Oberfläche zu erreichen, werden sie vielfach mit Glasuren oder Überzugsmassen unterschiedlicher Beschaffenheit und Geschmacksrichtungen versehen.

Besonders vielseitige Verwendung finden dabei Fondantglasur und Schokoladenüberzugsmassen (Kuvertüre). In speziellen Fällen (zum Beispiel für Lebkuchen) wird auch die Fadenzuckerglasur verwendet.

Bevor aber Gebäckerzeugnisse aus den verschiedensten Teigarten und Massen glasiert oder überzogen werden, wird deren Oberfläche in den meisten Fällen zuerst aprikotiert. Dadurch bleiben sie nicht nur länger frisch und damit saftiger, sondern sehen, weil der Glanz erhalten bleibt, immer appetitlich aus.

Aprikotur

250 g Aprikosenkonfitüre
etwa
4 cl Wasser

Aprikosenkonfitüre mit Wasser verrühren und zum schwachen Faden (Seite 197) kochen.

Rum-Fadenzuckerglasur

500 g Zucker
200 g Wasser
6 cl Rum

Zucker mit Wasser zum starken Faden (108 °C) kochen, Rum zugeben, dann Zuckermasse auf etwa 37 °C zurücktemperieren.

Dextrinlösung für Lebkuchen

100 g Kartoffelmehl (Stärkemehl)
20 g Zucker
Wasser nach Bedarf

Kartoffelmehl (Stärkemehl) hellgelb rösten. Mit Zucker vermischen und mit Wasser zu einem dünnflüssigen Sirup kochen.

Schokoladenglasur (Fettglasur)

1000 g Kuvertüre
200 g Erdnußöl oder Palmin

Kuvertüre auflösen und gut mit Öl oder aufgelöstem Palmin vermischen.

Dieser Überzug eignet sich für Desserts mit Sahne-Eiskrem. Er läßt sich sehr dünn verarbeiten und problemlos schneiden.

Schokoladenzuckerglasur

(für Mohrenköpfe, Lebkuchen, Sachertorten-Schnitten usw.)

280 g Zucker
30 g Kakaopulver
220 g Kuvertüre (60/40)
150 g Wasser
20 g Glykose

Alle Zutaten in einen nicht zu kleinen Topf geben (Masse steigt beim Kochen stark an), gut verrühren und auf flotter Flamme (Brennstelle) unter ständigem leichten Rühren zum Faden (106 °C) kochen. Topfrand in kurzen Abständen mit nassem Pinsel zusammenwaschen, um Bildung von Zuckerkristallen zu vermeiden.

Die Masse in anderes Gefäß (Kessel) umschütten und so lange mit einem Holzspatel umrühren (tablieren), bis eine dickflüssige Konsistenz erreicht ist. (Dieser Vorgang kann dadurch abgekürzt werden, indem ein Teil der Masse auf eine Mamorplatte gegossen, mit der Palette cremig tabliert und wieder mit der restlichen Masse glatt verrührt wird.) Dabei ist allerdings zu beachten, daß die im Kessel verbleibende Masse inzwischen mit einem feuchten Tuch abgedeckt oder durch Rühren in Bewegung gehalten wird, damit sich keine Haut bilden kann.

Alle mit gekochter Schokoladenzukkerglasur überzogenen Gebäcke sollten vorher aprikotiert und nach dem Überzug im Wärmeschrank kurz abgetrocknet werden, damit die Glasur einen seidenmatten Glanz bekommt.

Restglasur kann zur Wiederverwendung erneut aufgekocht werden.

Herstellen von Fondant

1000 g Zucker
100 g Glykose
400 g Wasser

Zucker mit Wasser breiartig anrühren, bei starker Hitze zum Kochen bringen, abschäumen und Glykose zusetzen. Unter mehrmaligem Zusammenwaschen des Topfrandes mit nassem Pinsel Zuckersud auf 115 °C (Kettenflug) kochen, auf eine leicht mit Wasser befeuchtete Marmorplatte schütten, Oberfläche ebenfalls leicht mit Wasser besprühen und auf etwa 37 °C (Körpertemperatur) zurücktemperieren.

Zuckermasse nun mit Holzspatel von außen nach innen und umgekehrt bearbeiten (tablieren). Dabei wird die Masse zuerst leicht milchigweiß, dann immer intensiver weiß, bis sie schließlich undurchsichtig weiß wird und erstarrt. Fondant, abgedeckt mit angefeuchtetem Tuch, nun einige Zeit ruhenlassen, wodurch er seine starre Festigkeit verliert. Anschließend Fondant durchkneten, damit er eine zarte und geschmeidige Konsistenz bekommt.

Um ein Verkrusten des Fondants zu vermeiden, sollte er, abgedeckt mit einer Folie, stets in gut verschließbaren Behältnissen aufbewahrt werden.

Da Fondant seit vielen Jahren industriell hergestellt wird, kann er in den meisten Fällen über den Fachhandel bezogen werden.

14.
KAPITEL

ZUCKER- UND KARAMELARBEITEN

Zucker- und Karamelarbeiten

Zucker- und Karamelarbeiten sind handwerklich hergestellte Produkte des Konditors und Patissiers. Er benötigt hierzu mit Ausnahme einiger technischer Arbeitsgeräte keinerlei maschinelle Hilfe.

Die Arbeiten werden unter Voraussetzung der erforderlichen Sach- und Fachkenntnisse sowie eines hohen Maßes an Geschick und Kunstfertigkeit hergestellt. Neben der Beherrschung der Materie spielen die eigene Begabung für schöpferische Gestaltung mit ausgeprägtem Sinn für Form und Farbe sowie das Gefühl für Ethik und Ästhetik eine fundamentale Rolle. Dabei sollte immer von dem Grundsatz ausgegangen werden, daß es sich um kulinarische Arbeiten handelt und nicht um „Süße Kunstwerke" von unvergänglichem Charakter.

Zuckerarbeiten haben, bedingt durch die permanente Einwirkung von Luftfeuchtigkeit und durch etwaigen Zusatz von Weinsteinsäure, immer nur eine begrenzte Lebensdauer von leuchtender Brillanz. Mit Hilfe von feuchtigkeitsaufsaugenden Mitteln, wie z. B. ungelöschtem Kalk, Silikagel oder durch Übersprühen mit einem gesetzlich zugelassenen Zucker- oder Marzipanlack können sie jedoch wochen- und sogar monatelang ihrer Zweckbestimmung dienen, ohne abzusterben und an Glanz und Eleganz zu verlieren.

Der zu Karamel gekochte Zucker ist das Ausgangsprodukt, welches in mannigfacher Weise durch Anwendung verschiedener Techniken verarbeitet werden kann. Karamelzucker eignet sich zum **Gießen, Ziehen, Blasen, Spritzen** und **Tauchen.** Auch **Spinnzucker** wird aus ihm hergestellt.

Bei dem aus Karamelzucker hergestellten Produkt sollten Form und Farbe harmonisch aufeinander abgestimmt sein und so spontane Faszination auslösen.

Entsprechend der verschiedenartigen Verarbeitungsmöglichkeiten kann die Wirkung durch Verwendung von Schmuck- und Garnierelementen, z. B. aus Brand- und Hippenmasse, Spritzglasur, Kuvertüre, Mürbeteig, Marzipan oder Makronenmasse, wesentlich erhöht werden. Insbesondere trifft dies zu, wenn es sich um Arbeiten mit symbolischem Ausdruck – so zu Verlobung, Hochzeit, Taufe, Geburtstag – handelt.

Da die Individualität solcher Arbeiten in der Regel einen verhältnismäßig hohen Zeitaufwand erfordert, sind diese Arbeiten in erster Linie als dekorativer Blickfang eines Schaufensters oder als Mittelstück eines kalten Büfetts wertvoll und nicht als unmittelbares Verkaufsobjekt. Der Sinn und Zweck solcher Arbeiten liegt demnach in der Werbewirksamkeit begründet.

Es soll dabei aber auch die persönliche Leistungsfähigkeit eines Konditorei- oder gastronomischen Betriebs demonstriert werden.

Der eigenen Idee und dem Einfallsreichtum sind keine Grenzen gesetzt. Die praktische Ausführung setzt jedoch viel Lust und Liebe zum Beruf voraus, wobei man als Lohn der Bemühungen die Freude am gelungenen Werk sehen sollte.

Da die Praxis die Quelle aller Theorie ist und bekanntlich die Götter vor den Erfolg den Schweiß gesetzt haben, gilt auch hier das alte, aber immer noch gültige Wort „Ohne Fleiß kein Preis".

Handelsübliche Zuckersorten und ihre Verwendung

Raffinade

Raffinade ist die gebräuchlichste Zuckersorte und bekannt als weißer Streuzucker. Raffinade wird in verschiedenen Körnungen mit unterschiedlicher Reinheit angeboten und vorrangig für die Zubereitung von Backwaren und Desserts verwendet. Die beste Qualität, also die reinste Raffinade, wird auch beim Kochen von Karamelzukker verarbeitet.

Puderzucker / Staubzucker

Puderzucker ist das Produkt ganz besonders fein gemahlener Raffinade und dient zum Überpudern von Gebäck jeder Art und zum Herstellen von Zuckerglasuren sowie Eiweißspritzglasur.

Würfelzucker

Würfelzucker wird aus Raffinade gepreßt, dient hauptsächlich zum Süßen von Kaffee und Tee sowie zum Abreiben von Zitronen und Orangen für süße Fruchtsaucen.

Weißer Kandiszucker

Weißer Kandiszucker wird aus einer Zuckerlösung durch langsames Kristallisieren gewonnen, in unterschiedlicher Größe angeboten und hauptsächlich zum Süßen von Tee verwendet.

Brauner Kandiszucker

Brauner Kandiszucker ist eine Ableitung des weißen Kandiszuckers. Seine Farbe und seinen aromatischen Geschmack erhält er durch Zusatz von Zucker-Couleur. Er wird zum Süßen von Tee verwendet und ist in unterschiedlicher Körnung im Handel.

Farinzucker

Farinzucker ist brauner bis gelblicher Zucker und wird aus ungereinigtem Rohrzucker gewonnen. Wegen seines ausgeprägten Geschmacks wird er sehr gern zur Herstellung von Lebkuchenerzeugnissen verwendet. Auch bei Teetrinkern ist er sehr beliebt.

Hagelzucker

Hagelzucker ist ein grobkörniger, aus Raffinade hergestellter Zucker, welcher sich vorzüglich zum Bestreuen und Garnieren von Gebäck eignet.

Zuckerhut

Ein Zuckerhut ist auskristallisierte Raffinade in Form eines Kegels. Er wird ausschließlich als brennender Sockel bei der Herstellung einer Feuerzangenbowle verwendet.

Der Zucker und seine Kochproben

Zuckerproben entstehen während des Kochprozesses durch immer höhere Wärmeeinheiten. Gekochter Zucker wird entsprechend dem erreichten Kochgrad wie folgt eingeteilt und bezeichnet:

– Läuterzucker	98 bis 100 °C
– schwacher Faden	104 bis 105 °C
– starker Faden	107 bis 108 °C
– schwacher Flug	112 bis 113 °C
– starker Flug (Kettenflug)	114 bis 115 °C
– Ballen	123 bis 125 °C
– schwacher Bruch	135 bis 138 °C
– starker Bruch (Karamel)	146 bis 150 °C

Wie werden die einzelnen Kochgrade ermittelt?

Wozu findet der gekochte Zucker Verwendung?

Bei der Verarbeitung von gekochtem Zucker werden die jeweils erforderlichen Kochgrade ausschließlich mit dem Thermometer ermittelt.

Da es insbesondere bei Zucker- und Karamelarbeiten auf äußerste Genauigkeit ankommt, von der letztendlich der Erfolg abhängt, muß die in früheren Jahren praktizierte Hand-/Gefühlsprobe abgelehnt werden. Das Zuckerthermometer mit Gradeinheit Celsius ist so konstruiert, daß alle relevanten Kochproben mühelos und genau ermittelt werden können.

Läuterzucker

In jeder Backstube oder Patisserie wird Läuterzucker auf Vorrat gekocht, weil er sehr vielseitig verwendet werden kann, so zum Verdünnen oder Strecken von Glasuren, zum Herstellen von Fruchteis, Sorbets oder zum Tränken von Tortenböden.

Rezept

1000 g Raffinade, 1000 g Wasser (1 l) werden gut verrührt, auf flotter Flamme oder Brennstelle zum Kochen gebracht und gut abgeschäumt. Dadurch wird die Zukkerlösung geklärt und geläutert.

Nach der Zuckerwaage beträgt die Zuckerdichte in diesem Falle etwa 28 Grad Baumé (Bé) in heißem und etwa 30 Grad Bé in kaltem Zustand.

Schwacher und starker Faden

Es werden davon in erster Linie Glasuren, z. B. Schokoladenglasur zum Überziehen von Mohrenköpfen und Sachertorte oder zum Glasieren von Lebkuchen, hergestellt.

Schwacher und starker Flug (Kettenflug)

Der zum Flug gekochte Zucker wird hauptsächlich zur Herstellung von Fondant verwendet. Aber auch Konservezucker zum Herstellen von Zuckerfiguren wird aus Flugzucker zubereitet.

Ballen

Der zur Ballenprobe gekochte Zucker findet in der heutigen Zeit praktisch kaum mehr Verwendung. In früheren Jahren hat man damit Fruchtmark im Verhältnis 1:1 zur Herstellung von Fruchteis konserviert.

Schwacher und starker Bruch (Karamel)

Der zu Karamel gekochte Zucker wird vorwiegend zum Karamelisieren von Früchten, Marzipanfours, Nüssen und Mandeln gebraucht. Aber auch zum Herstellen von Zuckerschaustücken, gleichgültig, ob gegossen, gezogen, geblasen, getaucht oder gespritzt, und zum Herstellen von Spinnzucker sowie Felsenzucker wird Karamelzucker verwendet.

Couleur

Wird ein zum starken Bruch gekochter Zucker immer weiter gekocht, so fängt er an, braun zu werden, d. h., er wird zunehmend dunkler, fängt an zu rauchen und verbreitet einen beißenden Geruch. Hat er die gewünschte Farbe Tiefbraun bis Schwarz, wird er mit wenig Wasser nach und nach abgeschreckt, bis er eine sirupartige Konsistenz bekommt. Durch den Verbrennungsprozeß verliert der Zucker seine Süßkraft vollkommen und schmeckt leicht bitter. Couleur wird hauptsächlich zum Nachfärben von Saucen und Glasuren verwendet.

Schmelzzucker

Unter Schmelzzucker versteht man einen im Topf oder in der Pfanne auf dem Ofen oder der Gasflamme ohne Zusatz von Wasser geschmolzenen Staubzucker. Er wird so lange unter vorsichtigem Rühren geschmolzen, bis er vollkommen aufgelöst ist und eine goldbraune Farbe hat. Man verwendet Schmelzzucker z. B. zum Glasieren der Oberfläche der Dobostorte oder als „Schweißmaterial" zum Befestigen von Makronen oder Mürbeteigteilen bei der Herstellung von Tafelaufsätzen.

Krokant

Zucker wird im Kessel auf der Gasflamme hellbraun geschmolzen. Dann werden gehobelte, gehackte Mandeln oder Haselnüsse untergezogen. Das Verhältnis ist 3 Teile Zucker : 2 Teile Mandeln. Um einen möglichst hellen Krokant zu bekommen, wird zunächst nur ein Teil des Zuckers geschmolzen. Erst wenn dieser ganz aufgelöst ist, gibt man den Rest dazu. Die Masse wird dann sofort auf ein leicht gefettetes Backblech oder eine leicht gefettete Marmorplatte geschüttet und mit dem Holzspatel so dünn wie möglich darauf verteilt. Nach dem Auskühlen wird die Masse in der Regel fein gestoßen oder gemahlen. Die Verwendung von Krokant ist sehr vielseitig. Er wird zum Herstellen von Pralinen, zum Abschmecken von Cremes, zum Einstreuen von Torten und Gebäck ebenso verwendet wie zum Anfertigen von Krokantbögen, Krokanteiern oder dekorativen Tafelaufsätzen.

Konservezucker

Konservezucker ist ein auskristallisierter Zucker, der im Gegensatz zu anderen Zuckerarten fast unempfindlich gegen Luftfeuchtigkeit ist.

Bei der Herstellung wird der Zucker ohne Zusatz von Glykose auf 115 °C (Kettenflug) gekocht. Danach gibt man auf 1000 g Zucker 10 Tropfen Weinsteinsäure, um ein zu schnelles Kandieren zu vermeiden. Dieser Zuckersud wird nun mit einem Kochlöffel so lange vorsichtig gerührt, bis er anfängt, milchig zu werden. Dann wird er verarbeitet. Hauptsächlich werden daraus Symbolfiguren, z. B. Osterhasen, hergestellt, Man verwendet dabei keine Blech- oder Plexiglasformen, sondern Formen aus weißem Gips. Die Formen müssen vor Gebrauch so lange in Wasser gelegt werden, bis sie vollkommen durchnäßt sind. Dann werden beide Teile einer Form nathlos zusammengebunden und zum Füllen bereitgestellt. Sollen Hohlkörper gefertigt werden, wird eine Form mit dem milchigen Zucker zuerst ganz gefüllt. Sobald dessen Oberfläche an der Einfüllöffnung etwas angekrustet ist und man am Formenrand eine etwa 5 mm starke Kandierung feststellt, wird die Oberfläche mit einem Messer oder Holzstäbchen aufgebrochen, und der noch flüssige Teil des Zuckers wieder in den Kochtopf zurückgegossen. Erst nach völligem Erkalten wird zuerst vorsichtig das Oberteil der Form abgenommen und dann die ganze Figur. Vor Wiederverwendung muß jede Form erneut gewässert werden, auch Zuckerreste und Bruch können unter Zusatz von Wasser erneut aufgekocht werden.

Felsenzucker

Zuerst wird eine Eiweißspritzglasur ohne Säurezusatz von einem Eiweiß und Puderzucker recht schaumig gerührt. Danach kocht man 500 g Zucker zum starken Bruch. Ist die Kochprobe erreicht, werden etwa 2 Eßlöffel Spritzglasur unter den gekochten Zucker gerührt. Nach kurzer Pause steigt die Zuckermasse sehr schnell im Kessel hoch, man rührt sie aber sofort zusammen. Dann wird die Zukkermasse in eine leicht geölte flache Form oder Schüssel gegossen, wobei sie nochmals kurz aufsteigt, aber dann etwa um 1/3 zurückfällt. In diesem Zustand läßt man die Masse erst vollkommen auskühlen, danach zerbricht man sie in kleinere oder größere Stücke.

Diese Zuckerstücke, die an kleine Felsbrocken erinnern, werden ausschließlich zu dekorativen Zwecken verwendet. Sie eignen sich vorzüglich zur Darstellung von Grotten oder Felsen. Soll der Zucker einen farblichen Effekt erzielen, setzt man einen Lebensmittel-Farbstoff während des Kochvorgangs zu. Da es sich bei Felsenzucker um eine bereits abgestorbene Zuckermasse handelt, lassen sich die Zuckerstücke, trocken aufbewahrt, lange Zeit in unverändertem Zustand erhalten.

Wie man sieht, steigt gekochter Zucker unter Zugabe von Eiweißspritzglasur ziemlich hoch, deshalb sollte man zum Herstellen von Felsenzucker einen entsprechend großen Kessel verwenden.

Spinnzucker

Eine Alternative zu den verschiedenen Möglichkeiten, aus Zucker individuelle und wirkungsvolle Dekorationen herzustellen, bildet der Spinnzucker, ein gesponnener Zucker.

Er wird aus zum starken Bruch (148 °C) gekochtem Zukker ohne Säurezusatz hergestellt. Bevor man mit dem Spinnen beginnt, sollte er nach erreichter Kochprobe auf einer Stoffunterlage, z. B. einem Handtuch, etwa 2 Minuten ruhen, damit sich sämtliche Blasen zurückbilden können. Eine Unterlage ist deshalb ratsam, weil der Zucker dann nicht so schnell abkühlt und somit länger verarbeitet werden kann.

Zum Spinnen bedient man sich eines einfachen Handschlagbesens, dessen Drahtschlingen so weit abgetrennt werden, daß die einzelnen Drähte gleichmäßig auseinanderstehen. Der Besen wird nun senkrecht in den Zucker getaucht, herausgezogen und in rhythmischen Bewegungen über 2 leicht geölte Eisenstangen oder eine Eisbombenform geschleudert. Geht man wiederholt so vor, so lösen sich unzählige hauchdünne Zuckerfäden zu einem spinnengewebeähnlichen Gebilde, wobei noch ein besonders reizvoller Effekt durch Zusatz von Lebensmittel-Farbstoffen erreicht werden kann. Mit einer leicht geölten Schere läßt sich das Gespinst dann leicht zu der gewünschten Form zurechtschneiden.

Spinnzucker sollte erst kurz vor Gebrauch und möglichst in einem trockenen Raum hergestellt werden, da er gegen Luftfeuchtigkeit sehr empfindlich ist und schnell zusammenfallen kann.

Bei sorgfältiger Herstellung läßt er sich aber auch längere Zeit in luftdicht geschlossenen Behältnissen aus Blech oder Plastik aufbewahren, ohne daß Aussehen und Standfestigkeit leiden.

Verwendung findet Spinnzucker vorwiegend zum Garnieren und Dekorieren von Eisbomben und Desserts.

Gelatinezucker

Schau- und Dekorationsstücke aus Gelatinezucker sind besonders dankbare und attraktive Objekte, denn sie sind im Vergleich zu anderen Zuckerarbeiten nicht nur relativ einfach und damit problemlos herzustellen, sondern sie sind auch fast unbegrenzt haltbar, da sie gegen Luftfeuchtigkeit unempfindlich sind.

Zutaten

- 1/4 l Wasser
- 12 Blatt Gelatine
- 150 g Glykose
- etwa 4000 g Staubzucker

Herstellung

Gelatine zuerst kalt einweichen, dann zusammen mit Wasser und Glykose erwärmen und auflösen. Dieser Flüssigkeit so viel Staubzucker zusetzen, um daraus eine modellierfähige und ausrollbare Masse kneten zu können. Masse dann – in den meisten Fällen mit Stärkemehl – etwa 2 bis 3 mm stark ausrollen und nach Schablonen zuschneiden. Einzelne Teile gut trocknen lassen, Masse muß hart werden, danach ausgarnieren und mit Eiweißspritzglasur, Kuvertüre oder weißer Schokolade zusammensetzen oder befestigen.

Gelatinezucker bleibt in luftdicht geschlossenen Behältnissen längere Zeit frisch und haltbar. Er kann jederzeit wiederverwendet werden. Sollte die Masse dennoch trocken sein, kann sie nach Zusatz von etwas Wasser wieder geknetet und damit brauchbar gemacht werden.

Was versteht man unter einer Zuckerwaage?

Unter der nach ihrem Erfinder, dem französischen Chemiker Baumé, benannten Bauméschen Zuckerwaage versteht man ein einem Thermometer ähnlich sehendes Meßinstrument. Mit diesem werden nicht die Kochgrade des Zuckers festgestellt, sondern die Dichte des Zuckeranteils in einer bestimmten Menge Flüssigkeit gemessen. Diese Waage findet hauptsächlich Verwendung bei der Herstellung von Läuterzucker, Fruchteis oder Sorbets.

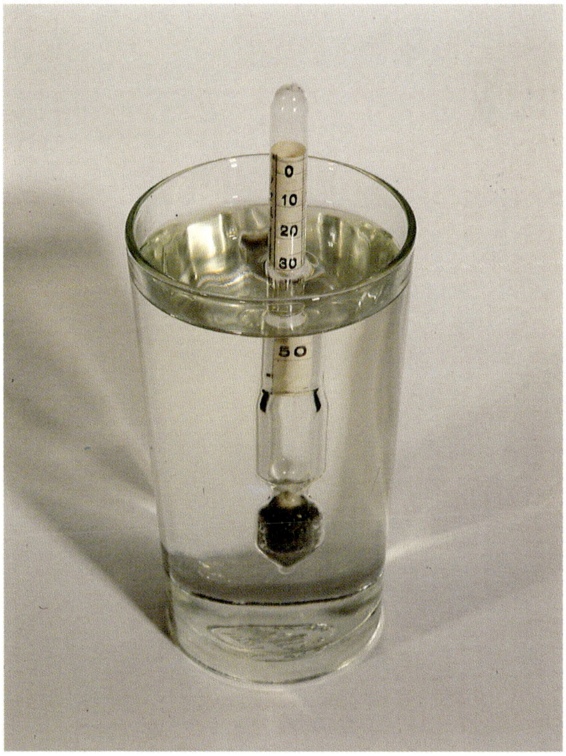

Zuckerwaage in Aktion.

Arbeitsgeräte

und technische Hilfsmittel für die Zuckerarbeiten

1. Wärmekasten mit offener Vorderseite

2. Infrarotlampe

3. Zuckerablagekasten mit PVC-Bezug

Der Wärmekasten mit Infrarotlampe und Zuckerablagekasten mit PVC-Bezug dient zum Warmhalten des verarbeitungsfähigen Zuckers.

4. Tauchstempel aus Metall

Zuckertauchstempel aus Metall sind erforderlich, um Blumen und Blätter aus Karamelzucker im Tauchverfahren herstellen zu können.

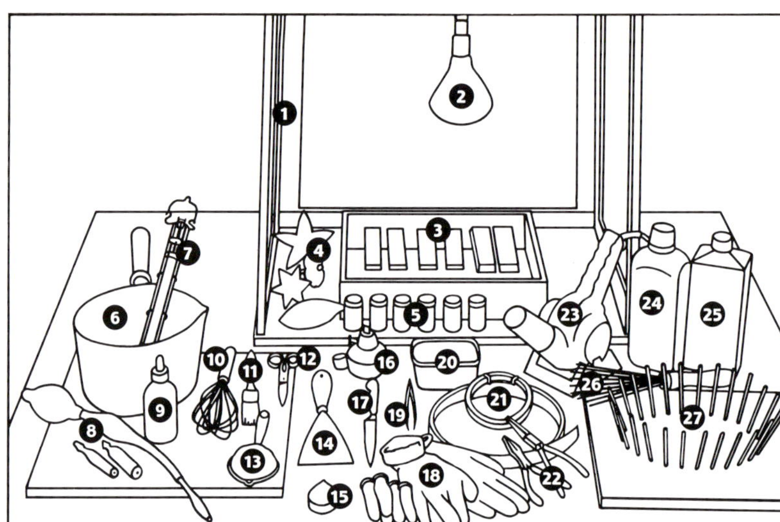

5. Lebensmittel-Farbstoffe, pulverisiert

Pulverisierte Lebensmittel-Farbstoffe werden benötigt, um dem Karamelzucker die gewünschte Farbe zu geben. Sie sind flüssigen Farben vorzuziehen, weil sie keine Säure enthalten und die Verarbeitung des Zukkers neutralisieren.

6. Kupferkasserolle

Beim Zuckerkochen wird eine Kupferkasserolle bevorzugt, weil Zucker flott gekocht werden soll und Kupfer der beste Wärmeleiter ist. Es kann aber auch jeder andere Topf aus Aluminium oder Cromargan verwendet werden.

7. Zuckerthermometer mit Gradeinheit Celsius

Ein Zuckerthermometer ist erforderlich, um die genauen Kochgrade zu ermitteln.

8. Gummigebläse mit 3 verschiedenen Blasröhrchen

Das Gummigebläse mit Blasröhrchen unterschiedlicher Stärke wird zum Blasen von Karamelfiguren gebraucht. Es ist so konstruiert, daß die beim Blasen zugeführte Luft nicht wieder entweichen kann und dadurch das Blasen mit der einen Hand und das Modellieren mit der anderen Hand ermöglicht werden.

9. Weinsteinsäure

Weinsteinsäure wird dem Zucker in dosierter Form nach Erreichen des erforderlichen Kochgrads zugesetzt und untergeschwenkt, um den Zukker besonders für geblasene und gezogene Zuckerarbeiten geschmeidiger und elastischer zu machen. Für gegossene und getauchte Erzeugnisse oder für Spinnzucker ist ein Säurezusatz nicht erforderlich.

10. Rührbesen

Mit dem Rührbesen wird der Zucker im Wasser zuerst aufgelöst.

11. Pinsel

Der Pinsel ist erforderlich, um den Zucker während des Kochprozesses in kleinen Abständen zusammenzuwaschen.

12. Schere

Eine Schere ist zum Zu- oder Abschneiden von Seidenbändern oder Zuckerstücken beim Ziehen oder Blasen unentbehrlich.

13. Teesieb

Das Teesieb wird zum Abschäumen von gelegentlichen Schmutzteilen oder zur Entfernung von Schaumbildung zu Beginn des Kochprozesses benötigt.

14. Metallspachtel

Die Metallspachtel oder eine Palette ist erforderlich, um den nach erreichtem Kochgrad ausgegossenen Zukker auf leicht geölter Marmorplatte vor Beginn des Ziehens des öfteren zusammenschlagen zu können.

15. Blattstempel

Der Blattstempel ist ein geeignetes Hilfsmittel, um aus feingezogenem Zucker rationell und schnell Blätter herzustellen.

16. Spirituskocher

Ein kleiner Spirituskocher ersetzt den Bunsenbrenner und kann unabhängig von einem Gasanschluß flexibel eingesetzt werden. Die Flamme rußt nicht, und es können einzelne Teile schnell erwärmt und zusammengeschweißt werden.

17. Messer

Ein heißes Messer ist erforderlich, wenn nicht ganz weiche gegossene Karamelteile zusammengesetzt und die Schweißstellen vorher von einem Feuchtigkeitsfilm befreit werden müssen.

18. Gummifingerlinge und Gummihandschuhe

Gummifingerlinge oder Gummihandschuhe werden benötigt, weil der Zucker beim Ziehen oder Blasen eine Temperatur von 70 bis 80 °C hat. Darüber hinaus verhindern Gummihandschuhe, daß sich Schweißabsonderungen an den Händen auf den Zucker übertragen und diesen möglicherweise absterben lassen. Aus hygienischen Gründen sollten sie stets getragen werden.

19. Pinzette

Die Verwendung einer Pinzette ist immer dann ratsam, wenn feinste gezogene Blätter oder Blüten zusammengesetzt oder angeschweißt werden sollen.

20. Talkum

Das Talkum dient zum Beschichten von Bandeisenformen. Es ersetzt Öl, schmiert nicht und gewährleistet nach dem Gießen und Abkühlen des Zuckers auf etwa 50 ° ein problemloses Ausformen.

21. Bandeisen

Dünnes Bandeisen eignet sich sehr gut zum Herstellen von Formumrandungen für gegossene Zuckerarbeiten. Es läßt sich leicht biegen und ist jederzeit wieder verwendbar.

22. Rund- und Flachzange

Rund- und Flachzangen sind geeignete Werkzeuge zum Herstellen von Bandeisenformen und -umrandungen.

23. Kaltluftfön

Mitunter besteht eine Zuckerarbeit aus Einzelteilen, die aber erst ausgekühlt sein müssen, bevor man mit ihnen weiterarbeiten und sie zusammensetzen kann. Hier ist ein Kaltluftfön äußerst praktisch. Sein Einsatz ermöglicht schnelles Arbeiten.

24. Milchweißfarbe

Durch Zusatz von Milchweißfarbe verliert der Zucker seine glasige Durchsichtigkeit. Er wird milchigweiß und bekommt den Charakter von Porzellan. Hauptsächlich bei gegossenen und getauchten Zuckerarbeiten wird Milchweißfarbe verwendet.

25. Marzipanlack

Marzipanlack ist ein lebensmittelrechtlich zugelassenes Erzeugnis, welches sich außer zum Lackieren von Marzipanartikeln hervorragend eignet, Karamelarbeiten trockenzuhalten. Marzipanlack verleiht einer Arbeit nicht nur einen dauerhaften Glanz, sondern schützt Zucker vor der gefürchteten Luftfeuchtigkeit.

26. Abgeschnittener Rührbesen

Mit dem abgeschnittenen Rührbesen (Handschlagbesen) wird Spinnzucker hergestellt.

27. Korbbrett mit Eisenstäbchen

Das Korbbrett mit Eisenstäbchen ist unentbehrlich für die Herstellung von Zuckerkörben. In das Brett sind Löcher gebohrt, so daß sowohl ein runder als auch ein ovaler Korb hergestellt werden kann.

Das Zuckerkochen

Für die Zuckerarbeiten Gießen, Ziehen, Blasen, Spritzen, Tauchen und Spinnen muß Zucker gekocht werden.

Zutaten

1000 g Raffinade
450 g Wasser
200 g Glykose
30 g Weinsteinsäure (30 Tropfen)

Herstellung

Zucker mit Wasser breiartig verrühren und auf der Kochstelle rasch zum Kochen bringen, wobei darauf zu achten ist, daß der Zucker sich vollkommen auflöst. Die Schmutzteile im Zucker, die sich beim Aufsprudeln an der Oberfläche absetzen, mit Schaumlöffel oder Teesieb entfernen. Dann Glykose zusetzen und ganzen Sud auf 146 bis 150 °C, je nachdem, welche Zuckerarbeit hergestellt werden soll, kochen. Für kleinere Stücke genügen 146 °C, für größere Stücke sind bis zu 150 °C erforderlich.

Während des ganzen Kochprozesses ist es sehr wichtig, die durch das Verdampfen des Wassers sich bildenden Zuckerkristalle an der Topfwand mit einem nassen Pinsel wiederholt und sorgfältig zusammenzuwaschen, um ein Kandieren des Zuckers zu verhindern. Milchweißfarbe und gewünschte Lebensmittel-Farbstoffe bei etwa 130 °C zusetzen, denn dadurch ist eine einwandfreie Farbgebung gewährleistet. Hat der Zucker den gewünschten Kochgrad erreicht, Topf sofort von der Kochstelle nehmen, kurz in eine Schüssel mit kaltem Wasser stellen, Zucker dadurch abschrecken und ein Nachkochen vermeiden.

Warum Zusatz von Glykose?

Glykose ist ein aus Stärke hergestelltes Produkt, das nicht kristallisiert. Eine dosierte Zugabe von 20 Prozent der Gesamtmenge des Zuckers verzögert auf längere Sicht weitgehend das Auskandieren einer Zuckerarbeit.

Warum Zusatz von Weinsteinsäure?

Besonders bei Arbeiten aus gezogenem oder geblasenem Zucker ist ein Zusatz von Weinsteinsäure sehr ratsam. Die Säure bewirkt eine größere Geschmeidigkeit des Zuckers, das heißt, sie baut dessen Sprödigkeit ab und ermöglicht dadurch eine flexiblere Verarbeitung. Für Karamelarbeiten, die im Gieß- oder Tauchverfahren hergestellt werden, ist ein Säurezusatz nicht erforderlich. In der Regel rechnet man auf 1000 g Zucker 25 bis 30 Tropfen Säure. Sie wird dem Zucker erst nach Erreichen der Karamelprobe zugesetzt und unter den Zuckersud geschwenkt, bevor er weiterverarbeitet und ausgegossen wird.

Weinsteinsäure ist in kristallisierter Form in Drogerien und Apotheken erhältlich und wird im Verhältnis 1 : 1 aufgelöst, das heißt, 50 g abgekochtes Wasser kommen auf 50 g Weinsteinsäure.

Zuckerkochen bis zum starken Bruch-Karamel

Zucker mit Wasser breiartig verrühren und dann vollkommen auflösen.

Mit einem Teesieb schmutzige Schaumbildung sorgfältig entfernen.

An der Topfwand in kurzen zeitlichen Abständen immer wieder mit einem nassen Pinsel die durch das Verdampfen des Wasser sich bildenden Zuckerkristalle zusammenwaschen, um ein Kandieren des Zuckers zu verhindern.

Erforderliche Glykose (20 Prozent der Gesamtmenge des Zuckers) beigeben.

Bei etwa 130 °C Milchweißfarbe hineingeben.

Bei etwa 130 ° auch gewünschten Lebensmittel-Farbstoff zusetzen.

Zucker hat 148 °C und damit den erforderlichen Kochgrad für starken Bruch erreicht.

Gekochten Zucker sofort von der Kochstelle nehmen und kurz in einer Schüssel mit kaltem Wasser abschrecken, um ein Nachkochen zu verhindern.

Fehler, die beim Zuckerkochen entstehen können

Fehler Nr. 1

Der gekochte Zucker hat einen gelblichen Farbton und ist klebrig.

Ursache:

1. Es wurde keine erstklassige Raffinade verwendet.
2. Die Glykose war nicht einwandfrei farblos.
3. Der Zucker kochte zu langsam, weil der Wasserzusatz zu hoch war.
4. Der Säurezusatz war zu hoch.
5. Der Zucker wurde zu niedrig gekocht.
6. Das Zuckerthermometer stimmte nicht.

Fehler Nr. 2

Der Zucker zeigt beim Ausgießen kleine Kristalle und kristallisiert aus.

Ursache:

1. Der Zucker wurde nicht genügend abgeschäumt.
2. Wand des Topfes wurde nicht sorgfältig genug zusammengewaschen.

Fehler Nr. 3

Der Zucker stirbt ab.

Ursache:

1. Der Zucker wurde beim Ziehen zu stark strapaziert und überzogen.
2. Zuckerreste wurden in den Zucker gezogen.
3. Der Zucker wurde vor der Weiterverarbeitung zu stark erwärmt.

Fehler Nr. 4

Der Zucker läßt sich nicht einwandfrei blasen oder ziehen.

Ursache:

Der Zucker wurde nicht gleichmäßig erwärmt und hat noch kühle Stellen.

Das Zuckerspritzen

Die Technik des Zuckerspritzens ist im Prinzip vergleichbar mit dem Garnieren mit der Spritztüte oder dem Dressierbeutel.

Als Material wird hierzu flüssiger Karamelzucker ohne Säurezusatz verwendet. Außer einer stabilen Pergamentspritztüte mit kleiner Lochtülle sind keine weiteren Hilfsmittel erforderlich. Da flüssiger Zucker naturgemäß sehr heiß ist, ist es empfehlenswert, die Hände mit gefütterten Leder-, Stoff- oder Gummihandschuhen zu schützen.

Bei Garnituren, Ornamenten, Schriftzügen oder Einzelteilen zur Herstellung eines Tafelaufsatzes ist es ratsam, nach entsprechender Vorlage auf präpariertes Backpapier zu spritzen, da die Erzeugnisse nach Erkalten dann mühelos abgenommen und je nach Verwendungszweck zusammengesetzt werden können.

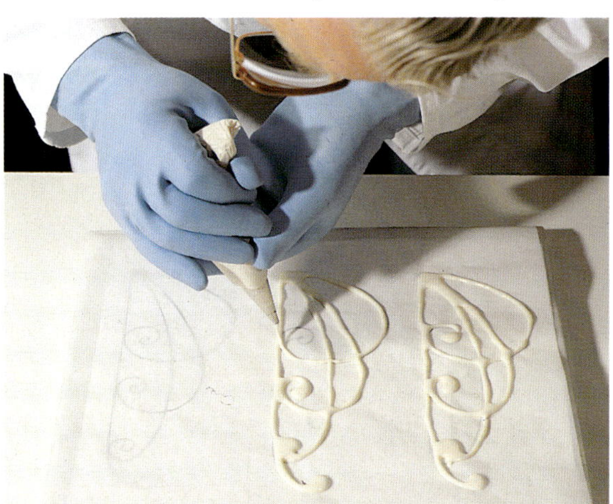

Aufspritzen des Karamelzuckers auf präpariertes Backpapier.

Zusammensetzen der Teile durch leichtes Anschmelzen mit dem Spirituskocher an eine etwa bleistiftdicke Zukkerstange.

Fertig zusammengesetzter Dekorationsaufsatz aus gespritztem Zucker.

Das Zuckerziehen

Unter gezogenem Zucker versteht man einen normal gekochten Zucker mit Glykose.

Im Unterschied zu gegossenen, getauchten oder gespritzten Zuckerarbeiten und Spinnzucker wird ihm jedoch nach Erreichen des erforderlichen Kochgrads (148 °C) noch Weinsteinsäure zugesetzt. Man rechnet auf 1000 g Zucker 25 bis 30 Tropfen, die dem gekochten Zucker eingetropft und untergeschwenkt werden. Die Säure baut die Sprödigkeit im Zucker ab und bewirkt eine größere Elastizität und Flexibilität.

Der Zucker wird dann auf eine leicht geölte Marmorplatte ausgegossen und zunächst mit Palette oder Blechspachtel in kurzen Abständen so lange von außen nach innen eingeschlagen, bis er eine modellierbare Konsistenz erreicht hat. Dann wird er sofort mit beiden Händen wiederholt ausgezogen und wieder zusammengelegt, wobei Luft in den Zucker gezogen wird und er einen intensiven seidigen Glanz bekommt. Da der Zucker in sehr heißem Zustand (80 °C) gezogen und verarbeitet werden muß, sind dünne Gummihandschuhe zu empfehlen. Zum einen schützen sie die Hände vor dem heißen Zucker, und zum anderen wird dadurch vermieden, daß sich eventuelle Schweißabsonderungen auf den Zucker übertragen und ihn zum „Absterben" bringen. Um den Zucker ausziehbar und modellierfähig zu erhalten, wird er am besten und zweckmäßigsten auf einen mit Rohseide oder PVC überspannten Holzrahmen gelegt und im Warmhaltekasten mit einer Infrarotlampe laufend bestrahlt. Dabei sollte er in kurzen Abständen immer wieder mal gewendet werden, damit er nicht zu heiß und weich wird.

Einwandfrei gezogener Zucker läßt sich in luftdicht geschlossenen Behältnissen aus Blech oder Plastik längere Zeit unbeschadet aufbewahren. Er kann nach Bedarf wieder erwärmt und weiterverarbeitet werden. Fest steht, daß ein 2 bis 3 Tage gelagerter Zucker sogar besser verarbeitet werden kann als frisch gezogener. Um ihn dennoch vor eventueller Luftfeuchtigkeit zu schützen, ist es empfehlenswert, im Aufbewahrungsbehälter etwas ungelöschten Kalk oder Silikagel zu deponieren. Beide Stoffe haben die Eigenschaft, Luftfeuchtigkeit aufzusaugen und somit den Zucker trockenzuhalten. Von Zeit zu Zeit muß Kalk jedoch ausgetauscht werden, denn er zerfällt und wird unbrauchbar. Silikagel verfärbt sich von Blau bis Rosa. Es kann aber getrocknet werden, wird wieder blau und ist erneut verwendbar.

Erzeugnisse aus gezogenem Zucker sind bei sachgemäßer Aufbewahrung einige Wochen oder Monate uneingeschränkt haltbar. Mit der Zeit zersetzt jedoch die Säure den Zucker, macht das Objekt unansehnlich und baut dessen Standfestigkeit ab.

Das Zuckerziehen bis zum Seidenglanz

Dem auf 148 °C gekochten Zucker mit einer Pipette tropfenweise Weinsteinsäure zusetzen und unterschwenken. ▶

◀ Zucker auf eine leicht geölte Marmorplatte ausgießen.

In kleinen Abständen Zucker mit einer Blechspachtel von außen nach innen einschlagen, bis er durch zunehmende Abkühlung die Konsistenz einer modellierbaren Masse erreicht. ▶

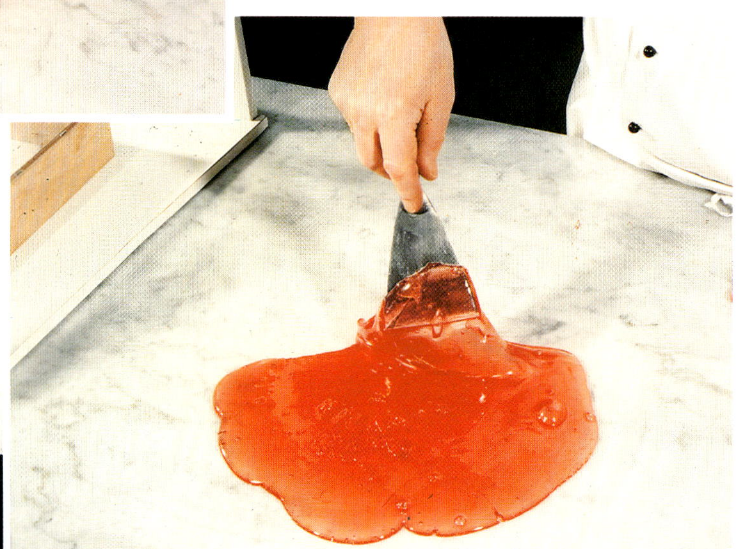

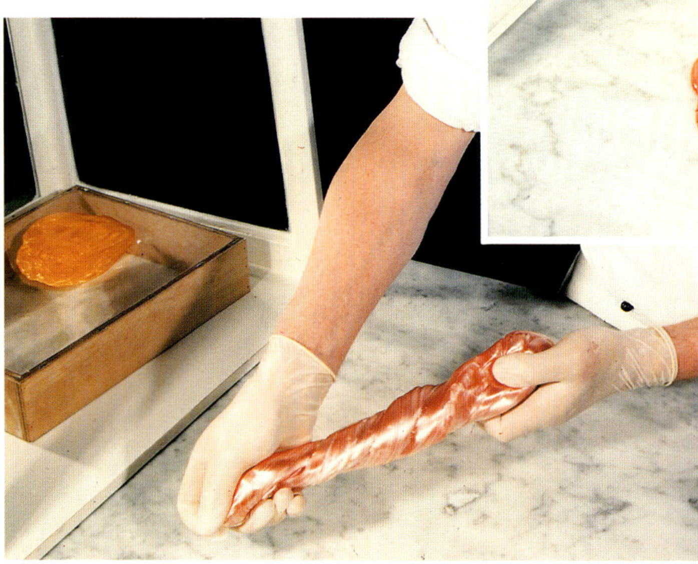

◀ Mit beiden Händen Zucker nun gleichmäßig ausziehen, wieder zusammenlegen und erneut ziehen. Diesen Vorgang so lange wiederholen, bis der Zucker einen schönen seidigen Glanz bekommen hat. Der Zucker ist nun fertig und kann sowohl zum Ziehen als auch zum Blasen vielseitig verwendet werden.

Blumen aus gezogenem Zucker

So werden Zuckerrosen hergestellt

Bei der Herstellung von Blumen aus gezogenem Zucker sind dem Einfallsreichtum keine Grenzen gesetzt. Ob es sich dabei um stilisierte oder naturalistische Erzeugnisse handelt, sollte keine entscheidende Rolle spielen. So erübrigt sich die Frage, ob die Nachbildung zum Beispiel einer Narzisse oder einer Lilie naturgetreu ist. Wichtig sind allein die Gefälligkeit im Ausdruck sowie die Harmonie von Form und Farbe.

Rose und Rosenblätter aus gezogenem Zucker sind immer wieder eine Augenweide und lösen spontane Faszination aus. Bei der Herstellung ist es wichtig, daß der Zucker nicht knallig, sondern dezent gefärbt wird, eine gleichmäßige Temperatur hat, seidig glänzt und gut modellierbar ist.

Für eine schöne aufgeblühte Rose benötigt man neben 1 Blütenstempel 3 längliche kleine Blätter, 3 Blätter mittlerer Größe und 7 größere Blätter.

Für den Blütenstempel ein etwa 8 bis 10 cm langes und 2 cm breites Band ziehen und sofort spiralenförmig aufrollen. Dann die kleinen Blätter um den Stempel legen, so daß sie ineinandergreifen. Die Blätter mittlerer Größe sofort nach dem Ziehen in der Mitte etwas hohl drücken, Ränder links und rechts leicht zurückformen, dann Blätter versetzt ansetzen. Die größeren Blätter ebenfalls leicht hohl drücken, zurückformen und auch versetzt ansetzen. Ehe man die ausgekühlten Blätter ansetzt, muß man deren unteren Rand an der Spiritusflamme kurz erhitzen, so daß der Zucker etwas schmilzt und das Anschweißen möglich ist.

Ist die Rose vollendet, fertigt man Rosenblätter an, die übrigens auch sehr gut für andere Zuckerblumen verwendet werden können. Bei der Herstellung von Rosenblättern ist der Blattstempel ein gutes technisches Hilfsmittel, denn sie können damit schnell und rationell hergestellt werden.

Zunächst das Blatt ausziehen, dann sofort in den Stempel drücken, der leicht geölt und angewärmt sein sollte, damit die Konturen sich gut abzeichnen, das Blatt sich problemlos herausnehmen läßt und nicht bricht.

Herstellung einer Orchidee

Wie schön und anmutig eine Zuckerblume sein kann, zeigt auch das Beispiel „Orchidee".

Sie besteht aus 5 größeren lilafarbenen und 2 kleineren weißen Blättern mit roten Tupfen, 1 gelben Frauenschuh, je 1 größeren und kleineren weißen Zunge und 1 gelben Blütenstempel, dessen Spitzen rot angetupft sind.

Zuerst die Blätter ziehen, dann für den Frauenschuh Zukker breit auseinanderziehen, sofort über den Daumen legen und nach unten ziehen. Blütenstempel aus kleinen Zuckerspitzen zusammensetzen.

Zucker am vorderen Rand mit beiden Händen zuerst kräftig und sehr dünn auseinanderziehen.

Aus dem so vorbereiteten Zucker sofort jedes Blatt einzeln in der gewünschten Größe ziehen.

Herausgezogenes Blatt sofort in der Hand leicht hohl drücken und, wenn erforderlich, den vorderen Rand links und rechts etwas zurückformen.

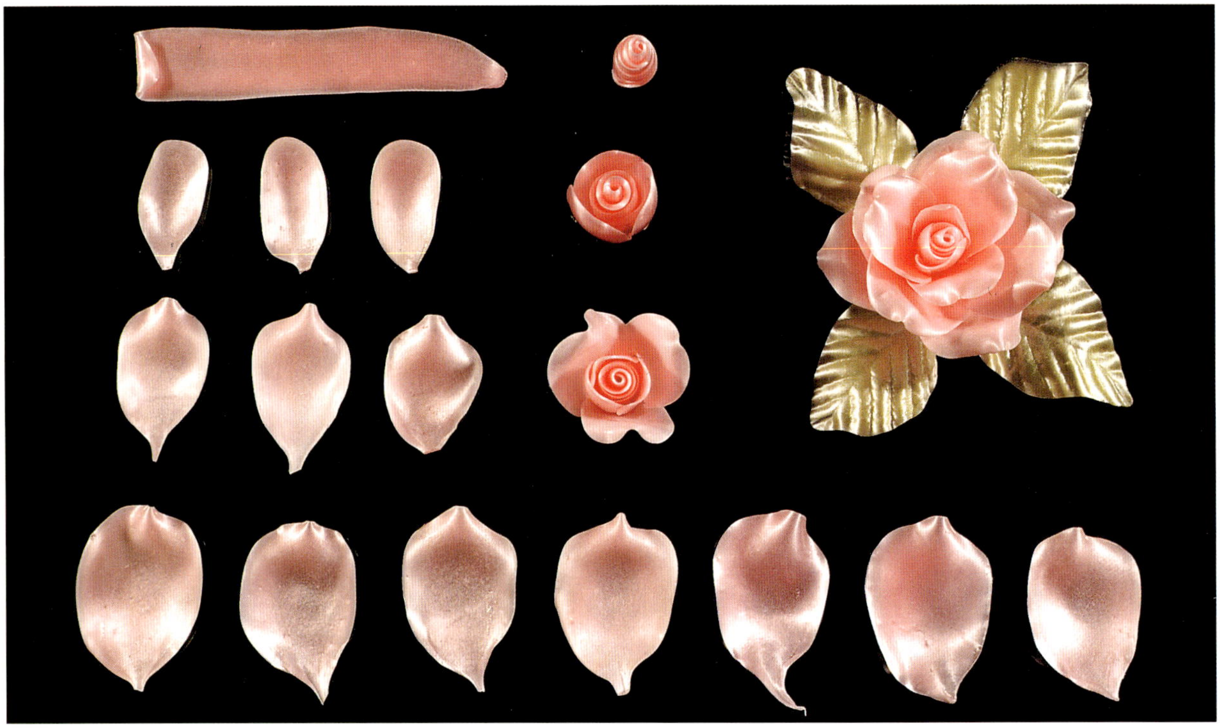

Schrittweises Herstellen einer Rose mit Blättern.

Rosenblätter nach dem Herausziehen sofort in den ganz leicht geölten und etwas erwärmten Blattstempel drükken und dann problemlos abnehmen.

Beschreibung der Orchidee
Seite 207 unten

Der klassische Zuckerkorb

Gezogene und geflochtene Zuckerkörbe, ob rund oder oval, groß oder klein, gefüllt mit zarten Zuckerrosen oder geblasenen Früchten, aber auch mit Petits fours, diversem Teegebäck oder feinen Pralinen, zählen seit vielen Jahren zu den klassischen Büfettdekorationen und sollten zum Standardprogramm jedes guten Patissiers gehören.

Trotz vielfacher Kritik und häufiger Diskussionen über Pro und Kontra des Zuckerkorbs hat er die Entwicklung der „Süßen Kunst" im Wandel der Zeiten hervorragend überlebt und findet nach wie vor begeisterte Anerkennung und Bewunderung.

Gewiß, nach Auffassung mancher Kollegen hat er einen kleinen Makel. Sein Henkel besteht nämlich – technisch bedingt, um Bruch zu vermeiden – aus einer 1 mm starken, mit Zucker überzogenen Drahteinlage und verstößt damit – wenn man so will – geringfügig gegen den kulinarischen Grundsatz vom Gebot der Materialechtheit und Materialgerechtigkeit.

Sollte man nun deswegen auf seine Attraktivität, auf den eleganten Henkel mit den schönen Seidenbändern und duftigen Schleifen, verzichten? Sicher nicht. Man sollte diesen kleinen „Kunstgriff" am Zuckerkorb tolerieren.

Herstellen eines Zuckerkorbs mit gelbem Seidenband und rosaroten Rosen

Aus verarbeitungsfähigem Zucker einen gleichmäßigen Strang in der Stärke eines Kugelschreibers und im Wechsel von innen und von außen um die leicht geölten Metallstäbchen legen.

Der bis zum Rand geflochtene Korb sitzt auf einer gedrehten Zuckerkordel. Bodenfläche des Korbs mit klarem Karamel ausgießen, Geflecht mit erhitzten Zuckerstreben befestigen, Metallstäbchen vorsichtig herausziehen und durch gleich große und gleich starke Zuckerstäbchen ersetzen.

Vor dem Korb links formgerecht gezogene kuppelförmige ovale Abdeckplatte.

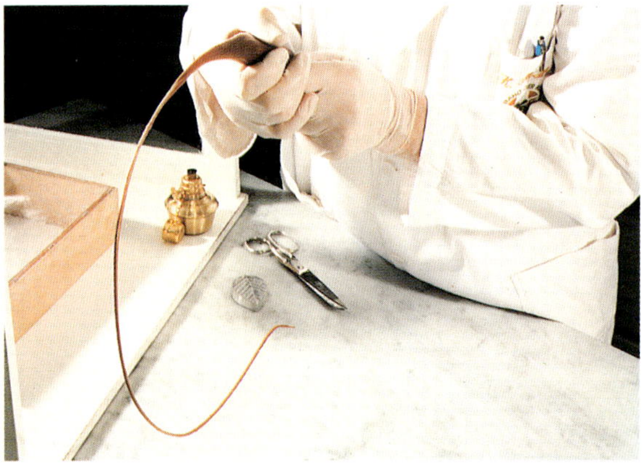

Einen 1 mm starken, zum Henkel gebogenen Draht mit Zucker überziehen. Dabei Zucker an einem Ende des etwas leicht erwärmten Drahts ansetzen und gleichmäßig in einem Zug langsam durchziehen.

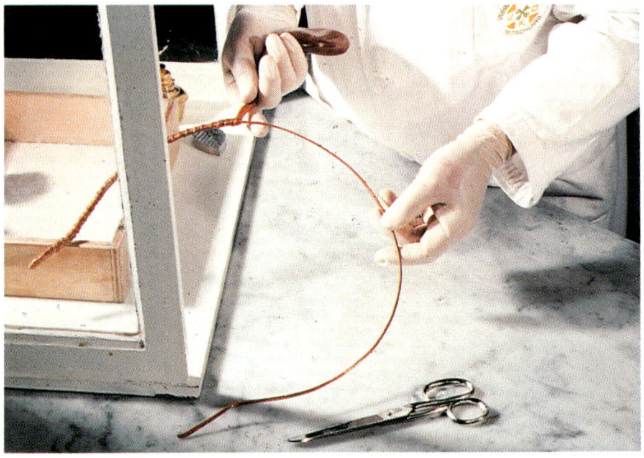

Überzogenen Henkel mit einem dünnen, etwa 5 mm breiten Zuckerband umwickeln.

Henkel senkrecht in den Korb stellen und mit erhitzten Zuckerstreben befestigen.
Kuppelförmige ovale Abdeckplatte auflegen.

2 Zuckerstränge gegeneinander zur Kordel drehen und durch langsames Weiterdrehen auf die richtige Stärke ziehen.

Gedrehte Zuckerkordel als Abschluß um den oberen Rand legen.

Seidenzuckerbänder für den Henkel ziehen.

Gezogene Seidenzuckerbänder gefällig um den Henkel legen und befestigen.

Rosen und Blätter mit erhitztem Zucker auf Abdeckplatte schweißen. Schleife am Schnittpunkt der Seidenzuckerbänder befestigen.

Die Schleife

Krönende Vollendung eines Zuckerkorbes mit Seidenbändern oder eines anderen Arrangements ist die duftige Schleife. Sie gibt dem Ganzen den letzten Schliff und eine gewisse Eleganz.

Grundsätzlich sollten Band und Schleife aus demselben Zucker hergestellt werden, d. h. sie sollten farblich harmonieren, wobei sie selbstverständlich sowohl einfarbig als auch mehrfarbig gezogen werden können.

Schleifen kann man einfach oder gefüllt herstellen. Zur einfachen Schleife genügen 7 Schlaufen, und zur gefüllten und eleganteren werden 13 Schlaufen benötigt.

Für die einzelnen Schlaufen ein etwa 5 cm langes und 1,5 bis 2 cm breites Bändchen ziehen. Dieses sofort um den kleinen Finger legen. Die beiden Enden nach unten spitz zusammendrücken.

Die Schlaufen auf einem rundgezogenen Zuckerplättchen kreisförmig anordnen, deshalb die Spitzen an der Spiritusflamme kurz erhitzen und auf das Plättchen schweißen.

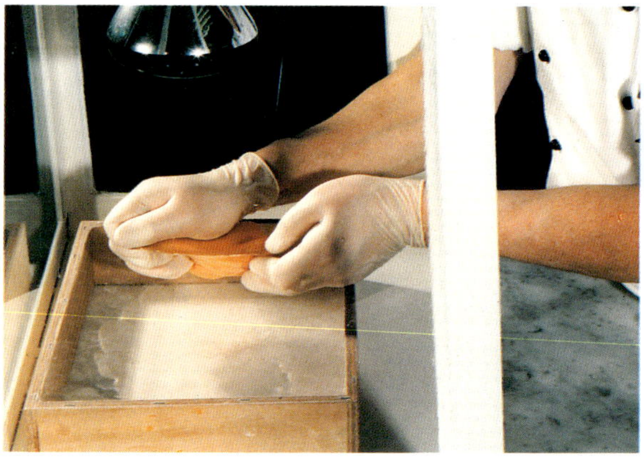

Zucker am vorderen Rand mit beiden Händen zuerst kräftig und sehr dünn auseinanderziehen.

Ausgezogenes, 5 cm langes und 1,5 bis 2 cm breites Bändchen sofort um den kleinen Finger legen und die beiden Enden spitz zusammendrücken.

Schrittweises Herstellen einer gefüllten Schleife.

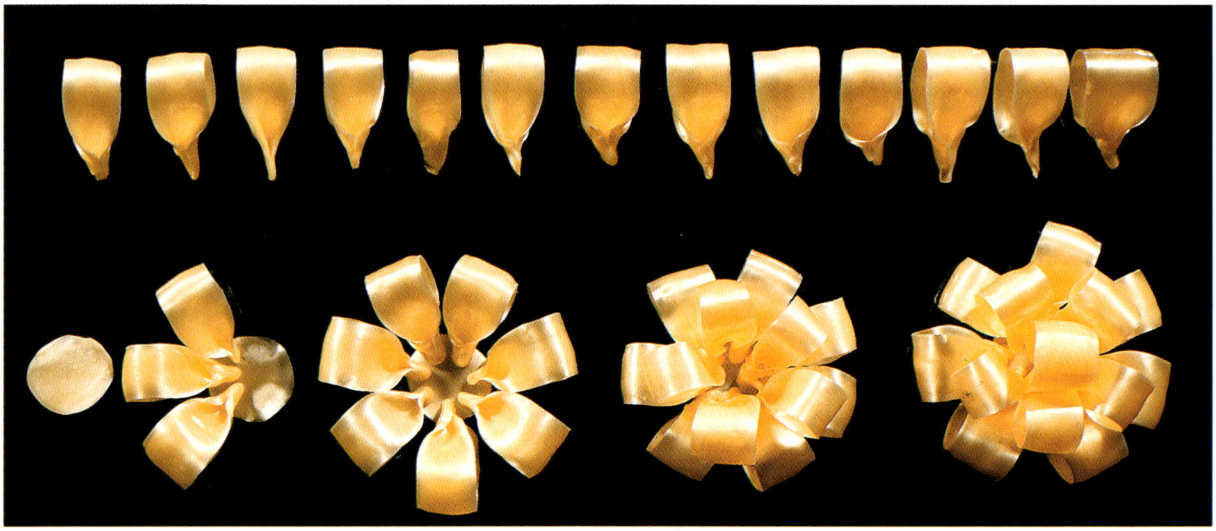

Das Zuckerblasen

Das Ausgangsmaterial für geblasene Zuckerarbeiten ist der gezogene Zucker mit Säurezusatz. Er kann entweder sofort nach dem Ziehen verarbeitet werden, oder er wird in erkaltetem Zustand mit Hilfe einer Spiritusflamme oder eines Bunsenbrenners zu einer formbaren Masse erwärmt. Auch im Backofen mit geringer Hitze (80 °C) oder unter der Infrarotlampe kann er modellierbar gemacht werden. Voraussetzung für den Erfolg ist in jedem Falle, daß der Zucker vor dem Blasen eine gleichmäßige Konsistenz hat. Als technische Hilfsmittel sind dabei ein Blasebalg mit Blasröhrchen sowie Schere und Spirituskocher unerläßlich. Sowohl aus hygienischen Gründen als auch zum Schutze der Hände sollten Gummihandschuhe oder Gummifingerlinge getragen werden.

Je nach Größe und Umfang des zu blasenden Zuckergebildes wird ein Stück erwärmte Zuckermasse zurechtgeschnitten und zunächst eine nahtlose Kugel daraus geformt. Dabei knetet man den Zucker intensiv von außen nach innen, so daß alle sich bildenden Fugen an einer Stelle zusammenkommen und zugleich die Hitze gleichmäßig verteilt wird. Die Kugel wird dann von der Unterseite her mit Daumen oder Modellierholz so weit eingedrückt, daß ein gleichmäßiger Hohlraum entsteht. Der Rand des Hohlraums wird nun an der Flamme des Spiritusbrenners erhitzt und durch Andrücken mit dem Blasröhrchen hermetisch verbunden.

Zunächst wird durch leichten Druck auf den Gummiball nur wenig Luft eingeblasen, so daß sich der Zuckerkorpus langsam weitet. Durch weitere Luftzufuhr muß dann die Ausdehnung ständig beobachtet und das Zuckerstück entsprechend seiner Zweckbestimmung modelliert werden. Blasen und Modellieren lösen sich gegenseitig so lange ab, bis die gewünschte Form erreicht ist. Eine Unterbrechung dieses technischen Vorgangs ist zu vermeiden, da durch unterschiedliche Auskühlung des Zuckers eine Weiterverarbeitung bis zur Vollendung praktisch kaum möglich ist.

Ist die gewünschte Form erreicht, läßt man sie durch kontinuierliches Drehen vor einem Ventilator oder Kaltluftfön oder durch behutsames freies Schwenken in der Luft zunächst vollkommen auskühlen, denn solange noch Wärme im Zucker ist, besteht die Gefahr einer Verformung des Produkts. Erst jetzt wird die Verbindung zwischen der Form und dem Blasröhrchen nochmals vorsichtig an der Flamme des Spiritusbrenners erwärmt und mit der Schere oder einem Messer von dem Gebläse getrennt. Ein eventuell entstehender kleiner Grat wird mit einem heißen Messer oder durch leichtes Erwärmen an der Flamme verschweißt.

Zuckerblasen erfordert außer Geduld große Geschicklichkeit und viel Formgefühl. Es ist ratsam, vor jedem Blasen ein Modell des gewünschten Produkts aus Plastikmasse anzufertigen.

Herstellen einer Vase

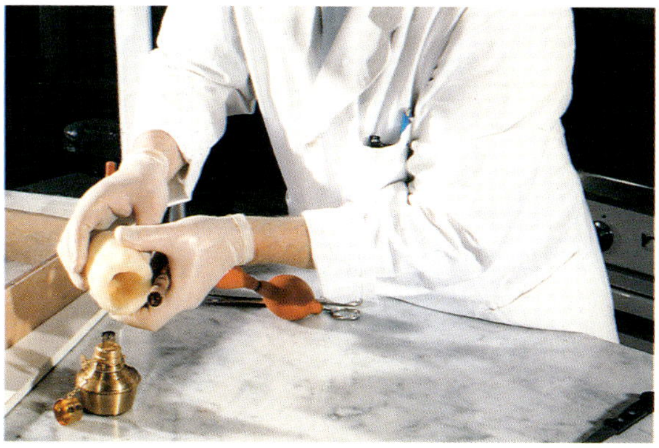

Ein 250 g schweres Stück gezogener Zucker zur nahtlosen Kugel formen. In die Unterseite der Kugel mit dem Daumen oder Modellierholz einen gleichmäßigen Hohlraum eindrücken, und den Rand der Öffnung am Spirituskocher oder Bunsenbrenner so weit erhitzen, daß der Zucker anfängt, leicht flüssig zu werden.

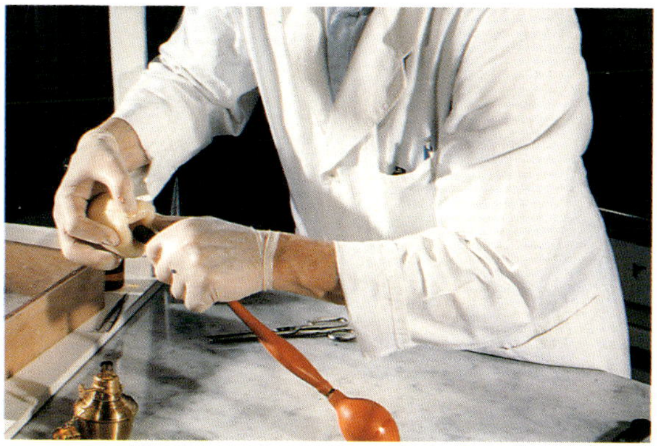

Blasröhrchen etwa 1/3 in den Hohlraum einführen und durch Zusammendrücken mit dem Rand der Zuckerkugel hermetisch verbinden.

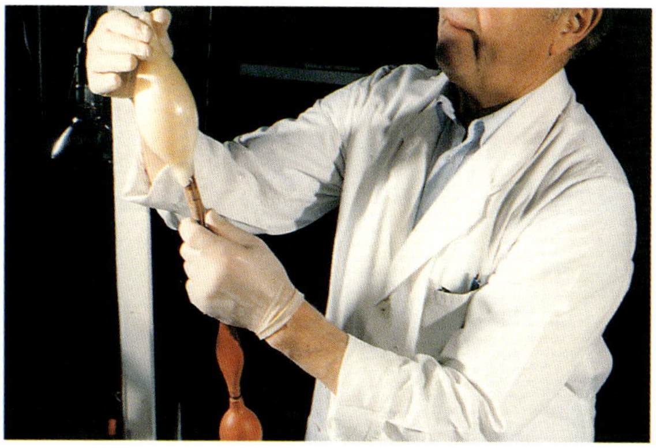

In den Zuckerballen zunächst wenig Luft blasen, ihn dabei zum Ei formen und langsam nach oben ziehen.

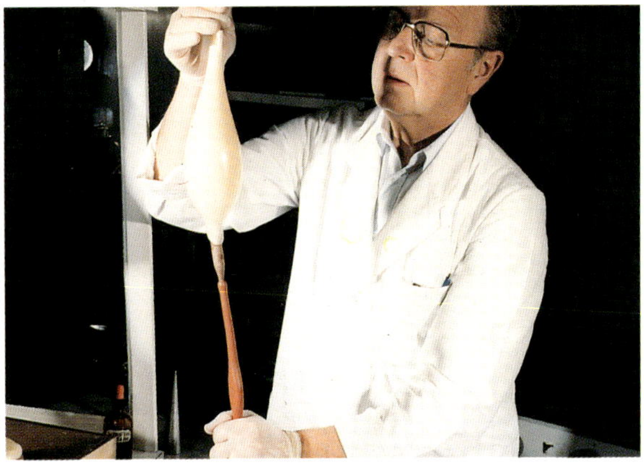

Durch weitere Luftzufuhr und gleichzeitiges Ziehen erreicht die Vase die gewünschte Form und Größe.

Ausgeblasene Vase vor dem Fön drehen und abkühlen.

Geblasene Zuckervase mit Orchidee aus gezogenem Zucker.

Nach dem Abkühlen Vase an der Verbindungsstelle nochmals leicht erhitzen und mit Messer oder Schere vorsichtig vom Blasröhrchen trennen.

Um der Vase Standfestigkeit zu geben, sie zuerst auf eine kleinere, dann auf eine größere Bodenplatte schweißen: Vase senkrecht aufsetzen und so lange abstützen, bis Schweißstellen vollkommen ausgekühlt sind.

Herstellen von Spinnzucker

Beschreibung Seite 198

Den ohne Weinsteinsäure und Farbzusatz auf 148 °C gekochten Zucker mit Hilfe eines abgeschnittenen Handschlagbesens in rhythmischen Bewegungen über eine etwa 10 cm erhöht gesetzte, leicht geölte 2-l-Eisbombenform (ohne Fuß) schleudern.

Mit einer leicht geölten Schere überstehende Zuckerfäden abschneiden.

Fertiges Zuckergespinst vorsichtig abnehmen und auf gestürzte Eisbombe setzen.

Beispiel einer fertigen weihnachtlich ausgarnierten „Eisbombe im Engelshaar".
Rezept Seite 99

3teiliger Tafelaufsatz aus Gelatinezucker

Ausführliche Beschreibung des Gelatinezuckers siehe Seite 199.

Fertiger attraktiver 3teiliger Tafelaufsatz aus Gelatinezucker, eine neutrale dankbare Büfett- oder Schaufensterdekoration für viele besondere Anlässe und Gelegenheiten.

Gelatinezucker 1 cm stark in Stärkemehl ausrollen, dann sofort mit Hilfe einer selbstgefertigten Schablone aus Pappkarton präzise ausschneiden und zunächst gut trocknen lassen, um Verformungen beim Auflegen von Garnituren zu vermeiden.

Nach dem Trocknen Garnituren an der Rückseite mit Eiweiß oder Eiweißspritzglasur leicht bestreichen, auflegen und befestigen.

Ausgarnierte Teile dann mit Kuvertüre oder weißer Schokolade in entsprechend große Sockel eingießen. Sind sie standfest, mit Spritzglasur nahtlos zusammensetzen.

Das Zuckergießen

Bei Karamelarbeiten im Gießverfahren hat der Verfertiger viele Möglichkeiten, eigene Ideen zu verwirklichen und seinen Arbeiten individuellen Ausdruck zu verleihen. Solche Werke eignen sich als Büfett- und Schaufensterdekorationen gleichermaßen, wobei durch beziehungsvolle Garnituren auf Fest- und Feiertage oder besondere Anlässe hingewiesen und für eigene Produkte geworben werden kann.

Bevor man jedoch mit der Ausführung einer solchen Arbeit beginnt, sollte man von dem herzustellenden Stück zuerst eine Zeichnung oder Skizze mit allen Details im Verhältnis 1:1 anfertigen. Sie vermittelt einen umfassenden optischen Eindruck von dem Objekt und ermöglicht ein sicheres, zügiges und rationelles Arbeiten.

Entsprechend der Zeichnung wird dann maßstabsgerecht ein dünnes Bandeisen geformt. Die Innenseite der Form wird hauchdünn eingeölt und mit Talkum beschichtet, damit später ein problemloses Ausformen gewährleistet ist. Als Alternative zu Bandeisen kann man die Form auch aus 5 bis 10 mm starken Gummimatten mit einem scharfen Messer oder Skalpell ausschneiden, wobei jeder für sich selbst entscheiden muß, welche Technik für ihn die beste und geeignetste ist. Auch mit entsprechend stark ausgerollter und formengerecht ausgeschnittener Plastilinmasse ist das Zuckergießen möglich, wobei die Innenseite des Ausschnitts mit einer Silberfolie abgedeckt werden sollte.

Der Kochgrad des Zuckers richtet sich immer nach der Größe des Objekts, d. h., für kleinere Stücke genügen 146 °C, für größere Stücke sollte der Zucker auf 150 °C gekocht werden, um eine höhere Stabilität und Standfestigkeit zu erhalten. Ein Säurezusatz ist bei gegossenen Zuckerarbeiten nicht erforderlich.

Während der gekochte Zuckersud in früheren Jahren auf eine leicht geölte Marmorplatte gegossen wurde, hat sich inzwischen bewährt, ihn auf eine mit Silikonbackpapier ausgelegte Marmorplatte zu gießen. Der Vorteil gegenüber der geölten Marmorplatte besteht darin, daß der gegossene Zucker auf dem Papier vollkommen auskühlen kann, ohne daß man ihn mit einem dünnen Messer lösen und auf eine kühle Stelle der Marmorplatte verschieben muß. Zwar ist die Rückseite des Zuckers nicht immer glatt und verliert etwas an Glanz, aber da gegossene Arbeiten in der Regel nur vorderseitig sichtbar sind, sollte dieser kleine Nachteil gegenüber dem größeren Vorteil in Kauf genommen werden.

Der Gießvorgang muß vorsichtig und gleichmäßig von außen nach innen erfolgen, damit keine Blasen entstehen. Sobald der Zucker am Rand eine widerstandsfähige Konsistenz erreicht hat, aber immer noch warm ist, wird das Bandeisen durch leichtes Beklopfen mit einer Holzspachtel gelöst und aus der Form genommen.

Gegossene Zuckerarbeiten werden erst nach völligem Auskühlen zusätzlich noch entsprechend der Zweckbestimmung mit Marzipan, Kuvertüre, Brand- und Hippenmasse oder Spritzglasur ausgarniert und meistens senkrecht auf eine Bodenplatte aufgeschweißt oder in einem Sockel ausgelassen. Dabei muß darauf geachtet werden, daß die Kontaktstellen vorher mit einem heißen Messer von einem eventuellen Feuchtigkeits- oder Ölfilm befreit werden, um zu vermeiden, daß sich die Schweißstellen lösen.

Zuckerarbeit in Gießtechnik zuerst maßstabsgerecht mit allen zugehörigen Schmuckelementen entwerfen und zeichnen.

Gegossenes Osterei in der Blüte

Fertig ausgarniertes Osterei in der Blüte.

Die Herstellung dieser gegossenen attraktiven Zuckerarbeit ist einfach.

Die Arbeit besteht aus einem 3 cm breiten, gegossenen Zuckerband in Gelb, welches hochstehend zur Eiform gebogen und unter Aussparung der runden Öffnung im unteren Teil mit orangefarbenem Zucker ausgegossen wird. Die Blüte wird anschließend mit gelbem Zucker angegossen. Das Ganze steht senkrecht in einem lindgrünen oval gegossenen Sockel, dessen Aussparung mit klarem Karamel ausgelassen wird. Dadurch hat das Arrangement einen absolut sicheren Halt und eine optimale Standfestigkeit.

Aus technischen Gründen legt man zum Ausgarnieren die Arbeit wieder hin, wobei besonders darauf geachtet werden muß, daß der Sockel nicht in Berührung mit der Tischkante kommt, um einen Bruch zu vermeiden.

Die Blüten links und rechts sowie die mit Eiweißspritzglasur garnierten kleinen Eier werden aus klarem blauem und rotem Zucker gegossen und auf- bzw. angeschweißt. Die Häschen werden aus Mürbeteig ausgestochen, goldgelb gebacken, mit Spritzschokolade umrandet und mit einem Kuvertürepunkt befestigt. Der Blütenstiel wird aus grünem Zucker geblasen. Die Osterglocke sowie die Blätter werden aus gelbem und grünem Zucker gezogen und mit flüssigem Karamel aufgeschweißt.

Das Ornament wird aus Brand- und Hippenmasse gespritzt, nach dem Backen mit Spritzschokolade effektvoll ausgarniert und mit Eiweißspritzglasur befestigt. Das Häschen in der Öffnung ist aus Marzipan modelliert und sitzt auf einem eingegossenen kleinen grünen Steg.

Der Blütenkranz mit Blättchen sowie das Dreiblatt links und rechts sind aus Eiweißspritzglasur und auf der Oberkante der Umrandung des Eies mit Spritzglasur befestigt. Die Gesamthöhe beträgt 65 cm, die Breite 48 cm.

Zum Gießen werden folgende Zuckermengen gekocht:

Zuckerband	500 g
Zuckerei	2500 g
Zuckerblüte	1800 g
Zuckersockel	700 g
Sonstiges aus Zucker	1000 g

Zuckerband entsprechend der Länge der Eiform zwischen 2 Eisenstangen 3 cm breit gießen.

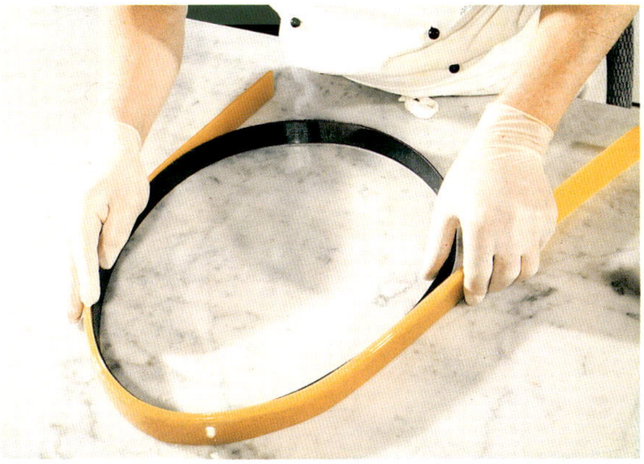

Vor dem Erstarren des Zuckers Band in flexiblem Zustand vorsichtig um die Bandeisenform legen und auskühlen lassen.

Formgerecht gebogenes, ausgekühltes Zuckerband auf Marmorplatte mit Silikonpapierunterlage legen und vom Rand nach innen vorsichtig und gleichmäßig 1 cm stark ausgießen, dabei Öffnung im unteren Teil mit einem großen, leicht geölten und mit Talkum beschichteten glatten runden Ausstecher (∅ 8 cm) aussparen.

Blüte angießen, wobei Bandeisenform zur Kontaktstelle in der unteren Rundung des Eibands offen ist, damit sich der Zucker mit dem Ei verbinden kann.

Links im Bild lindgrüner ovaler Sockel mit Aussparung.

Ausstecher vorsichtig herausnehmen, Öffnung durch Steg aus grünem Karamel unterbrechen.

Ei mit Blüte in die Aussparung des Sockels stellen, mit klarem Karamel auslassen und senkrecht bis zur völligen Auskühlung abstützen.

Nach dem Auskühlen des eingeschweißten Sockels ganzes Stück vorsichtig auf Marmorplatte legen und mit bereitliegenden Garnituren ausschmücken.

Das Zuckertauchen

Die wohl schnellste und einfachste Methode, effektvolle Zuckerarbeiten herzustellen, ist das Zuckertauchen.

Im wesentlichen werden mit dieser Technik bunte Blumenarrangements oder einzelne Blütendekors für Desserts hergestellt. Auch hierzu dient ein auf 148 °C gekochter Zucker ohne Säurezusatz. Dabei werden verschiedenartig profilierte Blumen- und Blattstempel verwendet. Sie bestehen aus Messing und sind mit einem Haltegriff ausgestattet.

Jeder Stempel wird vor Gebrauch ganz leicht geölt, bis zum Rand gleichmäßig in Karamel getaucht, sofort wieder herausgenommen, mehrmals gedreht, und nach kurzer Zeit der Abkühlung wird die am Stempel haftende Zuckerblüte mit dem Daumen vorsichtig abgedrückt oder abgenommen.

Bevor der Stempel erneut getaucht wird, sollte er in Eiswasser abgeschreckt und wieder leicht geölt werden.

Durch verschiedenartige Einfärbungen des Zuckers und mehrfache Wiederholung dieses Vorgangs wird auch der in Sachen Zuckerarbeiten weniger erfahrene Fachmann in die Lage versetzt, in kurzer Zeit reizvolle Dekorationen und Garnituren herzustellen.

Zuckerarbeit mit getauchten Karamelblüten

Für den Blumentopf ein etwa 5 mm starkes konisches Band aus rotbraunem Zucker gießen. Dem noch flüssigen Zucker sofort blaue Farbtupfen zusetzen und diese mit einer Messerspitze unregelmäßig ausziehen. Nach völligem Erkalten Band gleichmäßig bei etwa 60 °C erwärmen, um eine konische Topfform legen, abkühlen lassen und Oberkante mit ausgestochenen Marzipanblättchen gleicher Farbe belegen. Den kreuzförmigen Stiel aus lindgrünem Karamel etwa 1,5 cm stark gießen. Blüten und Blätter in roten und blauen, gelben und grünen Karamel ohne Milchweißfarbe tauchen, dann zusammensetzen und mit Zucker aufschweißen.

Das Ganze dann senkrecht in den Blumentopf eingießen und diesen mit braunem Kandiszucker bis etwa 1/2 cm unterhalb des oberen Rands füllen. Mit Marzipan und Eiweißspritzglasur garnieren.

Herstellen von Blüten und Blättern

Einen leicht geölten Blütenstempel in flüssigen Karamel tauchen.

Überzogenen Stempel vor dem Kaltluft-Fön drehen und kurz abkühlen.

Blüte vom Stempel nehmen.

Zusammengesetzte Blüten am kreuzförmig gegossenen Stiel mit Zucker befestigen.

15. KAPITEL

TEIGE
BACKFÜLLUNGEN

Hefeteig

Die Herstellung von Hefeteig kann grundsätzlich auf 4 Arten erfolgen. Deshalb unterscheidet man

- festen Hefeteig
- gerührten Hefeteig
- geschlagenen Hefeteig
- eingezogenen Hefeteig (Plunderteig)

Zur Herstellung des Teiges für Kuchen und Gebäcke aller Art wird in der Regel Weizenmehl der Type 405 verwendet. Im Trend der „neuen Zeit", in der Vollwertkost zunehmend an Bedeutung gewinnt, werden vielfach auch Mehlsorten mit höherem Ballaststoffanteil verarbeitet.

Die Qualitätsunterschiede werden im wesentlichen durch die Zutaten bestimmt. Unter

- einfachem, leichtem Hefeteig versteht man, daß der Fett- und Eianteil gering ist, dagegen zeichnet sich
- schwerer Hefeteig besonders durch einen hohen Fett- und Ei- bzw. Eigelbanteil aus.

In der Herstellungsweise gibt es zwei Möglichkeiten, und zwar die

- direkte Teigführung
- indirekte Teigführung

Bei der direkten Führung werden nach Auflösen der Hefe in lauwarmer Milch alle Zutaten miteinander direkt zu einem mittelfesten, ausrollbaren Teig geknetet.

Bei der indirekten Führung wird zuerst ein Vorteig (Ansatz) gemacht, das heißt, nach Auflösen der Hefe in lauwarmer Milch rührt man soviel Mehl ein, daß ein Mehl-Hefe-Brei entsteht. Man läßt ihn, mit einem Tuch oder einer Folie bedeckt, an einem warmen Ort stehen, bis sich sein Volumen verdoppelt oder verdreifacht hat. Dann werden die restlichen Zutaten dazugegeben, und alles wird zu einem glatten Teig verarbeitet.

Diese Art der Führung wird besonders bei Hefeteig mit hohem Fett-, Ei- und Früchteanteil bevorzugt, weil die schnelle Vermehrung der Hefezellen die Triebkraft der Hefe verstärkt und beschleunigt.

Hefeteig braucht Wärme. Die Hefe sollte immer in lauwarmer Milch aufgelöst werden, denn kalte Milch verzögert den Gärungsprozeß, aber heiße Milch verbrennt die Hefe, die Hefezellen werden getötet.

Grundrezept 1
(leichter Hefeteig für einfaches Hefegebäck)

500 g Mehl
25 g Hefe
70 g Butter
70 g Zucker
5 g Salz
1 Ei
etwa 1/4 l Milch
Abgeriebenes von 1 Zitrone

Grundrezept 2
(schwerer Hefeteig für mürbes Hefegebäck)

500 g Mehl
30 g Hefe
150 g Butter
80 g Zucker
5 g Salz
1 Ei
3 Eigelb
etwa 1/8 l Milch
Abgeriebenes von 1 Zitrone

Grundrezept 3
(gerührter Hefeteig für Savarins und Babas)

500 g Mehl
25 g Hefe
200 g Butter
70 g Zucker
5 g Salz
3 Eier
3 Eigelb
etwa 1/8 l Milch
Abgeriebenes von 1 Zitrone

Gerührter Hefeteig ist von zähflüssiger Konsistenz und wird mit Spritzbeutel und Lochtülle in leicht ausgebutterte und ausgemehlte Formen dressiert.

Grundrezept 4
(geschlagener Hefeteig für Berliner Ballen/Pfannkuchen)

500 g Mehl
35 g Hefe
80 g Butter
70 g Zucker
8 g Salz
2 Eier
3 Eigelb
etwa 1/8 l Milch
Abgeriebenes von 1 Zitrone

Geschlagener Hefeteig ist sehr volumenreich. Dadurch erhält der Berliner Ballen/Pfannkuchen sein typisches weißes Rändchen beim Backen im heißen Fettbad.

Grundrezept 5
(schwerer Hefeteig für Christstollen)

500 g Mehl
30 g Hefe
240 g Butter
60 g Zucker
8 g Salz
200 g Sultaninen
80 g Korinthen
100 g Zitronat, gewürfelt
50 g Orangeat, gewürfelt
100 g Mandeln, gehackt
etwa 1/8 l Milch
1 Ei
Abgeriebenes von 1 Zitrone
1 Messerspitze Kardamom
1 Messerspitze Muskatblüte
Mark von 1 Vanilleschote

Grundrezept 6
(Hefeteig für Brioches)

500 g Mehl
35 g Hefe
250 g Butter
60 g Zucker
7 g Salz
2 Eier
6 Eigelb
etwa 1/16 l Milch
Abgeriebenes von 1 Zitrone

Grundrezept 7
(Hefeteig für Napfkuchen, süddeutsche Gugelhupfe)

240 g Mehl
15 g Hefe
140 g Butter
60 g Zucker
1 Prise Salz
3 Eigelb
40 g Rosinen
etwa 1/16 l Milch
Abgeriebenes von 1 Zitrone

Den Teig in indirekter Führung zubereiten und nicht zu fest halten.

Grundrezept 8
(Hefeteig für Croissants)

500 g Mehl
40 g Hefe
60 g Butter
10 g Zucker
10 g Salz
2 Eigelb
etwa 1/4 l Milch

Bei der Herstellung von Croissants rechnet man auf 500 g fertigen Hefeteig etwa 300 g Butter zum Einziehen. Der Teig muß aus verarbeitungstechnischen Gründen kalt geführt werden und erhält 3 einfache Touren.

Grundrezept 9
(Hefeteig für deutschen und dänischen Plunder)

500 g Mehl
40 g Hefe
70 g Butter
70 g Zucker
1 Ei
2 Eigelb
5 g Salz
etwa 1/8 l Milch
Abgeriebenes von 1 Zitrone

Plunderteig ist ein Hefeteig, dem zusätzlich Butter eingezogen wird. Das Gebäck wird dadurch besonders blättrig. Man rechnet auf 500 g fertigen Hefeteig

- bei deutschem Plunder 150 g Butter,
- bei dänischem Plunder 250 g Butter.

Der Teig muß aus verarbeitungstechnischen Gründen kalt geführt werden und erhält in der Regel 2 einfache und 1 doppelte Tour.

Blätterteig

Grundrezept

1000 g Mehl (Type 405)
1000 g Butter
10 g Salz
etwa 1/2 l Wasser

Etwa 100 g Mehl und die Butter werden zusammen verknetet und zu einem Rechteck mit etwa 2 cm Stärke geformt. Das restliche Mehl wird mit dem Salz unter Zugabe von Wasser zu einem glatten Teig verarbeitet, wobei zu beachten ist, daß der Wasserteig etwa dieselbe Festigkeit haben sollte wie der Butterteig.

Der Wasserteig wird nun kreuzförmig eingeschnitten, mit einer Folie abgedeckt, um ein Verkrusten zu vermeiden, und zusammen mit dem Butterteig etwa 20 Minuten an einen kühlen Ort gestellt, damit der Wasserteig seine Spannung abbauen kann.

Nach etwa 20 Minuten kann man mit dem Ziehen oder Tourieren beginnen. Tourieren ist mehrfaches Ausrollen und Zusammenlegen der beiden Teige, das heißt, man rollt den Wasserteig doppelt so groß aus wie den Butterteig, legt diesen auf die eine Hälfte auf, schlägt die andere Hälfte darüber und drückt die Teigränder fest zusammen. Nun wird das Ganze zu einem Rechteck auf etwa 1 cm Stärke ausgerollt. Man schlägt dann ein Drittel der Teigfläche nach innen ein. Das andere Drittel der gegenüberliegenden Seite legt man über das eingeschlagene Teigstück. Diese Technik wird fachlich als „einfache Tour" bezeichnet.

Der Teig wird nun erneut in gleicher Weise ausgerollt, man legt jedoch die Enden links und rechts gleichmäßig nach der Mitte zusammen. Die so entstandene Fläche wird nun nochmals übereinandergelegt. Diese Technik wird fachlich als „doppelte Tour" bezeichnet.

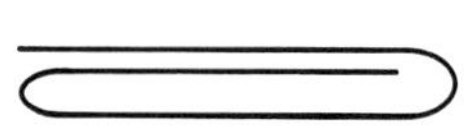

einfache Tour

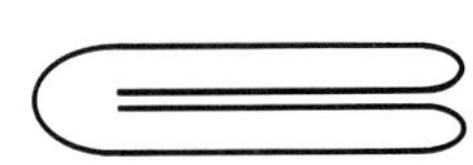

doppelte Tour

Mit 2 einfachen und 2 doppelten Touren werden beste Ergebnisse erzielt.

Den Teig läßt man nun wiederum etwa 20 Minuten abgedeckt ruhen. Danach wird der beschriebene Vorgang nochmals in gleicher Weise wiederholt, so daß der Teig 2 einfache und 2 doppelte Touren aufweist. Nach einer abermaligen Ruhezeit von etwa 20 Minuten kann der Blätterteig verarbeitet werden.

Ein auf diese Weise hergestellter Blätterteig hat 144 Butterschichten. Beim Backprozeß wird die eintourierte (eingezogene) Butter durch die Backhitze heiß und flüssig. Sie löst und isoliert zugleich die einzelnen Teigschichten voneinander, welche nunmehr durch den Dampfdruck des sich bildenden Wasserdampfes je nach Gebäckart entweder hochgezogen oder auseinandergedrückt werden. Dadurch entsteht, wie der Name sagt, ein zartes blättriges Gebäck. Vor dem Backen sollten aufgearbeitete Teiglinge nochmals 20 Minuten ruhen, damit ein Einschnurren (= Zusammenschrumpfen, Zusammenziehen) während des Backens vermieden wird.

Blätterteig sollte bei einer Temperatur von 200 °C bis 240 °C gebacken werden. Bei niedrigeren Temperaturen besteht die Gefahr, daß sich Butter und Teigschichten trennen. Die Butter läuft aus, das Gebäck wird nicht lokker, sondern bleibt bindig.

Die Qualität von Blätterteig hängt in erster Linie von dem zur Herstellung verwendeten Fett ab. Vielfach wird dafür ein speziell von der einschlägigen Industrie hergestelltes Ziehfett verwendet. Ist die Verarbeitung eines solchen Fetts – aufgrund des geringeren Wassergehalts und demzufolge eines höheren Schmelzpunkts – gegenüber Butter auch arbeitstechnisch einfacher, problemloser und billiger, so muß doch darauf hingewiesen werden, daß ein solches Fett reine Butter geschmacklich nicht ersetzen kann. Voraussetzung für optimales Gelingen von Erzeugnissen aus Blätterteig ist die sorgfältige Herstellung und Verarbeitung des Teigs.

Wie das Grundrezept zeigt, hat Blätterteig die gleichen Gewichtsanteile an Mehl und Butter. Er besteht aus 2 Teigen, nämlich aus

- Wasserteig
- Butterteig

In der Herstellungsweise gibt es 3 verschiedene Möglichkeiten. Sie werden fachlich eingeteilt in Blätterteig

- **nach deutscher Art:**
  Wasserteig außen; Butterteig darin einschlagen.
- **nach französischer Art:**
  Butterteig außen, Wasserteig darin einschlagen.
- **nach holländischer Art** (Blitz-Blätterteig):
  Butter in etwa 3 × 3 cm große Würfel schneiden, mit dem Mehl mischen und mit Wasser leicht zu einem Teig zusammendrücken, wobei die Butterwürfel erhalten bleiben müssen. Der Teig wird in der Regel 5mal einfach touriert.

Pastetenteig

Pastetenteig wird vorwiegend zur Herstellung von Fleisch-, Fisch- oder Geflügelpasteten verwendet. Er dient sowohl zum Auslegen der Backform als auch zum Ausgarnieren der Pastete. In der Praxis haben sich 3 verschiedene Teigarten bewährt, diese sind
- geriebener Pastetenteig
- halbgekochter Pastetenteig
- gekochter Pastetenteig

Geriebener Pastetenteig

500 g Mehl
230 g Butter oder Schweineschmalz
10 g Salz
2 Eigelb
1 Prise Zucker
etwa 1/4 l Wasser

Gesiebtes Mehl, Eigelb, Fett, Salz und Zucker gut verreiben und mit dem Wasser kurz zu einem ausrollbaren Teig zusammendrücken. Langes Kneten vermeiden, damit der Teig nicht zäh wird. In Folie eingepackt oder abgedeckt ihn einige Stunden im Kühlschrank ruhenlassen.

Halbgekochter Pastetenteig

500 g Mehl
100 g Butter
100 g Schweineschmalz
8 g Salz
1 Prise Zucker
1 Eigelb
etwa 1/8 l Wasser

Wasser, Butter und Schmalz, Zucker und Salz auf 40 °C bis 50 °C erwärmen und mit dem gesiebten Mehl sowie dem Eigelb zu einem glatten Teig verarbeiten. Diesen vor dem Aufarbeiten etwa 10 Stunden abgedeckt im Kühlschrank ruhenlassen.

Gekochter Pastetenteig

500 g Mehl
210 g Butter
8 g Salz
1 Prise Zucker
1/5 l Wasser oder Milch
1 Eigelb
1 Messerspitze Backpulver

Die Flüssigkeit, Butter, Zucker und Salz kochen. Gesiebtes Mehl dazugeben und unter kräftigem Rühren zu einem knetbaren Teig abrösten. Nach dem Auskühlen Eigelb und Backpulver gut und gleichmäßig unterarbeiten. Den Teig vor dem Aufarbeiten einige Stunden abgedeckt im Kühlschrank ruhenlassen.

Teig für Filet Wellington oder Fischpastete

Zur Herstellung eines Filets Wellington oder einer Fischpastete ist folgende Teigzusammensetzung empfehlenswert:

1 Teil Blätterteig
1 Teil geriebener Pastetenteig

Blätterteig etwa 1 cm stark doppelt so groß wie den Pastetenteig ausrollen, auf die eine Hälfte des Blätterteigs legen, die andere Hälfte darüberschlagen, Teigränder zusammendrücken und das Ganze 1mal einfach tourieren. Der Vorteil gegenüber reinem Blätterteig besteht darin, daß eine größere Knusprigkeit und bessere Schnittfestigkeit erzielt werden.

Pizzateig mit Quark

(für Form mit 24 cm Durchmesser)

150 g Mehl
1 Messerspitze Backpulver
1 Ei
2 EL Öl
1 Prise Salz
70 g Quark

Quark passieren, mit Ei, Salz und Öl verrühren. Gesiebtes Mehl und Backpulver zugeben. Daraus einen Teig kneten. Diesen dann abgedeckt etwa 2 Stunden im Kühlschrank ruhenlassen.

Nudelteig

500 g Mehl
3 Eier
8 g Salz
etwa 1/8 l Wasser

Gesiebtes Mehl in eine Schüssel geben, in der Mitte eine Vertiefung machen, Eier, Salz und Wasser hineingeben. Daraus einen griffigen, festen Teig kneten. Diesen abgedeckt 3 Stunden im Kühlschrank ruhenlassen. Danach so dünn wie möglich ausrollen. Dann den Fladen je nach Wunsch in schmale oder breite Streifen schneiden, und diese vor Gebrauch trocknen lassen.

Ravioliteig

700 g Mehl
50 g Hartweizengrieß
2 Eier
4 EL Öl
8 g Salz
etwa 1/4 l Wasser

Gesiebtes Mehl und Grieß in eine Schüssel geben, in der Mitte eine Vertiefung machen, Eier, Salz, Öl und Wasser hineingeben. Daraus einen nicht zu festen Teig kneten. Diesen vor der Verarbeitung etwa 2 Stunden abgedeckt im Kühlschrank ruhenlassen.

Mürbeteig

Zur Gruppe besonders zarter Teige gehört der Mürbeteig. Die mürbe Beschaffenheit der daraus hergestellten Gebäcke ergibt sich aus dem relativ hohen Anteil von Butter im Verhältnis zu den übrigen Zutaten. Sie ist von qualitätsentscheidender Bedeutung für die feine Geschmacksbildung. Durch gleichmäßige Vermischung mit Mehl, Zucker, Eiern und Würzstoffen entsteht ein vielseitig verwendbarer Teig, der auf Vorrat hergestellt werden kann und bei kühler, sachgemäßer Lagerung längere Zeit haltbar ist, ohne an Qualität zu verlieren.

Geschmacklich kann Mürbeteig durch Zusatz von Kakao, geriebenen Mandeln, Haselnüssen, Walnüssen und diversen Gewürzen wie Zimt, Nelken, Muskat oder Kardamom verändert werden.

Besondere Sorgfalt ist bei der Herstellung erforderlich. Mürbeteig kann bei zu starker Bearbeitung oder durch schaumig gerührte Butter leicht brandig (brüchig) werden, dann ist er äußerst schwer zu verarbeiten.

Herstellungsvorschlag
Butter, Zucker, Würzstoffe und Geschmacksträger werden zuerst angewirkt und mit den Eiern vermischt. Diese Masse wird mit dem gesiebten Mehl streuselartig verrieben und das Ganze zum Schluß kurz zusammengedrückt.

Vor der Verarbeitung sollte Mürbeteig mindestens 2 Stunden abgedeckt im Kühlschrank ruhen, damit sich Zuckerkristalle auflösen und Geschmacksträger bilden können.

Grundrezept I
(Vanillemürbeteig, sog. 1-2-3-Teig)

300 g Mehl
200 g Butter
100 g Zucker
1 Ei
1 Prise Salz
Abgeriebenes von 1/2 Zitrone
Mark von 1 Vanilleschote

Grundrezept II

500 g Mehl
250 g Butter
180 g Zucker
5 g Salz
3 g Ammonium
1 Ei
etwa 1/16 l Milch
Abgeriebenes von 1/2 Zitrone
Mark von 1/2 Vanilleschote

Mandelmürbeteig

600 g Mehl
400 g Butter
250 g Zucker
230 g geriebene weiße Mandeln
2 Eier
1 Prise Salz
Abgeriebenes von 1/2 Zitrone
Mark von 1 Vanilleschote

Schokoladenmürbeteig

600 g Mehl
400 g Butter
250 g Zucker
30 g Kakaopulver
1 Ei
2 Eigelb
1 Prise Salz
Mark von 1 Vanilleschote

Mürbeteig für Butterstreusel

400 g Mehl
250 g Butter
250 g Zucker
1 Prise Salz
1/2 TL Zimt
Mark von 1 Vanilleschote

Butter, Zucker und Gewürze verkneten, nicht schaumig rühren. Gesiebtes Mehl dazugeben. Alles zu groben Streuseln verreiben.

Mürbeteig für Spritzgebäck

350 g Mehl
250 g Staubzucker
250 g Butter
2 Eier
2 Eigelb
1 Prise Salz
Abgeriebenes von 1/2 Zitrone
Mark von 1/2 Vanilleschote

Aus diesen Zutaten einen spritzfähigen Teig zubereiten. Butter und Zukker nicht schaumig rühren.
Eventuell etwas Milch zugeben

Mürbeteig für Käsegebäck

500 g Mehl
500 g Butter
500 g Reibkäse (z. B. Emmentaler)
2 Eigelb
5 g Salz
etwa
5 g Paprikapulver (Geschmacksprobe notwendig!)

Butter, geriebenen Käse, Eigelb und Gewürze verkneten, gesiebtes Mehl zugeben und zusammenwirken. Teig vor der Verarbeitung 2 Stunden kühl stellen und ruhenlassen.

Haselnußmürbeteig

500 g Mehl
375 g Butter
200 g geriebene, geröstete Haselnüsse
280 g Zucker
1 Ei
1 Prise Salz
Mark von 1 Vanilleschote

Linzer Teig

500 g Mehl
380 g Butter
340 g geröstete, geriebene Haselnüsse
200 g Zucker
1 Prise Salz
1 TL Zimt
1 Messerspitze gemahlene Nelken
2 Eier
Abgeriebenes von 1 Zitrone
Mark von 1 Vanilleschote

Butter, Zucker, Gewürze und Eier verkneten. Gesiebtes Mehl und Haselnüsse mischen und der Buttermasse zugeben. Alles zusammen locker verreiben und zum Schluß kurz zusammendrücken. Teig vor der Verarbeitung abgedeckt mindestens 3 Stunden im Kühlschrank ruhenlassen.

Pie-Teig

Gebäcke – wahlweise mit Fleisch oder Obst – aus Pie-Teig sind in den USA und in England sehr verbreitet und beliebt. Obstpies werden mit beliebigen Frucht- oder Fruchtcremefüllungen in Formen mit einem Durchmesser von etwa 16 cm gebakken und vielfach warm mit/ohne Sahne und Eis serviert.

Grundrezept

500 g Mehl (Type 405)
350 g Schweineschmalz
10 g Salz
2 g Backpulver
etwa 1/8 l kaltes Wasser

Mehl zusammen mit Backpulver sieben, mit Salz und Schmalz gut verreiben und mit Wasser zu einem Teig zusammendrücken. Diesen vor der Verarbeitung etwa 2 Stunden abgedeckt im Kühlschrank ruhenlassen.

Bier- oder Weinteig

Darunter versteht man einen Teig, in dem in der Friteuse Früchte ausgebacken werden, die der Fachmann als „Beignets" bezeichnet.

Bier- oder Weinteig sollte locker sein, damit der Teig beim Backen rösch wird. Vor dem Eintauchen in den Teig muß das Wasser von den gewaschenen Früchten gut abgetropft sein, denn der Teig muß an ihnen haften und darf nicht ablaufen. Gebacken werden Beignets bei etwa 180 °C. Die Backzeit richtet sich nach der Beschaffenheit der Früchte und beträgt etwa 5 bis 10 Minuten. Beignets sollen heiß und damit knusprig serviert werden.

Grundrezept

300 g Mehl
4 Eigelb
4 Eiweiß
3 EL Öl
etwa 1/4 l Weizenbier oder trockener Weißwein
50 g Zucker
1 Prise Salz

Gesiebtes Mehl in eine Schüssel geben. Eigelb, Öl, Salz und Zucker zugeben und mit Bier oder Wein zu einem zähflüssigen, glatten Teig schlagen. Den aus dem Eiweiß gewonnenen Schnee vorsichtig unter den Teig heben.

Strudelteig

500 g Mehl
2 Eigelb
8 g Salz
40 g Öl
etwa 1/4 l lauwarmes Wasser

Aus Strudelteig hergestellte süße Gebäcke stammen aus dem bekannten Mehlspeisenland Österreich, wobei der Wiener Apfelstrudel sicher die Nummer eins unter allen Strudelvariationen ist.

Beim Strudelteig handelt es sich um einen sehr elastischen Teig, dessen Dehnungsfähigkeit so groß sein muß, daß er sich hauchdünn ausziehen läßt. Aus diesem Grund wird zur

Herstellung eines Strudelteigs keine Butter, sondern nur Öl und als Flüssigkeit dann lauwarmes Wasser verwendet.

Für alle gezogenen Strudel wird der Teig zunächst auf einem leicht bemehlten Tuch mit dem Rollholz soweit wie möglich ausgerollt und dann mit beiden, ebenfalls leicht bemehlten Händen vorsichtig und gleichmäßig nach allen Seiten so dünn wie möglich ausgezogen.

Lebkuchen-Honigkuchen-Teig

Lebkuchen-Honigkuchen-Teige können von recht unterschiedlicher Beschaffenheit und Qualität sein. Besonders würzige und aromatische Gebäcke werden durch vielfältige Rezeptzusammenstellungen erzielt, wobei die Mischungen der verschiedenen Gewürze von entscheidender Bedeutung für die Geschmacksbildung und Bezeichnung sind. So beträgt bei Honiglebkuchen der Anteil an reinem Bienenhonig mindestens 50 Prozent des gesamten Zuckergehalts.

Diese Erzeugnisse kann man generell in drei Gruppen einteilen:
- braune Lebkuchen-Honigkuchen
- Lebkuchen mit besonderen Geschmackseigenschaften, z. B. Elisen-Lebkuchen, Mandel-, Haselnuß- oder Walnußlebkuchen
- lebkuchenartige Backwaren, z. B. Printen, Dominosteine oder Spitzkuchen

Grundrezept

700 g Bienenhonig
300 g Invertzuckercreme
200 g Farinzucker
80 g Wasser

Diese Zutaten durch Erhitzen (nicht durch Kochen!) auflösen.

700 g Weizenmehl
700 g Roggenmehl
2 Eigelb
40 g Lebkuchengewürz

Diese Zutaten zusammen mit der abgekühlten Honig-Zucker-Masse zu einem Teig verarbeiten.

14 g Ammonium
8 g Pottasche
300 g Milch

Beide Triebmittel getrennt mit je der Hälfte der Milch auflösen und getrennt unter den Teig arbeiten.

Dieser fertige Lebkuchen-Honigkuchen-Teig kann bei Bedarf sofort aufgearbeitet werden, jedoch wird durch eine Ruhezeit von 24 Stunden die Geschmacksbildung wesentlich erhöht.

Um die Teiglockerung beurteilen zu können, sollte vor dem Aufarbeiten grundsätzlich eine Backprobe gemacht werden.

Sollte der Teig farblich zu hell sein, wird Zuckerkulör zugegeben.

Kartoffelteig – Quarkteig

Warme Süßspeisen aus Kartoffelteig und Quarkteig gehören als Desserts zu den Schmankerln der böhmischen Mehlspeisenküche. Bekannt und beliebt sind z. B. Zwetschgen- und Marillenknödel sowie Powidltaschen. Sie werden in Salzwasser gekocht, dann in mit Butter gerösteten Semmelbröseln gewendet und mit Staubzucker besiebt.

Da die Konsistenz aller Teige sehr von der Beschaffenheit der Kartoffeln und des Quarks abhängt, empfiehlt sich in jedem Fall eine Kochprobe. Wenn der Teig zu weich ist, gibt man etwas Mehl oder Grieß zu. Ist er zu fest, kann durch Zugabe von flüssiger Butter oder Ei die gewünschte Festigkeit erreicht werden.

Quarkteig

230 g Butter
800 g trockener Quark
500 g Mehl
10 g Salz
3 Eier
Abgeriebenes von 2 Zitronen

Butter, Salz, Abgeriebenes und Eier verkneten. Den passierten Quark sowie das gesiebte Mehl zugeben und zu einem glatten Teig zusammendrücken. Um den Teig besser verarbeiten zu können, sollte er etwa 2 Stunden abgedeckt im Kühlschrank ruhen.

Kartoffelteig

800 g mehlige Kartoffeln
80 g Butter
80 g Hartweizengrieß
15 g Salz
300 g Mehl
3 Eigelb

Die gekochten Kartoffeln schälen und passieren. Alle übrigen Zutaten zu den noch warmen Kartoffeln geben und einen Teig anwirken. Es ist ratsam, den Teig sofort zu verarbeiten, da er bei längerem Stehen an Konsistenz verliert.

Backfüllungen

Mandelfüllung I

400 g Milch
400 g Zucker
220 g Butter
Mark von
1 Vanilleschote
1 Prise Salz
800 g geriebene, geröstete Mandeln
100 g Biskuitbrösel
3 Eier

Milch mit Zucker, Butter, Salz und Mark der Vanilleschote aufkochen. Dann Mandeln und Biskuitbrösel zugeben und gut verrühren. Zum Schluß Eier einrühren.
Die Masse soll nach Erkalten streich- und dressierfähig sein. Falls sie zu fest ist, kann etwas Milch zugegeben werden.

Mandelfüllung II

125 g Butter
100 g Staubzucker
150 g geriebene Mandeln
50 g Weizenpuder
2 Eigelb
2 cl Rum
250 g passierte Crème pâtissière

Butter mit Staubzucker anwirken (soll nicht schaumig werden) und mit Eigelb und Rum gut vermischen. Mandeln mit Weizenpuder mischen, der Butter-Zucker-Masse beigeben und zusammenrühren. Zum Schluß Crème pâtissière untermischen. Für diese Füllung muß hergestellt werden:
Crème pâtissière

Haselnußfüllung

400 g Milch
450 g Zucker
230 g Butter
Mark von
1 Vanilleschote
1 Prise Salz
800 g geriebene, geröstete Haselnüsse
100 g Biskuitbrösel
3 Eier

Milch mit Zucker, Butter, Salz und Mark der Vanilleschote aufkochen. Dann Haselnüsse und Biskuitbrösel zugeben und gut verrühren. Zum Schluß Eier einrühren.
Die Masse soll nach Erkalten streich- und dressierfähig sein. Falls sie zu fest ist, kann etwas Milch zugegeben werden.

Walnußfüllung

400 g Milch
450 g Zucker
230 g Butter
Mark von
1 Vanilleschote
1 Prise Salz
800 g geriebene, geröstete Walnüsse
100 g Biskuitbrösel
3 Eier

Milch mit Zucker, Butter, Salz und Mark der Vanilleschote aufkochen. Dann Walnüsse und Biskuitbrösel zugeben und gut verrühren. Zum Schluß Eier einrühren.
Die Masse soll nach Erkalten streich- und dressierfähig sein. Falls sie zu fest ist, kann etwas Milch zugegeben werden.

Mohnfüllung

400 g Milch
450 g Zucker
240 g Butter
750 g gemahlener Mohn
100 g Biskuitbrösel
5 Eier
1 Prise Salz
1 TL Zimt
Abgeriebenes von
2 unbehandelten Zitronen

Milch mit Zucker, Butter, Salz, Zimt und Abgeriebenem aufkochen. Dann Biskuitbrösel mit Mohn zugeben und alles gut verrühren. Zum Schluß Eier einrühren.
Die Masse soll nach Erkalten streich- und dressierfähig sein. Falls sie zu fest ist, kann etwas Milch zugegeben werden.

Quarkfüllung

60 g Butter
160 g Staubzucker
50 g Vanille-Cremepulver
500 g Quark
4 Eigelb
Abgeriebenes von
2 unbehandelten Zitronen
1 Prise Salz
Mark von
1 Vanilleschote
80 g Rosinen

Butter, Staubzucker, Eigelb, Abgeriebenes, Salz und Mark der Vanilleschote anwirken. Quark passieren, mit Cremepulver glattrühren und mit der Butter-Zucker-Masse gut vermischen. Zum Schluß Rosinen einrühren.

Franchipanfüllung

350 g Marzipanrohmasse
200 g Zucker
180 g Butter
1 Ei
2 Eigelb
Abgeriebenes von
1 unbehandelten Zitrone
100 g Mehl

Marzipanrohmasse mit Butter geschmeidig machen. Mit Eigelb, Zukker, Ei und Abgeriebenem vermischen, dann mit gesiebtem Mehl zu einer streich- und dressierfähigen Masse verarbeiten.

16. KAPITEL

MASSEN CREMES MOUSSES

Allgemeines

Im Unterschied zu Teigen, die vor allem geknetet werden und formbar sind – sie werden gewirkt, geflochten, ausgerollt –, versteht man unter Massen Erzeugnisse, deren Rohstoffe gerührt, geschlagen oder abgeröstet werden. Sie sind nicht formbar – sie werden in Formen gegeben oder aufdressiert.

Benötigt man für die Herstellung von Teigen hauptsächlich Mehl, Fett, Zucker und Flüssigkeit, so überwiegen bei Massen Eier, die – als Ganzes oder getrennt – mit Zucker verrührt oder schaumig geschlagen werden. Deshalb sind Massen weich oder halbflüssig.

Nach der Zusammensetzung/Herstellungsart unterscheidet man

- leichte Massen (Biskuitmassen): Sie haben einen hohen Anteil an Eiern, jedoch wenig oder kein Fett. Diese Massen werden geschlagen.
- schwere Massen (Sandmassen): Sie haben einen geringeren Anteil an Eiern, jedoch viel Fett. Neben Zucker enthalten sie oft auch Früchte (Englischer Teekuchen). Diese Massen werden gerührt.
- abgeröstete Massen wie z. B. Brand- und Makronenmasse.

Leichte Massen kann man auf zwei verschiedene Arten herstellen:

- Ganze Eier mit Zucker warm und kalt aufschlagen. Die übrigen Zutaten in die Masse einmelieren.
  Aus dieser sogenannten Wiener Masse werden vorwiegend Biskuitböden für Torten hergestellt.
- Eier trennen. Eigelb (je nach Verwendungszweck) und etwa ein Drittel des Zuckers gut verrühren oder schaumig schlagen. Eiweiß und restlichen Zucker zu Schnee schlagen. Schnee der Eigelb-Zucker-Masse zugeben. Übrige Zutaten einmelieren.

Aus dieser Masse werden vorwiegend Biskuit-Omeletten, Löffelbiskuits und Rouladenkapseln hergestellt.

Zur Herstellung von Mandel-Haselnuß-Masse oder Walnuß-Makronenmasse ist es notwendig, die Masse abzurösten, denn eine gute backfähige Masse entsteht, indem sich Mandel-Haselnuß oder Walnuß-Grieß mit Zucker und Eiweiß verbindet.

Es versteht sich, daß der Erfolg beim Aufschlagen von Massen weitgehend von der sorgfältigen technischen Verarbeitung des Materials abhängt. So kann man zum Beispiel bei der Herstellung von Löffelbiskuits kein einwandfreies Gebäck erwarten, wenn der Eischnee schmierig oder flockig ist.

Löffelbiskuitmasse I

8 Eigelb
4 Eiweiß
150 g Zucker
80 g Mehl
30 g Weizenstärke
Mark von 1/2 Vanilleschote
Zucker zum Bestreuen

Eigelb, 50 g Zucker und Mark der Vanilleschote gut, jedoch nicht schaumig verrühren. Eiweiß und restlichen Zucker zu Schnee schlagen, der weder schmierig noch flockig werden darf. Diesen unter die Eigelb-Zucker-Masse ziehen. Mehl und Stärke mischen, sieben, in die Masse geben und vorsichtig einmelieren.
Mit Spritzbeutel und glatter Lochtülle Biskuits in Löffelform auf Backpapierstreifen spritzen, mit Zucker bestreuen, oder in Zucker antauchen, bei offenem Zug und mäßiger Hitze (190 °C) etwa 8 bis 10 Min. backen.
Diese Masse eignet sich besonders für kleine, ganz leichte Biskuits.

Löffelbiskuitmasse II

6 Eigelb
4 Eiweiß
150 g Zucker
80 g Mehl
30 g Weizenstärke
Mark von 1/2 Vanilleschote
Staubzucker

Eigelb, 50 g Sandzucker und Mark der Vanilleschote gut, jedoch nicht schaumig verrühren. Eiweiß und restlichen Sandzucker zu Schnee schlagen, der weder schmierig noch flockig werden darf. Diesen unter die Eigelb-Sandzucker-Masse ziehen. Mehl und Stärke mischen sowie sieben, in die Masse geben und vorsichtig einmelieren.
Mit Spritzbeutel und glatter Lochtülle Biskuits in Löffelform auf Backpapierstreifen spritzen, mit Staubzucker besieben, bei offenem Zug und mäßiger Hitze (190 °C) etwa 10 Minuten backen.
Diese Masse eignet sich besonders für größere (10 cm) Biskuits.

Biskuit-Rouladenmasse

10 Eigelb
7 Eiweiß
180 g Zucker
140 g Mehl
Abgeriebenes von 1 Zitrone
1 Prise Salz
Mark von 1/2 Vanilleschote

Eigelb, 50 g Zucker, Abgeriebenes und Mark der Vanilleschote gut, jedoch nicht schaumig verrühren. Eiweiß, restlichen Zucker und Salz zu Schnee schlagen, der weder schmierig noch flockig werden darf. Diesen der Eigelb-Zucker-Masse beigeben und gesiebtes Mehl einmelieren.

Masse mit Winkelpalette rechteckig etwa 7 mm stark auf Pergament- oder Backpapier gleichmäßig und glatt streichen, dann bei offenem Zug und starker Hitze (240 °C) etwa 8 bis 10 Minuten backen. Danach sofort vom Backblech schieben, damit der Boden nicht austrocknet.

Rouladenmassen müssen saftig gebacken werden, damit sich die Böden mit Füllung gut rollen lassen.

Wiener Masse
(leichte Biskuitmasse)
(für 1 Biskuitboden:
Durchmesser 26 cm, Höhe 6 cm)

6 Eier
200 g Zucker
180 g Mehl
70 g Weizenstärke
80 g flüssige Butter
1 Prise Salz
Abgeriebenes von 1 Zitrone

Eier und Zucker warm (36 °C) und kalt schlagen. Mehl und Stärke mischen sowie sieben. Mit flüssiger Butter, Abgeriebenem und Salz in die Eier-Zucker-Masse vorsichtig einmelieren.

Masse in einen eingeschlagenen Tortenring geben, bei offenem Zug und 200 °C etwa 30 Minuten backen.

Mohrenkopfmasse
(Othellomasse)

5 Eigelb
7 Eiweiß
75 g Mehl
75 g Weizenstärke
75 g Zucker
50 g Wasser
1 Prise Salz
Abgeriebenes von 1/2 Zitrone

Eigelb, Mehl, Wasser und Abgeriebenes schaumig schlagen, denn Masse darf nicht zäh sein. Eiweiß, Zucker und Salz zu Schnee schlagen, Stärke einmelieren, der Eigelb-Mehl-Masse beigeben und vorsichtig unterheben.

Mit Spritzbeutel und Lochtülle Mohrenkopfschalen auf Backpapier spritzen. Diese bei offenem Zug und mäßiger Hitze (190 °C) etwa 25 Minuten backen.

Petits-fours-Masse I
(für 1 Kapsel, etwa 35 × 35 cm)

8 Eigelb
3 Eier
400 g Marzipanrohmasse
50 g Mehl
70 g flüssige Butter
Abgeriebenes von 1 Zitrone
Mark von 1 Vanilleschote

Marzipanrohmasse mit Eigelb, Abgeriebenem und Mark der Vanilleschote zuerst glattarbeiten, dann Eier zugeben und alles schaumig rühren. Butter einrühren, gesiebtes Mehl untermelieren.

Masse etwa 3 mm stark auf Backpapier streichen, bei offenem Zug und 180 °C etwa 10 Minuten backen.

Die Kapsel ist sehr saftig und läßt sich gut pressen.

Petits-fours-Masse II
(für 3 Kapseln, etwa 40 × 40 cm)

12 Eigelb
3 Eier
300 g Marzipanrohmasse
100 g Zucker
110 g Weizenstärke
Abgeriebenes von 1 Zitrone
1 Prise Salz
Mark von 1 Vanilleschote

Marzipanrohmasse mit etwas Eigelb glattarbeiten. Restliches Eigelb, Eier, Zucker und Salz, Abgeriebenes und Mark der Vanilleschote zugeben, alles schaumig rühren, dann Stärke einmelieren.

Masse etwa 3 mm stark auf Backpapier streichen, bei offenem Zug und 190 °C etwa 15 Minuten backen.

Petits-fours-Masse III
(für 1 Kapsel, etwa 50 × 40 cm)

8 Eigelb
8 Eiweiß
125 g Marzipanrohmasse
200 g Zucker
200 g Mehl
100 g flüssige Butter
1 Prise Salz
Abgeriebenes von 1 Zitrone

Marzipanrohmasse mit 80 g Zucker, Salz, Abgeriebenem und Eigelb zuerst glattarbeiten, dann schaumig rühren. Eiweiß und restlichen Zucker zu Schnee schlagen, in die Masse geben. Butter einrühren, gesiebtes Mehl untermelieren.

Masse etwa 4 mm stark auf Backpapier streichen, bei offenem Zug und 190 °C etwa 12 Minuten backen.

Orangen-Mandel-Masse
(für 1 Tortenboden:
Durchmesser 26 cm, Höhe 6 cm)

7 Eigelb
7 Eiweiß
280 g Zucker
280 g geriebene ungeschälte Mandeln
80 g Biskuitbrösel
30 g Mehl
Abgeriebenes von 2 Orangen
Saft von 2 Orangen

Eigelb und 100 g Zucker leicht schaumig rühren. Abgeriebenes und Saft der Orangen zugeben und unterrühren. Eiweiß und restlichen Zucker zu Schnee schlagen.

Gesiebtes Mehl, Brösel und Mandeln gut mischen, der Eigelb-Orangen-Masse beigeben und zusammen mit dem Eischnee untermelieren.

Masse in einen mit Butter leicht ausgestrichenen und mit Bröseln ausgestreuten eingeschlagenen Tortenring geben, dann bei offenem Zug und 200 °C etwa 40 Minuten backen.

Schokoladen-Rouladenmasse

8 Eigelb
8 Eiweiß
180 g Butter
180 g Zucker
30 g Nugat
50 g Kakaopulver
80 g Mehl
1 Prise Salz
1/2 TL Zimt
1/2 TL Nelkenpulver

Butter, Nugat, Zimt, Nelken und 60 g Zucker leicht schaumig rühren. Eigelb unter Rühren nach und nach dazugeben. Eiweiß, restlichen Zucker und Salz zu Schnee schlagen. Diesen unter die Butter-Eigelb-Masse ziehen. Mehl und Kakaopulver mischen sowie sieben, in die Masse geben und untermelieren.

Masse mit Winkelpalette rechteckig (50 × 40 cm) etwa 5 mm stark auf Backpapier gleichmäßig und glatt streichen, dann bei 230 °C etwa 8 Minuten backen.

Caracasmasse
(für 2 Tortenböden:
Durchmesser 26 cm, Höhe 5 cm)

9 Eigelb
9 Eiweiß
250 g Zucker
100 g Mehl
150 g geriebene ungeschälte Mandeln
125 g geriebene geschälte Mandeln
125 g feingestoßener Krokant
50 g Biskuitbrösel
125 g flüssige Butter
Abgeriebenes von 1 Zitrone
1 Prise Salz
Mark von 1 Vanilleschote

Eigelb, 100 g Zucker, Abgeriebenes und Mark der Vanilleschote leicht schaumig rühren. Eiweiß und restlichen Zucker zu Schnee schlagen, dann unter die Eigelb-Zucker-Masse heben.

Gesiebtes Mehl, Krokant, Mandeln, Brösel und Salz gut mischen, der Masse beigeben und untermelieren. Zuletzt die Butter einrühren.

Masse in zwei eingeschlagene Tortenringe geben, dann bei offenem Zug und 200 °C etwa 25 Minuten backen.

Haselnußmasse
(für 1 Torte:
Durchmesser 24 cm, Höhe 5 cm)

6 Eigelb
6 Eiweiß
370 g geriebene ungeschälte Haselnüsse
180 g Zucker
40 g Weizenstärke
Mark von 1 Vanilleschote
Abgeriebenes von 1 Zitrone

Eigelb, 60 g Zucker, Mark der Vanilleschote und Abgeriebenes schaumig rühren. Eiweiß und restlichen Zucker zu Schnee schlagen, der Eigelb-Zucker-Masse beigeben und die mit der Stärke vermischten Nüsse einmelieren.

Masse in einen mit Butter leicht ausgestrichenen und mit Bröseln ausgestreuten eingeschlagenen Tortenring geben, dann bei offenem Zug und 200 °C etwa 30 Minuten backen.

Biskuit-Omelettenmasse
(für gefüllte Sahnecreme-Omeletten)

12 Eigelb
8 Eiweiß
270 g Zucker
150 g Mehl
50 g Weizenstärke
Abgeriebenes von 2 Zitronen
1 Prise Salz
Mark von 1 Vanilleschote

Eigelb, 100 g Zucker, Abgeriebenes und Mark der Vanilleschote gut, jedoch nicht schaumig verrühren. Eiweiß, restlichen Zucker und Salz zu Schnee schlagen, der weder schmierig noch flockig werden darf. Diesen der Eigelb-Zucker-Masse beigeben. Dann Mehl und Stärke mischen sowie sieben und vorsichtig in die Masse einmelieren.

Mit Spritzbeutel und Lochtülle spiralenförmig Omeletten mit einem Durchmesser von etwa 10 bis 12 cm auf Backpapier dressieren, dann bei offenem Zug und starker Hitze (240 °C) etwa 8 Minuten backen.

Omeletten müssen saftig gebacken werden, damit sie biegsam und elastisch sind.

Hippenmasse I
(für etwa 40 Hippenrollen,
10 × 10 cm)

200 g Zucker
60 g Marzipanrohmasse
170 g Mehl
3 Eier
1 Messerspitze Zimt
1 Prise Salz

Marzipanrohmasse mit 1 Ei, Zucker, Zimt und Salz glattarbeiten. Restliche Eier unterrühren, aber Masse nicht schaumig rühren. Gesiebtes Mehl einmelieren. Wenn nötig, Masse mit etwas flüssiger Sahne streichfähig machen.

Masse vor der Verarbeitung 2 Stunden abgedeckt ruhenlassen. Ist sie nicht ganz glatt, muß sie passiert werden.

Hippenmasse II
(besonders zum Einlassen geeignet)

1 Ei
50 g Zucker
50 g Mehl

Zucker und Ei gut, jedoch nicht schaumig verrühren. Gesiebtes Mehl einmelieren.

Masse vor der Verarbeitung 2 Stunden abgedeckt ruhenlassen. Soll sie zum Einlassen verwendet werden, muß sie vorher unbedingt passiert werden.

Baumkuchenmasse
(für 1 Kapsel: 45 × 30 × 5 cm)

780 g Butter
375 g Weizenstärke
260 g Staubzucker
33 Eigelb
33 Eiweiß
450 g Marzipanrohmasse
510 g Sandzucker (Raffinade)
375 g Mehl
10 g Salz
10 g Kardamom
Abgeriebenes von 6 Zitronen
Mark von 6 Vanilleschoten

Butter, Staubzucker, Salz, Kardamom, Abgeriebenes und Mark der Vanilleschote schaumig schlagen. Marzipanrohmasse mit Eigelb, das nach und nach beigegeben wird, glattarbeiten, dann unter die Butter-Staubzucker-Masse rühren. Eiweiß und Sandzucker zu Schnee schlagen. Mehl und Stärke mischen sowie sieben und mit dem Schnee in die Masse einmelieren.

Kapselform mit Butter leicht ausstreichen, bemehlen und mit Pergament- oder Backpapier ausschlagen. Nun wenig Masse für eine dünne Schicht hineingeben, glattstreichen und unter dem Salamander etwa 2 Minuten goldbraun backen. Dann sofort wenig Masse für die nächste Schicht hineingeben, glattstreichen und wieder goldbraun backen. Diesen Vorgang so lange wiederholen, bis die Kapsel randvoll ist. Dadurch entstehen etwa 35 bis 40 baumkuchenartige Schichten.

Kuchen in der Kapselform gut auskühlen lassen.

Brandmasse / Brühmasse
(für etwa 35 Windbeutel)

1/2 l Milch
125 g Butter
250 g Mehl
5 g Salz
7 bis 8 Eier

Milch, Salz und Butter kochen. Gesiebtes Mehl dazugeben und bei schwacher Hitze so lange mit einem Holzspatel rühren, bis das Mehl verkleistert ist und die Masse sich ballenartig vom Kesselrand löst. Masse kurz abkühlen lassen, dann Eier nach und nach unterrühren.

Die Eiermenge reguliert die Festigkeit der Masse, die der jeweils herzustellenden Gebäckart entsprechen sollte. So ist zum Beispiel die Masse für im Fettbad zu backende Spritzkuchen oder Krapfen etwas fester zu halten als die Masse für Windbeutel oder Eclairs.

Aus der Brandmasse/Brühmasse mit Spritzbeutel und Sterntülle Windbeutel auf leicht gefettete Bleche dressieren. Diese bei geschlossenem Zug mit Schwaden (Wasserdampf) bei etwa 230 °C etwa 30 Minuten backen.

Sachermasse
(für Tortenboden:
Durchmesser 24 cm, Höhe 5 cm)

150 g Butter
50 g Staubzucker
7 Eigelb
7 Eiweiß
140 g Kuvertüre (60/40)
190 g Sandzucker
140 g Mehl
Mark von 2 Vanilleschoten
1 Prise Salz
1/2 TL Zimt
Läuterzucker
(Wasser/Zucker 1:1)
nach Bedarf

Butter, Staubzucker, Mark der Vanilleschoten, Salz und Zimt leicht schaumig rühren. Zunächst Eigelb nach und nach einrühren, dann aufgelöste, mit Läuterzucker cremig gerührte Kuvertüre. Eiweiß und Sandzucker zu Schnee schlagen, mit der Butter-Zucker-Masse vermischen und gesiebtes Mehl einmelieren. Masse in eingeschlagenen Tortenring oder leicht eingefettete, ausgemehlte Sacherform geben und bei offenem Zug und 200 °C bis zur Krustenbildung anbacken. Danach bei 170 °C langsam ausbacken. Backzeit beträgt etwa 50 Minuten.

Dobosmasse
(für etwa 6 bis 7 Böden:
Durchmesser 28 cm, Höhe 5 mm)

7 Eigelb
7 Eiweiß
60 g Staubzucker
100 g Sandzucker
140 g Mehl
180 g Butter
Mark von 1 Vanilleschote
Abgeriebenes von 1 Zitrone
1 Prise Salz

Butter, Staubzucker, Mark der Vanilleschote, Abgeriebenes und Salz leicht schaumig rühren. Eigelb nach und nach einrühren. Eiweiß und Sandzucker zu Schnee schlagen, mit der Butter-Zucker-Masse vermischen und gesiebtes Mehl einmelieren.

Aus der Dobosmasse Böden auf leicht gefettete, bemehlte oder mit Backpapier ausgelegte Bleche streichen. Diese bei offenem Zug und 220 °C hellbraun backen.

Gebackene Böden sofort vom Blech lösen und für Schnitten die Kapseln noch heiß in Streifen der gewünschten Breite schneiden.

Florentiner Masse

100 g Zucker
50 g Butter
70 g Bienenhonig
30 g Glykose
50 g Sahne
230 g gehobelte Mandeln
50 g gewürfeltes Orangeat
30 g halbierte Belegkirschen

Zucker, Butter, Honig, Glykose und Sahne zum schwachen Flug (113 °C) kochen. Mandeln, Orangeat und Kirschen unterrühren, dann Masse leicht abrösten.

Von der noch warmen Masse mit einem Löffel etwa 40 g schwere Portionen auf leicht gefettete, bemehlte Bleche setzen, etwas flach drücken und zunächst nur anbacken. Dann die Portionen mit einem runden Ausstecher in Form bringen, auskühlen lassen und im 2. Backvorgang ausbacken.

Grillage-Masse

500 g Eiweiß
700 g Zucker
400 g geriebene Haselnüsse
90 g Weizenstärke

Eiweiß und 350 g Zucker zu Schnee schlagen. Restlichen Zucker, Nüsse und Stärke mischen, dann unter den Eischnee melieren.

Leichte Sandmasse
(für 1 Kranzform:
Durchmesser 24 cm)

6 Eier
4 Eigelb
250 g Zucker
100 g Mehl
150 g Weizenstärke
180 g flüssige Butter
Abgeriebenes von 1 Zitrone

Eier, Eigelb, Abgeriebenes und Zukker warm (36 °C) und kalt schlagen. Mehl und Stärke mischen sowie sieben und mit der Butter einmelieren.

Masse in eine mit Butter ausgestrichene und danach bemehlte Kranzform geben, bei offenem Zug und 180 °C etwa 40 Minuten backen.

Schwere Sandmasse
(für 1 Kastenform)

5 Eier
300 g Zucker
180 g Mehl
200 g Weizenstärke
300 g flüssige Butter
Abgeriebenes von 1 Zitrone
Mark von 1 Vanilleschote

Eier, Zucker, Abgeriebenes und das Mark der Vanilleschote warm (36 °C) und kalt schlagen. Mehl und Stärke mischen sowie sieben und mit der Butter einmelieren.

Masse in eine mit Butter ausgestrichene und danach bemehlte Kastenform geben. Bei offenem Zug sehr heiß (240 °C) anbacken, dann Oberfläche einschneiden, abdecken, bei 200 °C etwa 40 Minuten ausbacken.

Japonaise-Massen

Eine Japonaise-Masse kann man auf zwei Arten herstellen: Die Hauptzutaten sind entweder

- Eiweiß, Zucker und Marzipanrohmasse oder
- Eiweiß, Zucker und feingeriebene Mandeln bzw. Haselnüsse.

Als Geschmacksträger kann jeweils Zimt oder Kakao verwendet werden.

Kurze Zeit nach dem Backen müssen die Böden vorsichtig gelöst werden, da sie nach Erkalten sehr kroß sind und leicht brechen können.

Japonaise-Masse I

200 g Eiweiß
200 g Zucker
400 g Marzipanrohmasse
80 g Weizenstärke
etwa 1/10 l Milch
Abgeriebenes von 1 Zitrone
5 g Zimt

Marzipanrohmasse, Milch, Abgeriebenes, Zimt und 50 g Zucker glattarbeiten. Eiweiß und restlichen Zucker zu Schnee schlagen, nach und nach in die Masse geben und Stärke unterziehen.

Masse etwa 3 mm stark auf leicht gefettete, bemehlte oder mit Backpapier ausgelegte Bleche streichen oder schablonieren, bei offenem Zug und 170 °C langsam backen.

Japonaise-Masse II

250 g Eiweiß
350 g Zucker
180 g feingeriebene Mandeln oder Haselnüsse
60 g Mehl
5 g Zimt

Eiweiß und Zucker zu Schnee schlagen. Mandeln oder Nüsse, Zimt und gesiebtes Mehl gut vermischen und vorsichtig unter den Eischnee ziehen.

Masse etwa 3 mm stark auf leicht gefettete, bemehlte oder mit Backpapier ausgelegte Bleche streichen oder schablonieren, bei offenem Zug und 170 °C langsam backen.

Krokant-Walnuß-Masse

(für Tortenboden: Durchmesser 26 cm, Höhe 5 cm)

6 Eigelb
6 Eiweiß
130 g Zucker
50 g geriebene Walnüsse
20 g Wasser
90 g Mehl
100 g feinkörnig gemahlener Krokant
30 g flüssige Butter
1 Prise Salz
1 Prise Zimt
Mark von 1 Vanilleschote

Eigelb, 50 g Zucker, Nüsse, Wasser, Salz, Zimt und Mark der Vanilleschote leicht schaumig rühren. Eiweiß und restlichen Zucker zu Schnee schlagen und in die Masse geben. Gesiebtes, mit Krokant gemischtes Mehl und Butter einmelieren.

Masse in eine mit Fett leicht ausgestrichene, bemehlte Tortenform oder in einen eingeschlagenen Tortenring geben, bei offenem Zug und 180 °C etwa 50 Minuten backen.

Mandelmasse I

(für Tortenboden: Durchmesser 24 cm, Höhe 5 cm)

5 Eigelb
4 Eiweiß
180 g Zucker
150 g Butter
70 g Mehl
70 g geriebene ungeschälte Mandeln
50 g Marzipanrohmasse
1 Prise Salz
Mark von 1 Vanilleschote
Abgeriebenes von 1 Zitrone

Marzipanrohmasse mit Eigelb glattarbeiten. Butter, 50 g Zucker, Salz, Mark der Vanilleschote sowie Abgeriebenes beigeben und Masse leicht schaumig rühren. Eiweiß und restlichen Zucker zu Schnee schlagen, in die Masse geben. Gesiebtes, mit Mandeln gemischtes Mehl einmelieren.

Masse in Tortenform oder eingeschlagenen Tortenring geben und bei offenem Zug und 190 °C etwa 45 Minuten backen.

Mandelmasse II

(für Tortenboden: Durchmesser 24 cm, Höhe 5 cm)

8 Eier
275 g Zucker
120 g geriebene weiße Mandeln
250 g Mehl
60 g Weizenstärke
150 g flüssige Butter
Abgeriebenes von 1 Zitrone

Eier, Zucker und Abgeriebenes warm (36 °C) und kalt schlagen. Mehl und Stärke mischen sowie sieben, Mandeln locker unterheben und zusammen mit der Butter in die Eier-Zukker-Masse einmelieren.

Masse in eingeschlagenen Tortenring geben, bei offenem Zug und 190 °C etwa 30 Minuten backen.

Duchesse-Masse

5 Eiweiß
150 g Zucker
100 g feingeriebene geröstete Haselnüsse
40 g Mehl
30 g heiße Butter
1 Prise Zimt

Eiweiß mit Zucker zu Schnee schlagen. Mehl, Haselnüsse und Zimt gut vermischen und mit der flüssigen heißen Butter einmelieren. Mit Spritzbeutel und Lochtülle kleine Medaillons auf leicht gefettete bemehlte Bleche spritzen und mit offenem Zug bei 170 °C etwa 15 Minuten backen.

Baisermassen

Diese Massen bestehen aus Eiweiß und Zucker. Durch Zugabe von etwas Stärkemehl kann Gebäck aus diesen Massen besonders trocken werden, ohne an Geschmack zu verlieren. Allerdings können diese Massen geschmacklich verändert werden, und zwar durch Vanille, Mandeln, Haselnüsse, Krokant oder Kakaopulver.

Man kann Baisermassen sowohl kalt als auch warm anschlagen.

Kaltes Anschlagen: Das Eiweiß wird in der Regel zuerst mit der gleichen Menge Zucker – feinkörnige Raffinade eignet sich am besten – angeschlagen. Ist der Schnee sehr steif, dann wird auch der restliche Zucker einmeliert.
Warmes Anschlagen: Das Eiweiß wird zuerst mit einem Drittel der gesamten Zuckermenge gut aufgeschlagen.

Der restliche Zucker wird zum Flug (115 °C) gekocht, dann unter vorsichtigem Schlagen in dünnem Strahl langsam und gleichmäßig dem Schnee beigegeben.

Alle Baisermassen werden eher getrocknet als gebacken. Die Backtemperatur sollte 120 °C nicht übersteigen. Erzeugnisse aus diesen Massen sind bei trockener Lagerung mindestens sechs Monate haltbar, ohne daß Geschmack und Aussehen leiden.

Baisermasse I
(für Baiser- oder Meringenschalen und Baisergebäck)

8 Eiweiß
300 g Sandzucker
200 g Staubzucker
40 g Weizenstärke

Eiweiß und 200 g Sandzucker zu sehr steifem Schnee schlagen. Staubzucker, restlichen Sandzucker und Stärke mischen und dann unter den Schnee melieren.

Mit Spritzbeutel und Loch- oder Sterntülle Schalen auf Backpapier dressieren. Diese bei offenem Zug und 80 bis 100 °C etwa vier Stunden trocknen.

Haselnuß-Baisermasse
(warm für Böden)

8 Eiweiß
300 g Sandzucker
200 g Staubzucker
125 g feingeröstete, geriebene Haselnüsse
30 g Maisstärke
Mark von 1 Vanilleschote

Sandzucker mit Wasser zum Kettenflug (115 °C) kochen. Die Eiweiß, 100 g Staubzucker und Mark der Vanilleschote zu Schnee schlagen. Unter vorsichtigem Weiterschlagen gekochten Sandzucker in dünnem Strahl langsam und gleichmäßig beigeben. Restlichen Staubzucker, Haselnüsse und Stärke mischen und unter den Schnee melieren.

Mit Spritzbeutel und kleiner Lochtülle Böden auf Backpapier dressieren. Diese bei offenem Zug und 100 °C etwa 2 bis 3 Stunden trocknen.

Leichte Baisermasse
(Schaummasse zum Abflämmen)

8 Eiweiß
400 g Zucker
Mark von 1 Vanilleschote

Eiweiß, 100 g Zucker und Mark der Vanilleschote zu Schnee schlagen. Unter vorsichtigem Weiterschlagen restlichen Zucker langsam einrieseln lassen.

Italienische Baisermasse

500 g Eiweiß
1000 g Zucker
300 g Wasser

Eiweiß und 250 g Zucker zu Schnee schlagen. Restlichen Zucker im Wasser auflösen und zum Kettenflug (115 °C) kochen, dann unter vorsichtigem Schlagen in dünnem Strahl langsam und gleichmäßig dem Eischnee beigeben.

Schokoladen-Biskuitmasse
(für 1 Tortenboden:
Durchmesser 26 cm, Höhe 6 cm)

5 Eier
2 Eigelb
180 g Zucker
150 g Mehl
60 g Weizenstärke
20 g Kakaopulver
80 g flüssige Butter
1 Prise Salz

Eier, Eigelb, Salz und Zucker warm (36 °C) und kalt schlagen. Mehl, Stärke und Kakaopulver mischen sowie sieben und mit der Butter einmelieren.

Masse in eingeschlagenen Tortenring geben, bei offenem Zug und 200 °C etwa 30 Minuten backen.

Makronenmassen

Unter Makronenmasse versteht man eine abgeröstete Masse, die sich aus Mandeln, Zucker und Eiweiß zusammensetzt.
Vielfach wird als Grundmasse für Makronen Marzipanrohmasse verwendet, da diese aus Mandeln und Zucker besteht und bereits bei der Herstellung abgeröstet wird.
Statt Mandeln können auch Haselnüsse, Walnüsse oder Kokosraspel verwendet werden, allerdings muß die Makronenmasse der gewählten Geschmacksrichtung entsprechend deklariert werden.

Mandel-Makronenmasse I

230 g feingeriebene weiße Mandeln
380 g Zucker
7 Eiweiß
Abgeriebenes von 1 Zitrone

Mandeln zuerst mit Zucker, Eiweiß und Abgeriebenem breiartig pürieren. Dann bei 80 °C sämig abrösten. Masse abkühlen lassen.

Mit Spritzbeutel und Lochtülle Makronen auf Backpapier dressieren. Diese bei offenem Zug und 170 °C backen.

Mandel-Makronenmasse II

250 g Marzipanrohmasse
225 g Zucker
6 Eiweiß
Abgeriebenes von 1 Zitrone
Mark von 1 Vanilleschote

Marzipanrohmasse zuerst mit 125 g Zucker, Eiweiß, Abgeriebenem und Mark der Vanilleschote glattarbeiten. Dann bei etwa 60 °C abrösten und restlichen Zucker unterrühren. Masse abkühlen lassen

Mit Spritzbeutel und Lochtülle Makronen auf Backpapier dressieren. Diese bei offenem Zug und 170 °C backen.

Mandel-Makronenmasse III

250 g Marzipanrohmasse
150 g Zucker
Abgeriebenes von 1 Zitrone
Eiweiß nach Bedarf

Marzipanrohmasse zuerst mit Zucker und Abgeriebenem glattarbeiten. Dann so viel Eiweiß nach und nach dazugeben, daß daraus eine spritzfähige Masse wird.

Mit Spritzbeutel und Lochtülle Makronen auf Backpapier dressieren und mit Wasser leicht benetzen. Makronen bei offenem Zug und 180 °C backen.

Eigelb-Mandel-Makronenmasse

250 g Marzipanrohmasse
5 Eigelb
Abgeriebenes von 1/2 Zitrone

Marzipanrohmasse, Eigelb und Abgeriebenes glattarbeiten.

Mit Spritzbeutel und Lochtülle Makronen auf Backpapier dressieren. Diese bei offenem Zug und 170 °C backen.

Die Masse treibt nicht. Sie eignet sich deshalb auch sehr gut für Garnituren.

Haselnuß-Makronenmasse

500 g feingeriebene ungeschälte Haselnüsse
500 g Zucker
8 Eiweiß
1 Messerspitze Zimt
Mark von 1 Vanilleschote

Alle Zutaten mischen, gut verrühren und bei etwa 80 °C sämig abrösten. Masse auskühlen lassen.

Mit Spritzbeutel und Lochtülle Makronen auf Backpapier dressieren. Diese bei offenem Zug und 170 °C backen.

Walnuß-Makronenmasse

200 g geriebene Walnüsse
400 g Zucker
7 Eiweiß
1 Messerspitze Zimt

Alle Zutaten mischen, im Mixer pürieren und bei 60 °C sämig abrösten. Masse abkühlen lassen.

Mit Spritzbeutel und Lochtülle Makronen auf Backpapier dressieren. Diese bei offenem Zug und 170 °C backen.

Kokos-Makronenmasse

220 g Kokosraspel
380 g Zucker
7 Eiweiß
Mark von 1 Vanilleschote

Kokosraspel, Zucker und Eiweiß gut verrühren. Mark der Vanilleschote zugeben. Masse unter ständigem Rühren auf etwa 80 °C erhitzen und abrösten.

Mit Spritzbeutel und Lochtülle aus der noch lauwarmen Masse Makronen auf Backpapier dressieren, etwas antrocknen lassen, dann bei offenem Zug und 170 °C backen.

Esterházymasse
(für 1 Torte/etwa 6 Böden: Durchmesser 24 cm)

5 Eiweiß
140 g Zucker
140 g geriebene ungeschälte Mandeln
Mark von 1 Vanilleschote
1/2 TL Zimt

Eiweiß und 70 g Zucker zu Schnee schlagen. Unter vorsichtigem Weiterschlagen den restlichen Zucker nach und nach einrieseln lassen. Mandeln, Mark der Vanilleschote und Zimt gut mischen, dem Schnee beigeben und untermelieren.

Masse auf leicht gefettetes, bemehltes oder mit Backpapier ausgelegtes Blech etwa 5 mm stark streichen, und zwar in runder Form für eine Torte und in rechteckiger für Schnitten. Bei offenem Zug und 200 °C hellbraun backen.

Gebackenes sofort vom Blech lösen und für Schnitten sofort in Streifen der gewünschten Breite schneiden.

Soufflé-Massen

Soufflé-Masse I

(Zutaten für etwa 16 Portionen)

- 1/2 l Milch
- 100 g Butter
- 120 g Mehl
- 180 g Zucker
- 8 Eigelb
- 8 Eiweiß
- Mark von 1 Vanilleschote

Milch, Mark der Vanilleschote und 30 g Zucker kochen. Butter und Mehl verkneten, der kochenden Milch in kleinen Portionen nach und nach beigeben und wie Brandmasse abrösten.

Masse etwas abkühlen lassen, dann Eigelb nach und nach unterrühren. Eiweiß und restlichen Zucker zu Schnee schlagen, der weder schmierig noch flockig werden darf, und unter die Masse ziehen.

Soufflé-Masse II

- 1/2 l Milch
- 40 g Vanillecremepulver
- 200 g Zucker
- 50 g Weizenstärke
- 8 Eigelb
- 8 Eiweiß
- Mark von 1 Vanilleschote

Milch, Cremepulver, Mark der Vanilleschote, 4 Eigelb und 50 g Zucker zu einer Crème pâtissière kochen. Restliches Eigelb einrühren, Stärke zugeben und Masse nochmals aufkochen, dann abkühlen lassen. Eiweiß und restlichen Zucker zu Schnee schlagen und untermelieren.

Omelette-Soufflé-Masse

- 5 Eiweiß
- 3 Eigelb
- 120 g Zucker
- 10 g Weizenstärke
- Abgeriebenes von 1 Orange
- Mark von 1/2 Vanilleschote

Eigelb, Abgeriebenes, Mark der Vanilleschote und 40 g Zucker cremig rühren. Eiweiß und restlichen Zucker zu Schnee schlagen, der weder schmierig noch flockig werden darf. Stärke darüberstäuben, dann unterrühren und der Eigelb-Zucker-Masse beigeben, vorsichtig untermelieren.

Salzburger Nockerl

- 4 Eiweiß
- 50 g Zucker
- 1 Vanilleschote
- 3 Eigelb
- 25 g Mehl
- 4 cl Sahne
- 20 g Butter
- Abgeriebenes von 1/2 Zitrone (ungespritzt)

Das Eiweiß gut anschlagen, den Zucker einrieseln lassen und zu festem Schnee schlagen.

Das Mark der Vanilleschote mit dem Eigelb und dem Abgeriebenen der Zitrone glattrühren, über den Schnee verteilen, das Mehl darübersieben und alles vorsichtig untermelieren.

Die Kokotte mit flüssiger Butter ausstreichen und den Boden mit heißer Sahne bedecken. Von der Masse 3 gleichmäßig große Nockerl mit einem Löffel oder Teigschaber einsetzen und bei etwa 230 C etwa 8 Minuten backen bzw. abflämmen. Das Innere der Nockerl sollte noch cremig sein. Sobald sie aus dem Ofen genommen wurden, mit Staubzucker besieben und sofort servieren.

Zu den Nockerln kann eine Vanille-Fruchtsauce oder mit Fruchtmark versetzte Schlagsahne gereicht werden.

Cremes

In der modernen Patisserie nehmen Cremes als Desserts einen hohen Stellenwert ein. Eine Dessertkarte wäre nicht vollständig und harmonisch ausgewogen, hätte sie nicht eine oder – besser – mehrere Cremes im ständigen Angebot.

Unter Cremes versteht man etwas Besonderes, Erlesenes und Feines. Ihre Beschaffenheit sollte locker, luftig oder schaumig sein.

Cremes gehören einer Süßspeisengruppe mit vielen geschmacklichen Variationsmöglichkeiten an, deren Hauptbestandteile Milch, Sahne, Eier, Zucker, Butter oder Wein, Fruchtsäfte, pürierte Früchte, Joghurt oder Quark sind.

Man unterscheidet vor allem:

- Buttercreme
- gekochte Creme
- abgezogene Creme
- Bayerische Creme
- pochierte Creme

Ableitungen sind bekannt als Charlotte, Sahnecreme, Crème mousseline, Eischneecreme, Mousse au chocolat und Mousse aus Früchten.

Buttercreme

Bei der Herstellung von Buttercreme haben sich drei verschiedene Möglichkeiten, durch welche eine unterschiedliche Qualität und Haltbarkeit erreicht werden, bewährt:

- Buttercreme nach deutscher Art
- Buttercreme nach französischer Art
- Buttercreme nach italienischer Art

Buttercreme findet vorwiegend Verwendung als Füllcreme z. B. für Torten, Dessertstreifen und Rouladen oder zur Garnitur. Ihre Beschaffenheit sollte luftig, glatt und zart sein. Durch Zugabe von entsprechenden Geschmacksträgern, z. B. Kuvertüre, Haselnußmark und Nugat oder Likören, Weinbränden und Wässern, kann Buttercreme variiert werden.

Sollte sie durch ein längeres Aufbewahren im Kühlschrank grießig geworden sein, kann sie durch leichtes Anwärmen oder auch durch Beigabe von etwas flüssiger Butter wieder glattgerührt werden.

Grundrezepte

Buttercreme
nach deutscher Art

500 g Butter
500 g Vanillecreme

Vanillecreme

1/2 l Vollmilch
1 Eigelb
Mark von 1/2 Vanilleschote
120 g Zucker
40 g Cremepulver

kurze Haltbarkeit

Butter schaumig rühren; Vanillecreme kochen, auskühlen lassen, passieren und nach und nach in die schaumige Butter einrühren.

Buttercreme
nach französischer Art

500 g Butter
4 Eigelb
1 Ei
200 g Zucker

lange Haltbarkeit

Butter mit 100 g Zucker schaumig rühren; Eigelb mit Ei und 100 g Zucker warm und kalt schlagen und in die schaumige Butter einrühren.

Buttercreme
nach italienischer Art

500 g Butter
5 Eiweiß
250 g Zucker
30 g Glykose
1/8 l Wasser

sehr lange Haltbarkeit

Butter mit 100 g Zucker schaumig rühren; 150 g Zucker mit Wasser und Glykose zu Flugzucker kochen (114 °C); Eiweiß zu Schnee schlagen; Flugzucker langsam einlaufen lassen und nach dem Abkühlen den Eischnee unter die schaumige Butter rühren.

Gekochte Creme
(Vanillecreme – Crème pâtissière)

Grundrezept

1 l Vollmilch
220 g Zucker
80 g Vanillecremepulver
4 Eigelb
Mark von 1 Vanilleschote

3/4 l Milch, Zucker und Mark der Vanilleschote zum Kochen bringen. Mit der restlichen kalten Milch Eigelb und Cremepulver anrühren, dann in die kochende Vanillemilch geben. Unter ständigem Rühren alles gut durchkochen, damit die Stärke verkleistert und kein mehliger Geschmack zurückbleibt.

Die Creme mit Folie abdecken, um eine Hautbildung zu vermeiden, und auskühlen lassen. Soll sie ganz glatt sein, muß sie durch ein feines Haarsieb passiert werden.

Abgezogene Creme
(Englische Creme)

Diese Creme ist die geschmacklich wohl feinste Vanillesauce, die wir in der Patisserie kennen. Man kann sie als Basismasse für alle Sahnecreme- und Cremeeis-Variationen bezeichnen. Allein durch den hohen Eigelbanteil im Milch-Sahne-Gemisch, das unter ständigem Rühren erhitzt, jedoch nicht gekocht wird (zur Rose abziehen), wird eine zarte, sämig fließende Bindung – ohne Zusatz von Stärkemehl oder Cremepulver – erzielt. Die Verwendbarkeit dieser Sauce ist äußerst vielfältig: Sowohl zu Frucht- und Cremedesserts als auch zu gekochten und gebackenen Süßspeisen eignet sie sich hervorragend.

Zur Rose abziehen = eine Eigelb-Milch- oder Eigelb-Sahne-Masse unter ständigem Rühren so weit erhitzen (nicht kochen!), bis eine homogene cremige Bindung entsteht. Für eine Probe einen Kochlöffel in die Masse tauchen, herausnehmen und auf die Masse blasen. Sie muß wellenförmig auseinanderlaufen. Der optische Eindruck, der dadurch entsteht, erinnert an eine vollerblühte Rose.

Grundrezept

1/2 l Vollmilch
1/2 l Sahne
12 Eigelb
200 g Zucker
Mark von
1 bis 2 Vanilleschoten

Das Milch-Sahne-Gemisch mit dem Mark der Vanilleschoten zum Kochen bringen. Eigelb und Zucker gut verrühren, jedoch nicht schaumig rühren. Die Vanille-Sahne-Milch passieren, der Eigelb-Zucker-Masse unter ständigem Rühren beigeben und zur Rose abziehen.

Heiß kann die Sauce sofort verwendet werden. Wird sie kalt gebraucht, sollte sie in Eiswasser langsam kalt gerührt werden, damit sie stets cremig fließt.

Bayerische Creme
(mit Gelatine gebundene Creme)

Bei der Bayerischen Creme wird die Grundmasse abgezogen, mit Schlagsahne versetzt und mit Gelatine gebunden. Geschmacksträger werden der Grundmasse meist vor dem Einmelieren der Sahne beigegeben.

Grundrezept
(Vanillecreme)

1 l Vollmilch
250 g Zucker
8 bis 10 Eigelb
1 l Sahne
18 Blatt Gelatine
Mark von
1 bis 2 Vanilleschoten

Gelatine etwa 20 Minuten in kaltem Wasser einweichen.

Milch und Mark der Vanilleschote zum Kochen bringen, dann passieren. Eigelb mit Zucker schaumig rühren, die Vanillemilch unter kräftigem Rühren zugeben, zur Rose abziehen.

Ausgedrückte Gelatine einrühren und die Masse so weit zurücktemperieren, bis sie anfängt zu stocken. Erst jetzt die geschlagene Sahne zügig unterheben und die Creme sofort je nach Art des Service als Einzelportionen oder in tiefe große Schalen abfüllen und kalt stellen.

Gut ausgekühlt, sollte die Creme – trotz Bindung mit Gelatine – zwar sturzfähig, aber vor allem zart und locker sein. Deshalb genügen zur Bindung 14 Blatt Gelatine, wenn die Creme in Portionsschalen oder in Gläsern angerichtet wird.

Sahnecreme
(Füllcreme)

Eine reine Sahnecreme, wie sie als Füllung für Schwarzwälder Kirschtorte oder für Schokoladen-Sahne-Torte Verwendung findet, wird ohne Milch und Eigelb und lediglich mit den entsprechenden Geschmacksträgern und Zucker hergestellt. Um ein Absetzen der Sahne zu vermeiden, wird sie jedoch häufig mit Gelatine gebunden.

Der Zusatz von Zucker und Gelatine ist unterschiedlich hoch, er richtet sich jeweils nach der Art der Creme. Im allgemeinen rechnet man auf 1 l Schlagsahne etwa 80 bis 120 g Zukker und 4 bis 6 Blatt Gelatine.

Grundrezept
(Füllung für
1 Schokoladen-Sahne-Torte)

1 l Sahne
100 g Zucker
130 g Kuvertüre (60/40)
5 Blatt Gelatine

Gelatine etwa 20 Minuten in kaltem Wasser einweichen.
Die gut flüssige, warme Kuvertüre mit der warm aufgelösten Gelatine verrühren und die mit Zucker geschlagene Sahne zügig unterheben.

Die Sahnecreme sofort verarbeiten, dann Torte kalt stellen. Nach etwa 1 Stunde ist die Sahnecreme schnittfest.

Crème mousseline

Grundrezept

1 l Vollmilch
250 g Zucker
6 Eigelb
100 g Vanillecremepulver
Mark von 2 Vanilleschoten
1/2 l Sahne

Die Creme wie eine Crème pâtissière kochen. Nach dem Auskühlen passieren, glattrühren und die geschlagene Sahne unterziehen.

Geschmackliche Abwandlungen werden erreicht durch Zusatz von Spirituosen, aufgelöster Kuvertüre, Mokkaextrakt, gerösteten Haselnüssen oder Nugat.

Leichte Creme
(Eischneecreme)

Grundrezept

1 l Vollmilch
350 g Zucker
8 Eigelb
8 Eiweiß
100 g Vanillecremepulver
Mark von 2 Vanilleschoten

Die Creme mit 200 g Zucker wie eine Crème pâtissière kochen. Das Eiweiß mit dem restlichen Zucker zu Schnee schlagen und unter die kochende Vanillecreme ziehen, wobei sie gut aufwallen muß, damit das Eiweiß gerinnt und sich mit der Creme verbindet. Erst dadurch erhält die Creme ihre Standfestigkeit und ist nach Erkalten schnittfest.

Leichte Creme muß sofort verarbeitet werden, da sie in erkaltetem Zustand durch Rühren ihre Konsistenz verliert und schmierig wird. Besonders eignet sie sich zum Füllen von Cremeschnitten, Bienenstich, Mohrenköpfen oder Eclairs.

Geschmackliche Abwandlungen sind auch bei dieser Creme möglich.

Sahne-Wein-Creme

Grundrezept

1 l trockener Weiß- oder Rotwein
16 Eigelb
350 g Zucker (Geschmacksprobe notwendig!)
Saft von 2 Zitronen
20 Blatt Gelatine
4 cl Arrak
1 l Sahne

Gelatine etwa 20 Minuten in kaltem Wasser einweichen.

Eigelb und 200 g Zucker schaumig rühren. Wein, Zitronensaft und restlichen Zucker sieden, jedoch nicht kochen, dann der Eigelb-Zucker-Masse zugeben. Aufgelöste Gelatine und Arrak einrühren. Die Masse zurücktemperieren, bis sie anfängt zu stocken. Erst jetzt die geschlagene Sahne unterheben.

Käse-Sahne-Creme
(Füllung für 1 Torte:
Durchmesser 24 cm, Höhe 5 cm)

Grundrezept

250 g Quark
125 g Zucker
1 Ei
1/8 l Vollmilch
2 Eigelb
7 Blatt Gelatine
1/2 l Sahne
Abgeriebenes von 1 Zitrone
1 Prise Salz

Gelatine etwa 20 Minuten in kaltem Wasser einweichen.

Quark, Zucker, Ei, Eigelb, Salz und Abgeriebenes sowie Milch cremig rühren. Gelatine warm auflösen und unter die Quarkmasse rühren. Kurz vor Beginn des Abstockens die geschlagene Sahne unterheben.

Die Creme sofort verarbeiten.

Pariser Creme

Grundrezept

1/2 l Sahne
700 g Kuvertüre
200 g Butter

Sahne zum Kochen bringen. Den Kessel von der Kochstelle nehmen und die kleingeschnittene Kuvertüre einrühren, bis sie sich völlig aufgelöst hat.

Die Butter geschmeidig machen und zusammen mit der abgekühlten Schokoladenmasse schaumig rühren.

Die Haltbarkeit der Creme wird durch die eingeschlagene Luft stark vermindert, da Sauerstoff ein Ranzigwerden des Butterfetts fördert.

Pochierte Creme

Die Hauptzutaten für eine pochierte Creme sind Eier, Milch, Zucker und Geschmacksträger. Das Verhältnis von Eiern und Milch entspricht dem einer Crème royale. Sie wird in Portionstimbaleformen oder Kokotten verfüllt und im Wasserbad gegart.

Eine pochierte Creme ist sehr zart und nach völligem Erkalten leicht zu stürzen. Wird sie in Förmchen angerichtet und serviert, kann der Eianteil etwas geringer sein. Sie ist dann zwar nicht so fest, aber ihr Geschmack ist ganz besonders fein.

Die **Crème au caramel** ist eine typische pochierte Creme. Sie setzt sich aus 2 Komponenten zusammen, nämlich aus

- dem Karamelspiegel
- der Eier-Milch-Creme

Grundrezept
(Zutaten für 10 bis 12 Portionen)

für Spiegel
250 g Zucker
1/8 l Wasser

für Creme
1 l Vollmilch
200 g Zucker
8 Eier
2 Eigelb
Mark von 1 Vanilleschote
Julienne von 1 Zitrone

Für den Karamelspiegel den Zucker goldgelb schmelzen und mit dem Wasser bis zur völligen Auflösung ablöschen. Damit den Boden der leicht ausgebutterten Förmchen etwa 3 mm stark ausgießen.

Für die Creme Eier, Eigelb und Zukker gut, jedoch nicht schaumig verrühren. Die Milch mit dem Mark der Vanilleschote und den Julienne der Zitrone kochen, danach passieren und unter die Eier-Zucker-Masse rühren.

Die Masse vorsichtig ohne Schaumbildung bis etwa 3 mm unter den Rand der Förmchen verfüllen und im Wasserbad bei offenem Zug und 180 °C etwa 15 bis 20 Minuten pochieren. Nach völligem Erkalten die Crème au caramel stürzen und mit etwas Karamelsauce anrichten.

Joghurtcreme

Grundrezept

400 g Joghurt
120 g Staubzucker
10 Blatt Gelatine
3/8 l Sahne
Saft von 1 Zitrone

Gelatine etwa 20 Minuten in kaltem Wasser einweichen.

Joghurt, Staubzucker und Zitronensaft cremig rühren. Gelatine warm auflösen und unter die Joghurtmasse rühren. Kurz vor Beginn des Abstokkens die geschlagene Sahne unterheben.

Die Creme sofort verarbeiten.

Gekochte Weincreme

Grundrezept

1 l trockener Weißwein
180 g Marzipanrohmasse
200 g Zucker
6 Eigelb
70 g Vanillecremepulver
4 cl Rum

3/4 l Wein und Zucker aufkochen. Marzipanrohmasse, Eigelb und Rum glattarbeiten. Cremepulver mit dem restlichen Wein kalt anrühren und mit der Marzipan-Eigelb-Masse gut vermischen. Diese Masse dem kochenden Wein beigeben und alles gut durchkochen.

Mascarponecreme

Grundrezept

300 g Mascarpone (ital. Doppelrahmkäse)
100 g Zucker
5 Eigelb
4 Eiweiß
5 cl Sahne
1 EL Rum
2 EL Zitronensaft
Mark von 1 Vanilleschote

Mascarpone, Eigelb, Mark der Vanilleschote, Rum und Sahne cremig rühren. Eiweiß und Zucker zu Schnee schlagen, diesen unter die Masse heben. Zum Schluß den Zitronensaft unterziehen.

Canache-Creme

Unter „Canache" versteht man eine Creme, deren Hauptbestandteile Sahne und Kuvertüre im Verhältnis 1:2 stehen. Sie findet vorwiegend Verwendung als Füllung von Torten und Desserts, aber auch von Pralinen, wobei die bekannten Trüffelpralinen stellvertretend für viele andere Möglichkeiten erwähnt werden sollen.

Grundrezept

1 l Sahne
2 kg Kuvertüre

Sahne zum Kochen bringen. Den Kessel von der Kochstelle nehmen und die kleingeschnittene Kuvertüre einrühren, bis sie sich völlig aufgelöst hat.

Durch Zugabe von Rum, Mokkapulver, Weinbrand, Kirschwasser oder Himbeergeist kann die Creme vielseitig abgeschmeckt werden. In erkaltetem Zustand ist sie fest und relativ lange haltbar.

Füllcremevariationen

Zitronenbuttercreme

500 g Buttercreme
70 g Zitronensaft
50 g Zucker

Zitronensaft mit Zucker zu Sirup kochen und unter die Buttercreme rühren.

Mokkabuttercreme

500 g Buttercreme
15 g Nescafé-Pulver
20 g Läuterzucker

Das Nescafé-Pulver in Läuterzucker auflösen und unter die Buttercreme rühren.

Marzipanbuttercreme

500 g Buttercreme
70 g Marzipanrohmasse
2 cl Rum

Marzipanrohmasse mit Rum glattarbeiten und unter die Buttercreme rühren.

Grundrezepte von Mousses

Mousse au chocolat
(von dunkler/heller Kuvertüre)

300 g Halbbitterkuvertüre oder Vollmilchkuvertüre
1 EL Mokkapulver
6 Eigelb
4 Eiweiß
100 g Zucker
500 g Sahne
Mark von 1 Vanilleschote

Kuvertüre auflösen und das mit etwas Wasser verrührte Mokkapulver einrühren. Eigelb und 50 g Zucker und Mark der Vanilleschote warm aufschlagen und unter die Kuvertüre geben.

Eiweiß und restlichen Zucker zu Schnee schlagen, dann mit der geschlagenen Sahne unter die Kuvertürenmasse heben, die noch etwas warm sein sollte, denn sie darf dabei nicht sofort stocken und muß sich danach noch gut verfüllen lassen.

Mousse mindestens 2 Stunden kalt stellen.

Mousse au chocolat
(von weißer Schokolade)

350 g weiße Schokolade
6 cl Grand Marnier (Orangenlikör)
6 Eigelb
4 Eiweiß
80 g Zucker
400 g Sahne
4 Blatt Gelatine

Gelatine etwa 20 Minuten in kaltem Wasser einweichen.

Schokolade auflösen. Eigelb und 40 g Zucker warm aufschlagen und mit Likör sowie aufgelöster Gelatine in die flüssige Schokolade einrühren.

Eiweiß und restlichen Zucker zu Schnee schlagen, dann mit der geschlagenen Sahne unter die Schokoladenmasse heben.

Mousse mindestens 3 Stunden kalt stellen.

Mousse aus Früchten

Zur Herstellung von Mousse aus Früchten eignen sich alle frischen Früchte. Die Zuckermenge ist jedoch verschieden, denn sie richtet sich nach dem jeweiligen Säuregehalt der Früchte.

Himbeermousse

250 g Himbeermark, passiert
250 g Joghurt
120 g Staubzucker
6 cl Himbeergeist
500 g Sahne
4 Blatt Gelatine

Gelatine etwa 20 Minuten in kaltem Wasser einweichen.

Himbeermark, Joghurt und Staubzucker gut verrühren. Himbeergeist und aufgelöste Gelatine unterrühren und die geschlagene Sahne vorsichtig unterheben.

Mousse sofort verarbeiten, dann Speise 2 bis 3 Stunden kalt stellen.

Orangenmousse

250 g weiße Schokolade
4 saftige Blutorangen
5 cl Grand Marnier (Orangenlikör)
60 g Staubzucker
4 Eigelb
500 g Sahne
4 Blatt Gelatine

Gelatine etwa 20 Minuten in kaltem Wasser einweichen.

Schokolade gut warm auflösen. Orangen abreiben und auspressen. Abgeriebenes und Saft mit Staubzucker, Eigelb und Likör vermischen und mit der aufgelösten Gelatine in die flüssige Schokolade einrühren. Die geschlagene Sahne vorsichtig unterheben.

Mousse sofort verarbeiten, dann Speise etwa 3 Stunden kalt stellen.

Mangomousse

400 g Mangopüree
250 g Sahne
1 EL Maracujapaste
100 g Zucker
2 Eigelb
2 Eiweiß
2 cl Kirschwasser
3 Blatt Gelatine

Gelatine etwa 20 Minuten in kaltem Wasser einweichen.

Mangopüree, Eigelb, Maracujapaste und 50 g Zucker gut verrühren. Die aufgelöste Gelatine einrühren.

Eiweiß und restlichen Zucker zu Schnee schlagen und mit der geschlagenen Sahne und dem Kirschwasser unter die Fruchtmasse heben.

Mousse sofort verarbeiten, dann Speise etwa 3 Stunden kalt stellen.

Brombeermousse

125 g Brombeermark
125 g Joghurt
4 Eigelb
80 g Zucker
300 g Sahne
4 cl Kroatzbeerlikör
2 Blatt Gelatine

Gelatine etwa 20 Minuten in kaltem Wasser einweichen.

Brombeermark, Joghurt, Eigelb und Zucker gut verrühren. Likör und aufgelöste Gelatine einrühren, dann die geschlagene Sahne vorsichtig unterheben.

Mousse sofort verarbeiten, dann Speise 2 bis 3 Stunden kalt stellen.

Register